자유를 가져온
장애인 선교사

스토트
이야기

중국 선교 26년

지은이 그레이스 스토트

옮긴이 최상목 외

KB193202

RODEM BOOKS omf

TWENTY-SIX YEARS OF MISSIONARY WORK IN CHINA

by GRACE STOTT OF THE CHINA INLAND MISSION

with A PREFACE BY THE REV. HUDSON TAYLOR

NEW YORK AMERICAN TRACT SOCIETY lo EAST 23RD STREET 1897

이 책의 한국어판 저작권은 한국 OMF와의 계약에 의해 (주)로뎀이 소유하고 있습니다.

초판 1쇄 발행 2023년 10월 10일

지은이 그레이스 스토트
옮긴이 최상목 외

발행인 최태희
디자인 김석범

펴낸곳 로뎀북스
등록 2012년 6월 13일 (제331-2012-000007호)
주소 충청남도 공주시 정안면 상룡길 90-18
이메일 rodembooks@naver.com
ISBN 978-89-98012-39-7 03230
값 16,000원

미완성 이야기

중국 저장성의 원저우는 상인이 많기로 유명하다. 그 이유는 자연환경과 관련이 있다. 원저우는 삼 면이 산으로 막혀있고 농지가 부족해서, 예로부터 그곳에서 살아남는 유일한 길은 눈앞의 바다를 따라 장사를 떠나는 길 밖에 없었다. 그래서 원저우 사람은 선천적으로 상술에 능하고, 또 특별히 믿는 사람이 많아 세계적으로 '동방의 유대인'이라 불린다. 그리고 그들의 고향인 원저우는 '동방의 예루살렘'으로 불리기도 한다. 그만큼 믿는 사람이 많고 교회가 많다.

필자는 원저우를 여러 번 방문하였지만, 그중에서도 세 번의 만남이 가장 기억에 남는다. 처음은 2017년 원저우 선교 150년 기념모임이었다. 교회사적으로 중요한 모임이었지만, 그때는 이미 정치적 요인 때문에 교회 활동 '공간'이 급속히 좁아져서 우리는 아주 험한 산속에 은밀히 모일 수밖에 없었고, 참석자들도 원저우 전역 가정교회를 대표하는 사람들로 제한하였다. 그럼에도 불구하고 수백 명이 산속에 모여 며칠 동안 지난 150년간 수많은 비바람 속에서도 오늘에 이르게 하신 하나님의 위대하심과 신실하심을 함께 회고하고 미래를 전망하였다. 필자는 그 자리에 앉아 150년 전 원저우 교회의 첫 복음의 씨앗이었던 조지 스토트를 생각하였고, 아울러 1960년대 문화혁명 시기에, 밤이 되면 감시를 피해 험한 산속에 은밀히 모여 말씀을 기억하고 기도하던 성도들을 떠올렸다. 2017년 우리가 모였던 그 산도 반세기 전에 그렇게 은밀히 기도하던 산 중 하나일 것이다.

두 번째는 이듬해 여름에 열린 원저우교회 선교대회였다. 몇 년간 수많은 청년들이 모이던 선교대회였으나, 갈수록 교회 공간이 축소되어 참석자들을 대폭 줄였고, 장소도 인근 도시로 옮겨 거행하였다. 그렇게 힘든 상황에도 불구하고 수백 명의 젊은이들이 함께 모여 며칠간 말씀을 묵상하고 기도를 하면서 하나님의 만민을 향한 뜻에 개인과 교회가 어떻게 반응해야 하는지를 간절히 구하는 모습을 보며 필자는 큰 감동을 받았다. 특히 대회 기간 중에 일단의 원저우 젊은이들이 1867

년 혈혈단신으로 원저우에 도착해 수많은 박해에도 불구하고 결코 포기하지 않고 복음을 전했던 조지 스토트의 삶을 연극으로 재현하는 것을 보면서, 한 알의 밀알이 땅에 떨어져 죽는 것이 무엇을 의미하는지를 깊이 생각하였다.

세 번째는 지난 3년 팬데믹 기간 중의 만남이다. 여러 차례 원저우교회가 국내외에 파송한 선교사 가정들을 온라인으로 만났다. 대부분 어린 자녀들을 데리고 선교지에 도착한지 3~4년 된 젊은 가정들이었다. 그래서 그들의 필요를 따라 선교 지도력, 선교사 영성, 부부 관계와 자녀 교육, 선교사 돌봄 등의 훈련을 제공해왔다. 필자는 지난 3년간 정기적, 부정기적으로 이 선교사들과 동행하면서 필자 가정이 30여 년 전 한국을 떠나 선교지에서 겪던 상황이 이들 가운데서 고스란히 재현되는 느낌을 받았다. 비록 나라와 교회의 상황이 다르기는 하지만, 필자는 선교의 주체이신 성령님께서 마치 30여 년 전 한국교회 안에서 역사하듯이, 이제는 고난 가운데 있는 중국교회 젊은이들을 복음을 위해 부르시는 모습을 보면서 얼마나 큰 위로를 받는지 모른다.

<스토트 이야기>는 바로 위에서 나눈 원저우교회 이야기의 시발점이다.

이 책은 사랑과 순종의 이야기다. 스토트 부부는 그리스도께 받은 사랑 때문에 부르심을 받았을 때 전심으로 순종하였다. 그래서 조지 스토트는 한쪽 다리를 저는 장애에도 불구하고 선교회의 허락을 받아

19세기 후반, 당시 아직 개방되지 않은 원저우를 향해 갔고, 20년의 생을 그곳에 다 드렸다. 마지막 투병 중에도 중국으로 돌아갈 생각만 했으나, 결국 주님의 뜻을 깨닫고 기쁨으로 죽음을 맞이한다. 스토트 부인도 본래 내지회 선발대로 지원했지만, 갑작스럽게 병에 걸려 중국행이 무산되고, 대신에 당시 악명 높은 글라스고우 빈민굴로 들어가 섬기라는 부름을 받는다. 이런 우여곡절을 통해 그리스도만 신뢰하고 순종하는 법을 배운다. 훗날 스토트 부인의 후임으로 원저우에 도착한 우드맨 선교사 부부도 그리스도를 향한 사랑 때문에 부르심을 받았을 때 영국의 성공적인 사역을 내려놓고 중국으로 향한다. 그리고 원저우에 도착한 지 반년 만에 전염병에 걸려 생을 마감한다. 이러한 사랑과 순종의 이야기는 대를 이어 계속된다. 50년대 후반 원저우를 '무종교 지역'으로 선정하고 교회 박멸 운동을 했을 때, 노동 수용소에서 끝까지 믿음을 지킨 목회자들, 60년대 문화혁명 시기 수많은 고난과 핍박에도 불구하고 그리스도를 배신하지 않았던 풀뿌리 성도들, 이분들의 이야기를 계속하기엔 지면이 너무 좁다.

아울러 이 책은 고난과 영광의 이야기다. 스토트가 도착한 1867년은 비록 서구열강의 무력으로 중국의 나라 문은 열렸지만, 사람들의 마음 문은 더 굳게 닫혀버린 시기였다. 그 복음의 황무지에 도착하여 직면하는 수많은 상황들을 통해 우리는 선교의 어려움과 장애가 얼마나 심한지 보게 된다. 선교사들을 향한 대적과 위협, 현지 신도들을 향한 박해와 모독, 전염병으로 인한 죽음 등 수많은 시련에도 불구하고 복음은 결코 포기하지 않는다. 결국 불모지 원저우에 복음의 씨앗은 뿌려지고, 25년 만에 3,000명의 사람들이 주일예배를 드리게 된다. 이 고난과 영광의 이야기는 21세기 선교와 교회 역사 속에서도 계속 일어나고 있다.

끝으로 이 책은 미완성의 이야기다. 테일러는 서문 말미에 이 책은 미완성의 이야기라고 말한다. 스토트 부인이 건강이 악화되어 부득이 영국으로 귀국하는 중에 후임으로 온 우드맨 선교사 부부, 현지 성도들을 포함해 총 9명이 열흘 내에 전염병으로 목숨을 잃는다. 책은 그렇게 마무리했지만, 테일러가 서문을 쓰는 중에 받은 편지에 의하면 스토트 부인이 세운 여학교 26명의 학생 중 20명이 새롭게 예수를 믿었다는 소식이 전해진다. 그후로 130년 동안 의화단의 난, 반기독교운동, 전쟁과 기근, 공산화, 문화혁명, 그리고 개혁개방 등 중국 현대사와 함께 이 이야기는 아직도 진행중이다. 백여 년 전 뿌려진 복음의 씨앗은 아직도 열매를 맺고 있다. 한 통계에 의하면 원저우 800만 인구 가운데 10~15%가 기독교 신자라고 한다. 아울러 개혁개방 40년이 흐르면서 이 열매 맺는 나무는 다시금 정치적 어려움, 물질주의와 세속화 등의 비바람을 맞고 있다. 특히 원저우 지도자들에 의하면 교회가 지금 직면한 최대의 도전은 정치적 어려움이 아닌 세속화의 물결이라고 한다. 그러면서도 자신들을 '동방의 예루살렘'으로 부르지 말고 '동방의 안디옥'이 되도록 기도해 달라고 글로벌 교회에 부탁하고 있다.

1958년 중국 공산당은 원저우를 '무종교 지역' 선정하고 교회를 소멸시키려 하였지만 결국 실패하고 말았다. 최근에 부임한 신임 원저우 시장은 원저우를 "기독교 중국화(사실상 교회의 충성을 그리스도가 아닌 당에게 요구하는 정책)시범 지역"으로 선정하였다. 믿음의 선배들은 불같은 시험을 다 이겼는데, 오늘의 교회는 이 시련을 극복할 수 있을 것인가? 이 시련을 통해 더 정결한 교회로 거듭날 것인가?

이 글을 쓰고 있는데, 9월에 있을 저장성 항저우 아시안 게임 성화 봉송이 시작되었다. 성내 11개 도시를 돌아 항저우로 돌아오는 일정이다. 그 11개 도시 명단은 19세기 테일러와 중국내지선교회가 최초로 복음을 전했던 도시 명단과 일치된다. 그리고 이제 이 도시들마다 화려한 건물은 없지만, 결코 뽑힐 수 없을 정도로 견고한 뿌리를 내린 교회들이 서있다. 선교와 교회의 전환기에 서있는 한국교회가 이 책을 통해 하나님의 조용한 음성을 들었으면 좋겠다.

조수아 | 오엠에프 선교사

내가 복음을 부끄러워하지 아니하노니

이 복음은 모든 믿는 자에게 구원을 주시는

하나님의 능력이 됨이라 먼저는 유대인에게요

그리고 헬라인에게로다

로마서 1:16

George Stott

Grace Stott

CONTENTS

스토트 이야기

우리 CIM(중국내지선교회)선교사들은 개인적인 만남이나 선교사 모임에서 스토트 여사가 해주었던 간증에 얼마나 깊이 감동했는지 모른다. 그의 입술로 직접 전해 들었던 그 놀라운 하나님의 사건들을 안식년 중에 이처럼 보다 영구적인 기록으로 남길 수 있어서 참 다행이다.

스토트 선교사가 사역을 시작할 때부터 내가 함께했던 것은 큰 특권이었다. 그 어려운 선교의 여정 속으로 그를 보내면서 나는 하나님께 진지하게 기도했다. 왜냐하면 가는 길이 험하기 때문이었다. 그 당시 원저우는 자유 무역항도 아니었고, 사람들에게 잘 알려지지 않은 산지 지역을 8일이나 걸어서 가야 하는 곳이었다. 건장한 사람이라도 힘든 일이었는데, 목발을 짚고 가야 하는 장애인에게는 훨씬 더 어려운 일이었다. 그러나 그는 "… 저는 자도 그 재물을 취할 것이며(이사야 33:23-역주)"라는 말씀을 믿으면서 스코틀랜드를 떠났는데, 그는 그렇게 하려고 온갖 노력을 아끼지 않았다.

나는 스토트 선교사가 처음 사역할 때 방문한 적이 있었다. 집안일과 그가 담당했던 남학생 기숙사 일을 혼자 하고 있었는데, 장애인으로서 절실하게 도움이 필요한 상태였다. 글래스고에서 알고 지내던 씨기 양이 26년 전 중국에 와서 그의 아내가 되었을 때 참 기뻤다.

나는 25년 동안 진행된 스토트 선교사의 사역을 가까이에서 지켜볼 수 있었고, 또 스토트 부인이 원저우에서 떠나고 나서 내가 마지막으로 그곳을 방문했을 때, 부인이 썼던 원고를 읽을 기회가 있었다. 아주 흥미있는 내용이어서 단번에 내 마음을 사로잡았다. 그 이야기에는 선교 사역의 명암이 가감 없이 드러나 있었으며, 진실하고도 끈기 있는 그들의 사역에 하나님께서 어떤 복을 주셨는지도 소개되어 있었다.

어느 한 부분도 지루하지 않고, 일단 손에 잡으면 끝까지 읽을 수밖에 없는 책이며, 독자에게 축복이 되지 않을 수 없는 책이다.

책의 내용에 덧붙일 것이 있다. 서문을 부탁받은 이후에 크리스타벨 윌리엄스 선교사에게서 편지를 받았다. 기숙사에 살던 26명 여학생 중에, 이전에 믿었던 4명에 더하여 16명이 믿게 되었고, 학교에서 어린 나이에 속하는 나머지 6명도 주님을 찾고 있다는 기쁜 소식이었다.

주님! 독자 여러분을 원저우의 사역과 선교사들을 위해서 기도하는 자리로 이끌어 주소서!

1897년 1월
중국 내지 선교회, 뉴잉턴 그린 N
제임스 허드슨 테일러

Chapter 1

"나를 따라오너라.
내가 너희를 사람 낚는 어부가 되게 하리라"

- 마 4:19 -

나는 1865년 허드슨 테일러 씨와 바쳇 박사 일행이 글래스고에 와서 말씀을 전했을 때 처음으로 중국에 관심을 갖게 되었다. 바쳇 박사와 그 동료는 며칠 후면 중국으로 떠날 예정이었고 테일러 씨는 그들에게 작별 인사를 하러 온 것이었다.

그들은 인원이 많지 않은 모임에서 설교했고, 테일러 씨는 중국의 어두운 영적 현실을 소개하며 사역할 일꾼이 절실하게 필요하다고 역설했다. 그러면서 내게 질문을 던졌다. "왜 당신이 가서 구세주의 사랑을 전할 수 없습니까?"

나는 4년 전에 전도를 받고 주일학교를 다니면서 예수님을 믿게 되었다. 그리고 은혜로우신 주님은 그동안 여러 번 나를 사용하셔서 갈급해 하는 영혼들을 주님께로 인도하셨다. 하지만 나는 지금까지 선교에 대해서 생각해 본 적도 없었고, 내 고향 글래스고를 떠나 선교한다는 생각은 한 번도 해본 적이 없었다. 그런데 계속 며칠 동안 이런 질문이 내 마음에 맴돌았다. 가정에 매인 몸은 아니지만, 과연 내가 적합할까? 또 나는 그때까지 미혼 여성이 이방인의 땅에 갔다는 이야기를 들은 적이 없었기 때문에, 그것이 가능한 일인지도 알 수가 없었다. 그래서 테일러 씨께 물어보기로 했다. 그는 내가 20세밖에 되지 않았지만, 하나님이 부르신 것이라면, 내가 가지 않아야 할 이유는 없다고 했다. 그리고 만일 그분이 부르셨다면 그분께서 적합하게 해주실 것이었다.

테일러 씨는 많이 기도하고 생각해 본 뒤에 나를 런던으로 초대했다. 함께 기도하면서 서로를 더 알아가면 하나님의 길이 선명히 보일 것이었다. 나는 스티븐슨 부부의 결혼식 전날 도착해서 그들을 처음으로 만났는데, 그때 스토트 선교사도 처음 만났다. 그들은 3주 뒤에 배를 타고 중국으로 떠났다.

스토트 선교사는 농장에서 일하면서 자랐는데, 19세 때 길에서 미끄러져 무릎을 돌에 부딪혔다. 이 사고로 다리가 붓고 낫지 않아 2년 후에 왼쪽 다리를 잘라내야 했다. 그는 그 후 9개월 동안 소망 없이 누워있었는데, 그동안 주님께서 그 영혼을 구해주셨다. 지금까지 그는 그리스도의 사랑에 무관심했었지만, 무력한 상태에서 자신의 미래가 다 망한 것으로 보였을 때, 그리스도의 사랑이 얼마나 소중하게 다가왔던지! 회복한 후에 그는 학교에서 가르치기 시작했는데, 그 일을 한 지 몇 년 후에 중국으로 가려는 한 친구에게서 처음으로 중국에 도움이 필요하다는 이야기를 들었다.

스토트 선교사를 선교회에 받아들이는 과정에서, 테일러 씨는 그 저명했던 자신의 믿음을 분명히 드러냈다. 어떤 선교회도 개척 사역을 해야 하는 그런 나라에 다리가 하나뿐인 사람을 보내지는 않았을 것이기 때문이다. 스토트는 자주 테일러 씨가 자신을 받아주어 감사하다는 말을 했다. 그는 왜 하나뿐인 다리로 중국에 가야겠느냐는 질문을 받았을 때, "두 다리가 있는 사람들이 가지 않으니, 내가 가야겠다."라고 대답했다고 한다. 그들이 탄 배가 서서히 부두에서 멀어져 갈 때, 나도 곧 저렇게 떠날 것이라는 생각에 마음이 부풀어 올랐다. 물론 당시에는 내 삶과 사역이 스토트 선교사와 얽히게 될 줄은 모르고 있었다.

그 후에도 나는 런던에 몇 달 더 머물렀다. 다음 5월에 중국으로 갈 테일러 씨 일행과 함께 중국으로 갈지 여부를 확실히 정해야 했기 때문이었다. 그런데 결정을 내려야 할 즈음, 이제까지 한 번도 아파본 적 없던 내 건강이 나빠지기 시작했다. 나는 여러 병원을 다니며 내 병은 일시적인 것으로 아직 중국에 갈 수 있는 상태라는 것을 증명하려고 했지만, 그건 헛된 희망이었다. 의사들은 내가 중국에 가서는 안 되는 상태라고 결론 내렸던 것이다. 테일러 씨는 어렵사리 나에게 이 결정을 전달하며, "내년에는 우리를 따라서 오게 되기를 희망합니다."라고 말해주었다. 나에게 이 소식은 큰 타격이었다. 나는 내가 하나님의 뜻이라면 그분이 부르시는 대로 가도 좋고 안 가도 좋다고 생각하고 있는 줄로 알았다. 그런데 "머물라"라는 명령을 듣자, 그 말이 매우 실망스럽고 상처가 되었다. 덕분에 나는 내 마음을 깊이 성찰하게 되었다. 나는 처음으로 스스로 속이기가 얼마나 쉬운지 알게 되어, 매일 밤 자기기만에서 나를 구원해 달라고 하나님 앞에서 울부짖었다.

하루는 밤에 내가 자기 고집을 고백하며 눈물을 흘리고 있는데, 무슨 소리인가를 들은 것 같았다. "네가 아직도 나를 섬기기를 원한다면, 글래스고로 돌아가서 솔트마켓과 그 주변에서 복음을 전하라." 나는 심장이 멎는 것 같았다. 솔트마켓은 글래스고에서 가장 더럽고 사악한 곳이었다. 그곳에 사는 사람들은 대부분 도둑과 소문 나쁜 여성들이었다. 그런 곳은 사람이 가기 어려운 곳이었다. 그런데 남자가 가기도 부적절한 곳에 나 같은 어린 여인을 아무 보호나 후원도 없이 가라니, 그것이 하나님의 뜻일 수 있을까? 나는 조용히 무릎을 꿇었다. 감히 아무 말도 하지 못했다. 아집에 대한 교훈을 한 번 받았던 나로서는 "예"라고 말하기도 두려웠고, 감히 "안 됩니다."라고 말할 수도 없었다. 마침내 나는 이렇게 대답했다. "예, 주님. 당신이 나의 모든 발걸음을 인도하며 함께 가주신다면 가겠습니다." 그리고 이어서 말씀드렸다. 나는 혼자 갈 수 없으며 하나님의 임재와 능력을 느끼지 않는 날은 언제라도 가지 않겠다고 했다. 그날부터 힘이 돌아오는 것을 느꼈다. 래머뮤어(Lammermuir)호를 타는 일행의 항해 준비가 진행되었다. 나는 며칠 더 머물며 그들의 여행 준비를 도와주겠다고 했다.

배가 출발하기 2주 전에 어머니가 병에 걸리는 바람에 일행 중 한 명이 중국행을 취소했다. 하지만 뱃삯은 이미 지불된 상태였기 때문에, 다른 사람이 대신 가지 않으면 그 돈은 사라져 버릴 상황이었다. 당시 나는 점점 건강해지고 있었다. 하나님께서 나로 하여금 기꺼이 머물겠다는 답을 하게 하신 후에 이제 길을 열어주시는 것은 아닐까? 테일러 씨는 거의 그렇게 생각하는 듯했다. 나는 기도했다. 하지만 확신이 없었다. 마치도 주께서 이미 나에게 명령을 하셨기 때문에 그 문제에 대해서는 더 이상 해주실 말씀이 없는 것 같았다. 그래서 나는 "저는 갈 수 없습니다."라고 말해야 했다. 하지만 그 말을 하면서 내 마음은 말할 수 없이 쓰렸다.

래머뮤어호는 1866년 5월 26일 영국을 떠났고, 배가 서서히 부두를 떠나는 것을 보면서, 나도 당분간 중국을 잊어야 한다고 생각했다. 일행이 중국으로 떠나던 날, 테일러 씨의 가정과도 헤어지는 바람에 나는 글래스고로 떠날 때까지 다른 친절한 친구들 집에서 며칠을 더 머물러야 했다. 그런데 바로 그곳에서 나는 처음으로 믿음에 대해서 배우게 된다. 내 할머니가 돌아가신 후 나에게 어머니 같았던 분이 내가 런던에 머물고 있는 동안 돌아가셨다. 그래서 그 당시 나는 돌아갈 수 있는 집이 없는 상태였다. 런던에 머물 동안 개인적으로 필요한 비용은 내가 다 지불했고, 돈 문제를 다른 사람에게 말한 적이 없었기 때문에, 친구들은 내가 돈을 충분히 가지고 있다고 추측했던 모양이다. 하지만, 당시 나는 기차로 글래스고까지 갈 차비밖에 없는 상태였다. 그래서 나는 푼돈 몇 푼이라도 아껴보려고 비용이 조금 더 적게 드는 배를 타려고 했다. 그러자 내 사정을 모르는 친구들은 고작 4.6실링 정도밖에 절약되지 않는데 그렇게 긴 시간을 더 들일 가치가 있느냐며 나를 설득하려고 했다. 더구나 그날 한 아가씨를 방문하기로 약속이 되어 있었는데, 배를 타면 그 약속을 지킬 수가 없었다. 그 약속이 생각났을 때, 마음속에 다음과 같은 생각이 떠올랐다 '주님을 위해 4.6실링을 포기할 수 없겠나? 아마도 하나님께서 내가 섬기도록 하실 일이 있는지도 모르고, 아니면 그 친구에게 중국에 관심을 가지도록 할 수도 있겠지.' 그래서 나는 밤 기차를 타고 가기로 마음을 바꿨고, 약속을 지킬 수 있었다. 우리는 함께 달콤한 교제의 시간을 가졌다. 그리고 헤어질 때, 그녀는 나의 손에 조그만 봉투를 쥐어주었다. "이건 하나님이 주시는 거예요." 봉투를 열어보니, 정확히 4.6실링이 그 안에 있었다. 그 간단한 행동이 얼마나 내게 도움이 되고, 나를 강하게 해주었는지! "의심하지 마라. 내가 너를 돌볼 것이다."라고 주님께서 말씀하시는 것 같았다.

나는 믿음으로 산다는 것에 대해 그때까지 들어본 적이 없었다. 과거에 누군가에게 질문을 받았다면 그 말의 의미를 말할 수 없었을 것이다. 그런데 이제는 알고 있다. 이 세상의 주인이 하인에게 무엇인가 특정한 일을 하라고 명령할 때, 주인은 최소한 하인이 먹고 입을 것은 주실 것이었다. 하늘의 아버지께서 당신의 자녀를 그보다 못하게 대우하실 것이라고 나는 감히 생각할 수 없었다. 그러니 나는 이 문제에 대해서 생각이 모자랐던 것이다. 나는 바느질을 배운 적이 있었고, 바느질로 생계를 책임질 수 있다고 생각했다. 마음이 따뜻한 그리스도인 친구에게 바느질 일거리가 필요하다고 하면, 두말할 것 없이 그는 할 수 있는 만큼 구해 줄 것이고, 나머지 일은 주께서 공급해 주실 것이었다. 나는 하나님의 뜻만 행하면 되었다. 그것이 내가 할 일이었다.

강해지려면 아직 한참 멀었지만, 글래스고로 돌아와서 나는 솔트마켓 지역의 가난하고 소외되어 타락해 있는 사람들을 10시부터 2시까지 날마다 방문했다. 나에게 바느질감을 주는 사람은 아무도 없었고, 주님은 내가 너무 연약해서 매일 그곳을 방문하는 것 이외에 다른 일은 할 수 없다고 생각하시는 것 같았다. 주님께서 왜 나를 이런 곳에 보내셨는지 곧 알게 되었다. 그곳 사람들이 사나운 어조로 내게 묻는 첫 번째 질문은 "어느 교회가 당신을 보냈소?"였다. 그러면 나는 "교회에서 보내지 않았어요."라고 대답했고 대화는 다음과 같이 계속 이어졌다. "누가 당신을 보냈소?" "아무도 보낸 사람 없어요." "돈 받고 여기 오는 것이요?" "아녜요." "그러면 왜 이곳에 오는 거요?" "왜냐하면 당신을 사랑하니까요. 나는 구원을 받았는데, 당신도 구원받기를 원하기 때문에 왔어요." 그들은 내가 그들과 성경을 읽거나 기도할 때뿐만 아니라, 아픈 사람을 간호하고, 난롯불을 지펴주며, 곰국을 끓여주고, 그곳 아기들을 봐주며 더러워진 난로를 청소해주려고 하면, 즉시 그들의 마음과 가정을 열어주었다. 처음에 내가 속한 교회의 장로들은 젊은 처녀가 그렇게 불쾌한 지역에 가는 것을 불편해했다. 연세 드신 한 할아버지는 내가 그런 데 가면 나에게 악한 일이 생길지 모른다고 경고하기도 했다. 그렇지만 그것은 내게 주신 하나님의 일이었다. 그분이 보냈고 그분에게 책임이 있었다. 내가 솔트마켓 지역에서 일했던 3년 반 동안 나는 한 번도 모욕을 당한 적이 없었으며, 그들은 내가 있는 것을 알면 저속한 말을 하지 않았다.

3개월 쯤 지났을 무렵, 몇몇 장로님들이 내게 솔트마켓 지역에서 하는 일을 설명해 달라는 요청을 해왔다. 그동안 하나님은 내가 알지 못하는 곳에서 돈을 보내 주시는 등, 놀라운 방법으로 내게 필요한 것을 전부 제공해 주셨다. 그래서 나는 "내게는 하나도 부족한 것이 없다."고 간증할 수 있었다. 이야기를 다 들은 그분들은 하나님께서 아마 나를 부르셨나보다고 생각하며, 그 사역에 그들도 동참하기를 원한다는 말씀을 하셨다. 그러면서 혹시 적은 돈이지만 그분들이 주는 것을 매주 정기적으로 받겠느냐고 물었다. 나는 매시간 하나님이 주시는 지혜에 의지해야 했고 내가 할 수 있는 시간과 방식으로 일해야 했기 때문에 어떤 규칙에 매이고 싶지 않다고 대답했다. 그 헌금을 받으므로써 내가 어떤 통제를 받게 된다면 나는 거절해야 했다. 그러나 내가 자유롭게 사역하도록 해주면서 돕기를 원한다면, 아무리 적은 금액이라도 감사히 받으며 기쁘게 함께 할 수 있다고 말씀드렸다. 그러자 그분들은 그 시간부터 내가 중국으로 떠날 때까지 3년 반 동안, 곁에서 나를 도우면서 절대 간섭하지 않았다. 이런 식으로 하나님은 나의 모든 필요를 채우셨다.

얼마 지나지 않아 이 일은 하나님께서 나를 훈련하시기 위해 하시는 일임이 이해되기 시작했다. 나는 평생 죄와 죄인을 끔찍이 미워했다. 나는 나쁜 사람을 극도로 혐오했다. 하지만 완전히 타락한 사람들 한 가운데에 있어보고서야, 처음으로 죄와 죄인을 구별하면서, 죄는 미워하고 죄인은 사랑하게 되었다. 그들도 같은 마음을 가진 사람이었고, 사랑의 손길에 선뜻 반응하였다. 내가 그렇게 달라질 수 있었던 것은, 오직 그 상황 속에서 하나님의 은혜를 보았기 때문이다. 내가 알기로, 내가 솔트마켓에서 일하는 동안, 개종한 사람은 2명뿐이었다. 그렇지만 하나님께서는 그분의 자녀를 하나님의 학교에 들어가게 해서 그에게 맡기실 평생 사역을 실습시키신 것이었다. 만연한 죄를 만났던 그곳, 그 몇 년 동안 배웠던 믿음의 교훈에 대해서 나는 하나님께 감사드리지 않을 수 없다. 그러면서 나는 그 모든 시간 동안, 다만 하나님의 시간을 기다리면서, 내 일생의 사역이 중국에 있다는 생각을 한 번도 놓친 적이 없었다.

Chapter 2

"… 포기하지 아니하면 때가 이르매 거두리라"

- 갈 6:9 -

한편, 스토트 선교사는 닝보 근처에서 언어를 배우면서 18개월을 보내다가, 1867년 11월에 원저우에 도착했다. 그곳 사람들은 예의가 부족했다. 그는 타이저우에서 온 잭슨 씨와 3개월 동안 여관에서 살았는데, 모두가 그들을 두려워했고, 아무도 미움 받는 외국인에게 방을 빌려주려고 하지 않았기 때문이었다. 몇 번이고 협상했지만, 거의 성사되었다 싶으면 계약금을 돌려주곤 했다. 그러면 다시 그 피곤한 과정을 되풀이해야 했다.

마침내 아편과 도박으로 자신을 망친 사람이 집을 빌려주었다. 그는 영향력이 있었고, 모든 결과를 충분히 대면할 용기가 있었다. 스토트 선교사는 가능한 한 조용히 그곳으로 이사했지만, 다음날 소문이 퍼져서 화가 난 군중들이 스토트 선교사를 쫓아내려고 떼 지어 몰려왔다. 그들은 문 앞에 진을 치고 스토트 선교사에게 못된 짓을 하려고 작정하고 있었다. 그때 스토트 선교사는 그들 앞에 서서 이렇게 말했다고 한다. "당신들도 보다시피 나는 절름발이요. 당신들 앞에서 도망가려고 해도 도망갈 수 없고, 나를 죽이면 당신은 곤경에 빠질 것이요. 나를 냐두면 당신들에게 아무런 해도 끼치지 않을 것이요. 어쨌든 난 여기 와서 살아야겠소." 그들은 그의 조용하고 야무진 어조에 물러섰고 돌 몇 개를 던지는 것으로 만족하면서 흩어졌는데, 그 후에도 그를 조용히 냐두었다.

스토트 선교사는 가능한 한 서둘러서 남학교를 시작했다. 그는 학생들에게 점심을 제공하면 정규적으로 나올 사람이 있으리라고 생각했다. 아니나 다를까 아이들이 꽤 많이 참가했다. 시작은 좋아 보였는데, 어느 날, 교실에 가보니 아이들은 안 보이고 교사들만 모여 있는 것이 아닌가. 무슨 일이냐고 물으니, 스토트 선교사가 아이들을 감언이설로 구슬려서 심장과 간을 꺼내 약으로 조제한다는 소문이 돈다는 것이다. 그래서 학생의 부모들이 아이들을 그런 위험에 내놓기를 두려워한다는 것이었다. 믿을 만한 하인을 채용하기도 어려웠다. 완전히 신뢰를 얻을 때까지, 그렇게 혼자서 불편하고 위험한 채로 몇 달을 피곤하게 지내야 했다.

2년 이상 그는 혼자서 애를 썼는데, 그동안 1년이 넘게 영국인 얼굴을 보지 못했고 영어로 말해 본 적도 없었다. 1867년 원저우에 왔을 때부터, 1870년 2월 나를 만나기 위해서 그곳을 떠날 때까지 그는 하룻밤도 그 도시를 떠난 적이 없었다. 그동안 그는 소년 기숙사 학교를 세워 소년 12명을 돌보고 있었다. 그 도시에서 세례 받은 사람은 2명뿐이었는데, 그들조차 몇 년 후 실망스러운 모습을 보여주었다.

1869년, 한 친구에게 보내는 편지를 통해 그가 이 2년이라는 시간을 어떻게 사용했는지 알 수 있다.

"나는 남학생 12명, 교장, 내 선생님, 하인 2명, 세탁부와 함께 가

족으로 살고 있어. 내가 마땅히 해야 하는 대로 그들을 다스리면 좋
겠는데 그 문제가 해결되지 않고 있네. 내가 어떻게 시간을 보내는
지 간단하게 설명할게. 6시에 일어나서 묵상하고 기도하고 아침 식사
가 끝나면, 학교에서 짧은 강의나 강해를 하고 기도를 하지. 그 후 가
족에게 필요한 것들을 살펴보고 사냐야 해. 쌀, 채소, 물고기, 나무, 바
늘, 단추, 신발 사이즈와 수량과 품질을 정해서 사지. 시장 일이 끝나
면, 내 공부도 하고, 주일과 저녁 설교를 준비하거나, 어떤 방문객이
라도 소중히 맞이하는데, 진정한 하나님과 죄, 그리고 구원에 대해 전
할 기회를 늘 찾고 있지. 식사하고 나면 다시 연구와 방문객을 접대하
고, 예수 그리스도를 소개하려고 전도지 들고 시골길로 나가. 아직은
거리에서 복음 전할 용기가 없기 때문이라네. 내가 집에 돌아올 때쯤
이면 소년들 수업이 끝나있어서, 저녁까지 그들이 장난치지 않도록
계속 바쁘게 만든다네. 어두워진 후, 저녁을 먹고 나서는 오락 시간도
갖고, 외고 있는 이야기를 발표하거나 그림을 전시하기도 하고, 배경
음악을 틀어 놓고 기도 시간도 갖지. 그러면 몇몇 친구가 와서 기도에
함께 참여하는데, 다 모이면 모두 성경 구절을 읽고 짧게 메시지를 전
달하고 나서 기도로 마친다네. 그다음은 아이들의 질문 시간인데, 나
는 조금이라도 지성의 싹이 비치는 질문을 하면, 그 지성을 펼칠 수
있도록 해주려 하고, 그렇지 않다면 지성적인 질문을 하게끔 노력하
는 시간을 갖지. 내 건강은 아주 좋아. 기후가 내 몸에 잘 맞아. 나는

기분이 좋을 때도 있고 또 의기소침할 때도 있어서 모든 일에 대해서 나 나를 포함한 모든 사람에 대해서 어려운 부분만 생각하기도 해. 자네도 아마 한 자리에, 그것도 8일을 걸어가야 가까운 동네를 볼 수 있는 곳에 2년 이상 묶여있어 봐야 내 심정을 이해할 수 있을 거야. 그렇기는 하지만, 내 마음대로 있고 싶은 곳을 선택하라고 해도, 나는 '원저우'라고 말할 수밖에 없어. 나는 할 수 있더라도 한 나라를 다스리는 권세와도 그것을 바꾸지 않을 것이네."

글래스고 슬럼가에서 3년 반을 일하는 동안 건강이 회복된 나는 이제 중국으로 갈 시간이 되었다고 느꼈다. 그동안 나는 스토트 선교사와 약혼을 한 상태여서 그의 사역을 같이 하기로 되어 있었다. 나는 가능한 한 빨리 그의 조력자가 되기 위해 중국내지선교회(CIM)의 파송을 받았다.

1869년 12월 4일, 나는 혼자 런던에서 카이소우라는 배를 탔고, 통상 4개월 걸리는 여행을 시작했다. 며칠 후에 내가 선장에게 웃으면서 "3월 12일까지는 상하이에 도착하고 싶어요."라고 말하자 그는 잠시 생각하더니 대답했다. "그럴 수는 없을 것 같은데요? 만일 그렇게 도착한다면 가장 빠른 기록일 겁니다. 그런데 왜 3월 12일인가요?" 선장의 질문에 "내 생일날 도착하고 싶어서요."라고 나는 대답했다.

그 선장은 친절하고 좋은 사람이었고, 그 영향력은 배 전체에 미치고 있어서 여행 기간 내내 여성이 듣지 않아야 할 소리를 선원들에게서 한마디도 듣지 않았다. 그는 또 나에게 다른 승객들과도 이야기해 보라고 격려해 주었고 우리는 꽤 멋진 여행을 하고 있었기 때문에 일주일에 한 번이나 두 번씩 거의 항상 승객들과 교제할 시간을 가질 수 있었다. 두세 명이 복을 받겠다며 신앙을 고백했는데, 그들이 그 후의 시련을 이겨냈는지는 모르겠다. 선장과 그의 아내는 나와 평생 친구가 되었다. 중국해에서 심한 폭풍을 만났는데, 내가 바다에서 진짜 폭풍을 만난 것을 간증하고 싶다고 자주 말했었기 때문에, 선장은 틀림없이 내가 폭풍을 달라고 기도했을 것이라고 농담했다. 그의 유일한 위로 는 3월 12일에 상하이에 도착할 수 있었던 것이었다. 11일 저녁에 우 송에 닻을 내렸고, 12일, 나의 25번째 생일날 우리는 상하이에 들어갔다. 스토트 선교사는 나를 거기서 만나 닝보로 데리고 갔다. 닝보에서 는 로드 박사가 친절하게 환영해 주었다. 당시 영사의 규칙에 따라 우리는 한 달을 기다려서 1870년 4월 26일 결혼했다. 마음은 이미 하나가 되어 있었지만, 우리는 그날부터 부부가 되어 함께 살게 되었다. 결혼식 다음 날, 스토트 선교사가 원저우에서 데리고 온 요리사가 그의 믿음을 고백하면서 세례를 받았다.

결혼식 후에 바로 원저우의 사역지로 복귀하는 것이 남편의 희망이었지만, 거의 3주가 지나서야 바닥이 평평하고 사각형 돛을 단 중국 배를 찾을 수 있었다. 그 당시에 해안에는 해적들이 우글거려서, 전함의 보호 없이 그런 위험스러운 곳으로 갈 수는 없었다. 순풍이 불자 마침내 우리는 3~4일 내로 원저우에 도착할 예정으로 항해를 시작했다. 그러나 안타깝게도 닝보 강에서 그리 멀지 않은 추산에 도착하자 우리 희망과는 달리 다른 배들이 함대에 합류할 때까지 전함이 전진하지 않았다. 그래서 가장 좋은 바람이 부는 동안, 거기서 9일을 더 머물러 있어야 했다.

나는 새로운 우리 집을 빨리 보고 싶었다. 난생처음 영국을 떠난 탓에 모든 것이 느리게 진행되는 중국의 방식에 적응이 되지 않았다. 나의 활동적인 기질이 시험대에 올랐다. 날마다 반복된 다음 조류에는 떠난다는 약속도 몇 번이나 미뤄졌다. 나는 간신히 실망감을 참고 있다가 8일째는 실컷 울었다. 그러자 억압된 감정이 진정되었다. 원저우와 닝보 사이는 240㎞ 정도 밖에 되지 않았는데, 15일이나 걸렸다. 원저우 자체는 사방에 울창한 산들이 있어서 아름다운 곳이었다. 우리는 며칠 동안 천천히 섬들을 지나 강을 거슬러 항해했다. 상류로 올라가다 보면 아름다운 강 양쪽으로 큰 산이 있는데, 많은 부분이 내가 사랑하는 그리운 스코틀랜드와 닮아있었다. 다른 것이 있다면, 스코틀랜드에는 선명하고 푸른 호수가 있다면, 이곳의 강은 진흙 범벅이었다. 당시에 원저우는 개방된 항구가 아니었다. 이날로부터 7년이 지나서야 무역하는 증기선들이 원저우 항구까지 들어올 수 있었다.

우리는 원저우에 도착해서 잭슨 씨의 따뜻한 환영을 받았다 그는 타이저우에 있다가 스토트 선교사가 없는 동안 그의 일을 대신하러 와

있었는데, 곧 자신의 기지로 돌아갔다. 그곳에서 나의 존재는 대단한 흥밋거리였다. 처음으로 자신들 한가운데 사는 외국 여인을 구경하러 여성들이 매일 무리 지어 찾아왔다. 내가 용기를 내어 외출이라도 하면, 온 도시가 나를 보러 모여오는 것 같았다. 처음에는 가마를 타고 나갔는데, 사람들은 강제로 가마를 멘 사람들을 멈춰 세우고는 그 안에 타고 있는 신기한 물건을 보려고 했다. 그들은 호기심을 쉽게 참지 못했는데, 오랜 시간 동안 나는 그들에게 거의 인간이 아닌 이상한 물건이었다.

중국에서의 첫해는 톈진 대학살이 있던 잊지 못할 해여서 시련으로 가득했다. 그 끔찍한 범죄의 이야기는 사건이 일어난 지 오랜 후에야 들을 수 있었다. 현지인들은 우리가 알기 전에 그 이야기를 들은 것 같았다. 그래서 얼마 지나지 않아 우리에 관한 가장 사악한 플래카드가 온 도시에 붙었다. 그들은 톈진에 있던 외국인들이 모두 살해되거나 추방당했는데, 그 이유는 그들이 아이들을 납치해서 죽이고 눈과 심장, 간을 가져다가 약을 만드는 데 썼기 때문이라며, 똑같은 악행이 이 도시에서도 진행되고 있다고 주장했다. 플래카드 내용은 다음과 같은 것들이었다. "학교는 운영하는 흉내만 내는 것이다!", "엄청난 수의 아이들이 사라진 것은 사실이다!" "드럼통에 아이들이 절여져 있었다!", "톈진에서는 어려웠지만 여기서는 쉽다. 두 명밖에 없으니까. 해충을 몰아내고 도시를 편안하게 하자." 약 3개월 동안 나는 감히 집 앞에도 나갈 엄두를 내지 못했다. 내 남편은 불쾌한 저주를 듣거나 돌에 맞고 돌아왔고, 드럼통이라는 것을 찾으러 며칠 동안 상상할 수 있는 모든 장소를 돌아다니는 사람들도 있었다. 그들은 학생들에게 실종된 아이들이 어디 있냐고 물었다. 학생들이 모든 것이 말도 안 되는 거짓말이라고 답하면, 그들은 학생들이 외국 약을 먹어서 말하지 않는 것이라고 했다. 남편은 한동안 걱정을 많이 했다. 혼자였더라면 용감히 대처했을 텐데, 나를 지켜야 한다는 책임감이 무거웠던 것 같다.

어느 날 그는 며칠 동안 배 한 척을 빌려 떠났다가, 모든 것이 조용해지면 돌아오면 어떻겠느냐고 내게 물었다. 그는 나 때문에, 이런 제안을 하는 것이었다. 나는 우리가 나가면 다시는 돌아오지 못할지도 모르니, 주님을 신뢰하면서 그냥 머물러 있고 싶다고 대답했다. 그러자 그는 매우 안심했다. 주님의 자비로 우리는 위협하는 플래카드에도 많이 익숙해져 있었고 여러 다른 폭풍들도 무사히 헤쳐 나갔다. 우리를 죽이는 날짜를 벽보에 붙여 놓았지만, 그날도 다른 날과 같이 조용하게 지나갔다. 그래서 그들의 위협에 훨씬 걱정을 덜 하게 되었다. 이 고난의 시간에도 격려가 없었던 것은 아니었다. 스토트 선교사는 1870년 9월, 다음과 같이 편지를 썼다.

친애하는 친구에게
지난번 편지를 보낸 후에 우리에게 격려가 되는 일이 몇 번 있었다네. 한번은 내가 사역 때문에 조금 의기소침해하고 있었어. 텐진 대학살 사건으로 우리는 곤란하게도 외출을 못 하는 상태였고, 찾아오는 사람도 거의 없었는데, 어느 날 이웃 성에 사는 한 남자가 나를 찾아온 거야. 여기 있던 사람 하나가 예수 그리스도와 천지를 창조하시고 그의 아들을 죄인을 위해 죽게 하려고 보낸 하나님 이야기를 자기에게 해줘서 매일 밤 성경을 함께 읽었고 하나님께 그를 용서해 주시고 구원해달라고 기도했대. 그래서 그는 예수 그리스도의 '교리'를 믿었고 구원해 주신 그분의 공로를 의지했다고 했어. 그리고 서너 명이 더 믿게 되었대. 이러한 일은 처음이었어. 그 사람은 행상인이었는데, 시내에 며칠 가서 물건을 해오더니, 우리 저녁 예배에 매일 저녁 참석했어. 그러다가 지금은 다시 사업을 하려고 떠났지. 또 소년 두 명이 진리에 관심을 보이는데, 그들은 마음이 열려 있어서 성경 말씀을 쉽게 이해한다네. 주께서는 우리가 가장 어두운 순간들을 보낼 때 그렇게 우리를 격려해 주곤 하시네. 비록 당시 유망해 보이던 열매가 항상 숙성되는 것은 아니지만 말일세."

Chapter 3

"우상을 만드는 자들과
그것을 의지하는 자들은 다 그와 같으리로다."

- 시 115:8 -

1871년 3월 날자인 다른 편지에는 우상을 숭배하고 행진하는 장면을 묘사하는데, 그런 시간에 사람들이 얼마나 흥겨워하는지 상상하게 해준다.

　　"내가 매일 보기는 해도 우상숭배가 어떤 것이라고 말해 주기는 어렵다. 그리고 수많은 우상이 행진을 한다.

　　원저우에 있는 우상은 보통 나무를 십자 모양으로 걸쳐서 몸과 팔 모양으로 만들고 다른 부분들은 다리처럼 고정한다. 그런 다음에 나무에는 지푸라기를 새끼줄처럼 꼬아서 필요한 모양에 가깝게 만든다. 그 후에 지푸라기에 진흙을 붙여서 옷을 층층이 입히거나 외투를 입히는데 다른 외투를 그 위에 입히기 전에 진흙을 말려야 한다. 우상이 큰 것이면 전체 과정이 몇 달 걸린다. 바깥쪽 진흙은 매우 주의해서 다뤄야 하고 정교한 기술이 필요하다. 겉 표정을 드러내 줘야 하기 때문이다. 진흙이 마르면 화가는 갈라진 틈을 주걱으로 메우고 그것에 정통 패션으로 색칠한다. 일반적으로 우상의 계급에 따라 모든 것이 완성되면 봉헌 축제가 열리고 그 우상을 세운다. 사람들은 봉헌 축제 때에 처음으로 우상에게 절하는데 공적에 따라서 순서대로 행진하게 한다. 예배자들은 초 두 개를 가져와서 불을 켜고 불붙인 다른 향과 함께 제단 위에 놓는다. 그 후 무릎 꿇는 판 위에서 무릎을 꿇고 절한 다음 파이프를 한 바퀴 돈다. 타는 촛불로 파이프에 침착하게 불을 붙이고는 무릎 꿇는 판 위에 앉아서 그 연기를 즐긴다. 몇 번 더 엎드리면 그 일은 끝난다. 몇몇 축제 때에는 기념 행렬이 있다. 모든 설비가 갖추어진 가게들이 있는데, 보통 그곳에서 상인들이 거둘 수 있는 돈에 따라서 온갖 물품에 대한 계약들이 이루어진다. 행렬은 헌금을 잘 내는 거리만을 지나간다. 인근에 있는 미인이란 미인은 모두 나들이옷을 입고 와서 구경도 하고 자기 모습도 보이려고 문 앞에 앉거나 길을 건넌다. 행렬의 맨 앞에는 보통 야하게 차려입은 소년들이 화려하고 환상적인 모양의 깃발을 들고 걸어가고, 그다음에는 음악가 일행이 귀에 거슬리는 흉측한 소리를 내면서 걸어간다. 파이프 같은 악기가 눈에 띄기는 했지만, 징 소리가 제일 크게 들렸는데, 하도 크게 두드려 대서 거의 고막이 터질 지경이었다. 그런 다음에 가마꾼들이 거대한 세단 의자에 앉은 우상을 메고 지나간다. 그것이 지나가면 사람들이 무릎을 꿇고 절을 한다. 나는 가마꾼들이 작열하는 태양 아래서, 땀을 비 오듯 흘리는 것을 보았다. 그들은 그것을 세워놓고 앉아서 햇볕에 탄 얼굴을 닦으며, 그들이 애써서 만든 혐오스러운 우상 앞에 무릎을 꿇었다."

우리는 처음에 방이 세 개 있는 중국인 집에 살았다. 위층에는 우리 침실, 남편 서재, 그리고 거실이 중앙에 있었는데, 아래층 방은 학생들의 침실이었다. 우리 요리사는 전혀 교육을 받지 않은 사람이었지만 요리 솜씨는 꽤 괜찮았다. 남편은 그가 만든 음식은 어떤 음식이든 먹었는데, 그 결과, 소화불량으로 자주 고생을 하곤 했다. 이 기간에 음식과 관련하여 재미있는 일이 있었다. 어느 날, 하루에 세 번 먹는 쌀밥이 질려서 다음 날 아침에는 케이크를 만들어 달라고 요리사에게 부탁했다. 그 말을 들은 요리사는 활짝 웃었고, 나는 그 웃음에 속고 말았다. 다음 날 핫케이크가 나왔는데, 오! 얼마나 딱딱하고 굳어 있던지. 그리고 한가운데에는 돼지비계가 박혀 있었다. 이 케이크를 먹을 수는 없었지만, 이 싹트는 재능을 좌절시키고 싶지 않았던 남편은 그날 밤 모두가 잠들 때까지 기다렸다가 작은 저장실에 가서 돼지고기를 전부 꺼내서 치워버렸다. 다음 날 아침에 이전처럼 핫케이크가 또 나왔는데, 집에 돼지고기가 없었음에도 가운데 하얀 것이 또 박혀 있었다. 이번에는 무엇을 박아 놓은 것일까? 그건 다름 아닌 무 조각이었다. 그 후에 우리는 케이크는 포기하고 말았다.

　앉아서 조용하게 언어 공부하는 것을 좋아하기는 했지만, 나는 집안일을 해야 했다. 그것은 하루에 끝낼 수 있는 일이 아니었다. 요리사에게 요리를 가르쳐야 했고, 일꾼에게는 빨래와 다림질, 청소와 묵은 때 벗기는 일을 가르쳐야 했다. 어릴 때 함께 살던 할머니가 잘 가르쳐 주신 덕분에 빵 만드는 일을 제외하고, 이런 일들은 나에게 그리 힘든 일은 아니었다. 시간이 지나면서 나는 요리책의 레시피에 따라서 이스트는 없지만, 빵을 만들고 싶었다. 그런데 만들어진 빵은 결과적으로 벽돌처럼 딱딱해서 먹을 수가 없었다. 하지만 남편은 조금 딱딱하기는 해도 맛있다고 격려해 주었다. 아마도 그의 인내가 아니었다면, 나는 아마 내 노력이 성공의 왕관을 쓰기 훨씬 전에 포기했을 것이다.

중국에서의 초창기 경험 중에는 고통스러운 일도 있고, 웃기는 일도 있었다. 하루는 일꾼에게 오전 내내 빨래하는 법을 가르친 후에, 빨래를 삶으려고 불 위에 올려놓고 내가 돌아올 때까지 만지지 말라고 이르고는 방에 들어가서 한 시간 동안 쉬다가 돌아와서 끓고 있는 빨래 솥의 뚜껑을 열어보고는 소스라치게 놀라고 말았다. 솥 안의 물은 군청색으로 물들어있었고, 내 옷들은 전부 어둡게 염색이 되어 있었다. 일꾼이 좋은 기회라고 생각하고 자기의 파란 셔츠를 같이 넣은 것이었다. 물론 나는 처음부터 일을 모두 다시 해야 했다.

나는 학교 아이들의 옷뿐만 아니라 남편의 옷도 신경을 써야 했다. 그는 양말을 수선하려고 애쓰다가 모종의 곤란을 겪었다. 물론 현지인 중 양말 수선하는 법을 아는 사람이 없었고, 남편도 모르기는 마찬가지였다. 어느 날 큰 구멍을 메울 천을 찾아보려고 남편의 짐 상자를 뒤지다가 영국에서 가져온 연미복을 발견했다. 남편도 그 옷은 그대로는 못 입는다며 수선할 때 사용해도 된다고 했다. 한쪽 꼬리를 잘라 그것을 바닥에 펴 놓고 남편의 발을 천 위에 얹고 뒤집을 수 있는 덮개를 넉넉히 남겨놓은 채 분필로 그 둘레를 표시했다. 저녁 내내 그 일을 했다. 그리고 내가 해진 양말의 아래쪽을 무자비하게 잘라내자, 그는 그것이 2년이나 신은 양말이었다고 자랑했다. 그 연미복은 나중에 남편의 중국어 선생님에게 주었다. 비록 꼬리는 없었지만, 그는 그것을 몇 년 동안 중국옷 속에 따뜻하게 입었다. 면이나 양모로 된 천들도 상태가 말이 아니었다. 물론 일꾼들은 그런 천들을 어떻게 빨아야 하는지 몰랐다. 그 옷들이 어떻게 그렇게 특이한 초록빛이 나는 노란색이 되었느냐고 묻자, 일꾼이 처음에 그것들을 통에 넣고, 진흙투성이 강물을 부어 빨았다고 했다. 빨아서 주면서 굳어 있는 옷을 잘 털어서 입으라고 했는데, 옷을 털자 먼지가 구름처럼 피어올라 앞이 안 보일 지경이었다고 한다.

해야 할 일이 너무 많아서, 나는 언어를 빨리 배울 수가 없었다. 집 안일을 시키는 정도는 중국말로 할 수 있었지만, 2년이나 지났는데도 나를 찾아오는 여인들에게 복음을 가르칠 수 없어서 괴로웠다. 그래서 남편이 닝보에서 믿는 부인을 데려와 내가 학교 학생들을 돌볼 때 돕게 했다. 부인은 찬송가와 신약성경을 가지고 나와 함께 여성들을 방문하러 가는 것을 너무 좋아했다. 나는 그 당시에 중국 지방 사투리에 너무 무지해서 그녀의 닝보 사투리가 이곳 원저우 여성들에게 얼마나 알아듣기 어려운지 알지 못했다. 어쩌면 당시에 난 그 사실을 알았든 몰랐든 상관없었는지도 모른다. 왜냐하면 부인이 복음을 전하는 것이 나에게 위안이 되었기 때문이다. 나는 매일 그녀를 주변 가난한 여인들에게 보내서 구세주의 사랑을 가르치도록 했다.

나는 또한 기후 때문에 건강이 나빠져 고생을 많이 했다. 두 번째 해에는 거의 죽을 정도로 아팠던 적도 있었다. 내 상태가 아주 안 좋던 어느 날, 남편은 아편에 중독된 남자를 구하러 가야 하는 상황이었다. 남편은 내가 너무 아파서 필요할 때 다른 사람에게 도움을 요청하지도 못할까 봐 망설이고 있었다. 하지만 나는 그에게 가라고 재촉했다. 왜냐하면 가서 그 남자를 도와주는 일은 나도 너무나 하고 싶은 일이었는데, 내가 남편을 돕기는커녕 남편을 방해하고 있다는 생각에 몹시 힘들었기 때문이었다. 남편은 아마 약 한 시간가량 나가 있었다. 그날은 7월의 더운 날이어서 나는 더위 때문인지 병 때문인지 모르지만 기절했다가 깨어났다. 내가 의식을 회복했을 때, 침대 주위에 학생, 교사, 하인들이 모두 둘러서서 내가 죽었다고 생각하고 비통해하고 있었다. 하인 한 명이 스토트 선교사를 부르러 달려가다가, 집으로 돌아오고 있던 남편을 만나 "오, 교장 선생님, 돌아오세요, 사모님이 돌아가셨어요!"라고 외쳤다. 남편은 내가 죽은 것이 아닌 단지 기절했기를 바라면서 서둘러 집으로 돌아왔고, 의식을 회복한 나를 볼 수 있었다. 병세가 조금 호전되자, 나는 두 가지를 간절히 원하게 되었다. 하나는 동포 여성이었고 다른 하나는 치킨 스프 한 그릇이었는데, 그중 하나만 있어도 병이 씻은 듯 나을 것 같았다. 그런데 내 곁에는 그 중 어느 것도 없었다.

그 당시에 우리는 음식을 제대로 먹을 수 없는 상태였고, 편지 외에는 거의 바깥세상과 소통할 수도 없었다. 원저우에서는 소고기나 양고기, 우유, 감자, 버터 같은 것을 구할 수 없었기 때문에, 우리는 2년에 한 번 휴가를 가서 2년간 먹을 것들을 사 왔다.

그래도 이런 역경들은 우리에게 결코 큰 문제가 아니었다. 우리에게는 환경보다도 사람들의 무관심이 더 상처가 되었다. 나는 2년 동안 하인들을 훈련시켜 놓고 나서야, 대부분의 시간을 선교사역에 드릴 수 있었다. 내가 맨 처음 한 일은 가정을 심방하는 일이었다. 사람들은 내가 어디를 가든 환영해 주었는데, 호기심을 가지고 내 다른 모습을 보며 신기해했다. 하지만 그들은 내가 중국어로 얘기하는 것을 신기하게 생각할 뿐, 내가 전하는 메시지의 내용에는 관심을 기울이지 않았다. 어쩌면 좋은가! 그들은 자신들에게 구세주가 필요하다는 사실을 몰랐다.

내가 도착한 해가 거의 끝나갈 즈음, 우리와 함께 사역하게 된 잭슨 씨와 남편은 함께 도시의 붐비는 지역에 예배당으로 쓰려고 커다란 가게를 하나 빌렸다. 그리고 그곳 한쪽을 서점으로 꾸민 후, 현지인 설교자 한 사람을 배치해 책도 팔고 들어오는 사람들에게 복음도 전하게 했다. 오후에는 커다란 예배당을 개방해서 남편이나 잭슨 씨가 설교를 했다. 처음에는 사람들이 많이 들어와서 들었는데, 조금 시간이 지나자 대부분 떨어져 나가고, 정말로 배우려는 사람만 한두 명씩 들어왔다. 스토트 선교사는 편지에 그가 자주 만나는 사람들의 모습을 이렇게 묘사하고 있다.

"문이 열리면, 가까이 있던 사람들이 전부 밀려들어온다. 길거리 장사꾼, 행인, 소란스러운 사람, 모든 종류의 무역상, 물건 사라고 외치는 행상인, 마술사, 점쟁이, 음악가, 도둑, 그리고 거지들이 오고, 머리를 빡빡 깎은 스님, 갓을 쓴 도교의 도사들도 가끔 볼 수 있다. 그리고 소음은 거의 말도 못할 정도로 대단하다. 장담컨대, 이런 무리의 관심을 끌어서 집중하게 하기란 결코 쉬운 일이 아니다. 숨이 막힐 지경이고 온갖 지성을 동원해야 하는 스트레스가 있다. 바로 어제 그런 경험을 했다. 오전에 나는 45분 이상, 거의 모든 사람을 주목시키고, 모든 입을 열게 하고, 모든 혀는 조용하게 했다. 그리고 그들에게 죄의 기원, 죄의 결과 그리고 구속자를 통한 구원에 대해 설교했다. 많은 사람이 끝까지 주의 깊게 경청했는데, 절대로 앉지 않고 서 있다가 흩어져 가버린 사람들은 더 많았다. 나는 매일 우리의 예배당이 많은 영혼의 생가(Birthplace)가 되게 해 달라고 기도드린다. 어제는 천 명 이상이 들었다. 그들이 이해하기까지는 오래 걸린다. 하지만 하나님의 축복으로 그들이 들을 수 있을 때, 우리는 한 절씩 한 절씩 전달하고 있다."

그는 같은 시기에 자신이 운영하는 학교 상급생 두 명이 믿게 되었다고 전한다. 얼마 안 되어 그들은 다른 소년 두 명과 함께 세례를 받았다. 이 소년들에게 친절히 대해 주던 친구가 한 명 있었는데, 그들이 그에게 보낸 편지가 중국어 작문의 견본으로 흥미로울 것 같아서 인용한다.

"공경하고 존경하는 선생님, 우리는 10월 27일, 선생님 편지를 받았는데, 우리 스토트 선생님께서 우리를 위해서 번역해 주셨습니다. 선생님께서는 아주 오랫동안 저희에게 친절을 베풀어주셨습니다. 그리고 선생님께서 친절하게 격려해 주신 것이 우리에게 참 좋았습니다.

우리 원저우 학생들은 비록 당신과 멀리 떨어져 있지만 한 식탁에서 함께 식사하는 것처럼 가깝게 느끼고 있습니다. 우리에게 관심을 가져주셔서 얼마나 감사한지 모르겠습니다.

우선, 저희에게 아름다운 사진을 보내 주셔서 감사드립니다. 사진 자체가 엄청 가치 있는 것은 아니지만, 그 사진에서 사랑의 마음이 드러납니다. 저희 무지한 학생들을 위해서 학교에서 지식도 쌓아가고 신체도 건강히 성장하도록 계속 기도해 주고 계시지요. 그리고 성경을 읽을 때 하나님에 대해서 우리가 이해하고 알 수 있도록 기도해 주시는 것을 알고 있습니다. 우리는 또한 우리나라의 성현들이 쓴 책에서도 조금 배웁니다. 우리가 얼마간 이해할 수 있는 것은 선생님이 우리를 위해서 기도해 주시기 때문입니다. 그런데도 미천한 저희는 예의범절을 거의 모르지요. 선생님께서 베풀어주신 은혜도 잊고, 은혜를 어떻게 갚은 줄도 모릅니다. 우리 얼굴은 청동과 같고, 우리 목은 쇠처럼 뻣뻣합니다. 용서해 주세요.

하나님의 은혜로 올봄에 오마(五馬) 거리에 예배당을 시작해서, 많은 사람이 복음을 들었습니다. 처음에는 시끄럽고 이해하는 사람도 적었지만, 이제는 180도 달라졌어요, 훨씬 더 좋은 방향으로. 그들은 조용히 앉아서 경청합니다. 설교하는 것도 훨씬 쉬워졌습니다. 또한 우리가 물건들을 치우기 전에는 침실들이 비좁았는데, 여기 사정은 더 낫습니다. 방들은 크고 5~6명은 쉽게 잘 수 있습니다. 사람이 아무리 많이 와도, 잘 수 있는 방이 있습니다.

우리는 매일 아침과 저녁 예배 시간에 성경을 읽고 하나님께 기도합니다. 현재 아침 시간에는 예레미야서를 읽는데, 하나님이 어떻게 예레미야 선지자를 유다 왕에게 보내어 말씀을 전하게 하셨는지를 읽고 있습니다. 그런데, 왕은 예레미야의 말을 듣지 않고, 마음이 굳어져서 선지자를 성안에 있는 지하 감옥에 가두어 수치스럽게 합니다. 하지만, 주님은 하나님의 종을 옹호해 주셔서 왕과 그의 백성을 벌하심으로 그분의 능력을 나타내 보이십니다. 저녁 예배 시간에 읽는 성경은 신약에서 5번째 나오는 사도행전입니다. 우리는 지금 사울이 예수님의 제자들을 핍박하는 장면이 나오는 제9장을 읽고 있습니다. 그는 예루살렘 당국의 편지를 가지고 사자처럼 사납게 제자들을 잡으려고 했습니다. 하지만 다마스커스로 가는 길에 주님을 만나 마음을 바꾸고는, 그날부터 죽을 때까지 주님을 섬겼습니다. 우리는 하나님의 신비를 결코 이해할 수 없지만, 진실하게 예배를 드립니다. 하나님의 은혜가 선생님과 선생님께 속한 사람들, 그리고 대대로 오는 모든 세대에 풍성하게 임해 주시기를 기도합니다.

추신-우리가 잘못 썼거나 작문이 틀린 것이 눈에 띄셨다면 그냥 가볍게 지나쳐 주세요. 웃지 마시고요. 벌써 부끄럽거든요."

원저우 학교에서, 10월 27일,
나머지 모든 학생을 대신해서
성시뉴, 츄다이 청 올림

"근심과 걱정거리가 많이 있습니다. 모든 것이 매끄럽고 순조롭게 진행되는 것도 아니고 언제나 성공하는 것도 아닙니다. 우리가 실패했던 것을 다 모아보면, 틀림없이 한 번 성공에 실패는 열 번 했을 것입니다." 남편은 가르치는 것을 오랫동안 지속하기 어려웠던 상황을 이렇게 전하고 있다. "하나님의 말씀을 읽고 말하는 일의 새로움이 사라질 때, 우리를 지탱하기 위해서는 보이지 않는 강한 힘이 필요합니다. 하나님과 동행하며 사는 것만이, 이 일을 가능하게 해줍니다. 제 경험상 얻은 결론입니다. 야곱처럼 끝까지 붙잡고 싸우는 진짜 기도, 그 싸움에서 약해지는 것이 아니라, 강함을 얻게 되는 그런 적극적이고 살아 있는 믿음과 기도의 삶으로만 성공할 수 있고 유지할 수 있습니다."

1871년 11월, 불교 승려가 개종하는 흥미로운 일이 있었다. 그는

원저우 학교 남학생과 선생님들, 스토트 부인, 바슬리 양, 앞줄은 믿는 학생, 그중 세 명은 현재 무급 설교자

진리를 믿고 나서, 절을 떠나 고향 마을에서 농사를 시작했다. 그는 사람을 만나기만 하면 언제나 그들에게 자신을 구원해 주신 하나님에 대해서 열심히 증거했다. 우리는 그가 하는 노력으로 새로운 길들이 열리기를 바랐다. 하지만 세례 받은 지 몇 달 되지 않아 성찬식에 참석하러 오다가 폭풍으로 배가 전복되어 다른 28명과 함께 익사했다. 다음은 스토트 선교사가 그에 대해서 쓴 글이다.

"어젯밤, 시골에서 오신 어르신 세 분이 '교리'에 관해 더 알기를 원한다고 남아 있었습니다. 진심인 것 같았습니다. 우리의 친구인 그 승려도 왔는데, 다시는 세례도 주지 않고 돌려보내지 말아 달라고 애걸했습니다. 그는 자기 마을과 주변 지역에서 28명이 우상숭배에서 돌아와 복음을 믿게 되었다고 했습니다. 그의 말은 아마 자신이 마을과 주위에서 오직 한 분이신 살아계신 참 하나님에 대한 복음을 전한 대상이 28명이었다는 뜻일 겁니다. 개종한 사람의 숫자는 수정해야 할지 모르지만, 그래도 참 좋은 일을 했습니다. 그가 28명에게 자신이 알고 있는 모든 것을 신실하게 말해 주었다니 참으로 대단한 일입니다. 그는 자기가 사는 동네 주위 10마일 내에서 파계승으로 알려져 있다고 합니다."

또한 2년 후, 평생 승려였던 다른 사람의 이야기도 재미있다. 그가 처음 복음을 들은 것은 칠십이 넘어서였다. 그는 2, 3년 동안 다소 규칙적으로 예배당에 왔는데, 세례를 베풀어달라고 했다. 하지만 우리는 그에게 승려의 옷을 입고, 우상숭배의 이익으로 생계를 유지하면서 예수 그리스도를 따르는 사람이 될 수 없다는 말을 해주어야 했다. 그것은 몹시 마음 아프고 실망스러운 일이었다. 그는 노인이어서 일을 할 수 없었고 생계를 유지할 수 있는 다른 방법이 없었기 때문이다.

우리는 정말로 그분을 돕고 싶었지만, 신생 교회에 미칠 영향이 두려웠다. 그는 계속 절에 있었지만, 자기가 해야 하는 승려의 의무를 다른 사람에게 시켰다. 그는 세례 받지 못한 것을 걱정했다. 그래서 하루는 깨끗한 옷을 입고 가까운 산의 개울로 가서는 둑에서 기도를 하고 물에 들어가 자신에게 세례를 베풀었다. 며칠 후, 그는 기독교인 한 사람을 만나 그런 세례도 인정되는지 물었다. 그러나 그 기독교인은 그런 이야기를 들어본 적이 없어서 아무런 이야기도 해줄 수 없었다.

우리는 얼마 되지 않아서 이분의 노력의 열매에 대해서 듣게 되었다. 스토트 선교사가 몇 달 후에 한 친구에게 쓴 편지에 이렇게 기록되어 있다.

"지난 10일 동안 관심자 세 명이 새로 왔습니다. 칠십이 가까운 노인 한 분은 거의 40년 동안 채식만 했고, 그 지역에 있는 모든 절에 가서 불공을 드린 경험이 있었답니다. 최근에 그는 향을 태우는 등의 불공을 드리기 위해서 집에서 조금 떨어진 절로 갔습니다. 그때 그 절의 승려가 그를 보았는데, 아무도 보는 사람이 없는 것을 확인하고는, '처사님, 저는 60년 동안 승려였습니다. 그리고 2년 전까지 이런 것들을 숭배했습니다. 하지만 그것들은 나에게 아무 소용이 없었습니다. 그리고 앞으로도 절대 섬기지 않을 겁니다. 처사님도 저처럼 연세가 드셨고 곧 돌아가실 것입니다. 안으로 들어오세요. 제가 처사님께 누구를 어떻게 예배해야 하는지 말해 드릴게요.' 그는 그런 다음에 그를 방으로 데리고 들어가서 예수님을 전했습니다. 노인은 당연히 질문을 했습니다, '어디서 그런 이야기를 들었습니까?' '도시에 있는 외국인한테서요.' '외국인이라고요!' 그는 놀란 듯이 소리쳤습니다. '아니, 하늘 아래 그 외국인들이 지은 죄처럼 흉악한 죄는 없다던데요. 아직 목이 잘리지 않았다면, 곧 잘리게 될 거라던데요.' 그 승려는 그에게 그건 사실이 아니라고 확신시켜 주면서 자기가 3일 전에 원저우에 갔다가 참된 하나님의 말씀을 들었다고 했습니다. 그 승려는 십여 명의 훌륭한 사람들도 그 종교에 입문하여, 영원한 행복을 누리는 천국에 들어가게 될 것이라고 말해 주었습니다. 그러면서 자기도 그들과 함께 있고 싶었지만, 자신은 너무 늙어서 쌀을 구할 수가 없기 때문에, 절에 의지하고 있다고 했습니다. 선교사가 우상의 밥을 먹으면서 예수님의 제자는 될 수 없다고 말했다고 하면서, 이 가난한 승려는 하나님의 아들이신 예수님을 통한 용서와 평화에 대한 모든 것을 가르쳐주고, 더 많은 이야기를 해주었습니다. 비록 그가 절에서 죽었다고 해도, 우리는 그분이 진정한 제자였다고 믿습니다."

이 무렵, 동링에서 온 사람이 외국인의 말을 들으려고 들렀다. 그는 관심이 있었고 현지인 설교자와 길게 대화했다. 그는 훌륭한 질문을 많이 했는데, 집에 돌아가서 생각해 보았다. 그는 계속해서 오더니, 얼마 후에 진정으로 진리를 받아들였다. 그는 아편을 기르는 것이 아편을 피우는 것만큼 나쁘다는 이야기를 들었다. 그는 자기 밭에 아편을 조금 기르고 있었기 때문에 양심에 걸렸다. 어느 날 밤 그는 자신과 논쟁했다. 자신은 가난했고, 아편 재배는 그 어느 것보다 돈이 되었다. 밀을 기르기에는 계절이 너무 늦어 버렸다. 그는 올해는 그것을 그냥 두더라도 내년에는 포기하려고 작정했다. 그러나 그는 잠을 잘 수 없었고, 그 문제는 계속 자신을 괴롭혔다. 마침내 그는 새벽에 일어나서 큰 낫을 들고 모든 아편의 뿌리를 베어 버렸다. 그는 얼마 후에 세례를 받았다. 그리고 2년 후 우리가 그를 방문했을 때, 그의 아내와 어머니도 진정한 기독교인이 되어 있었고, 그의 이웃 7명도 그들과 함께 아침과 저녁 기도회를 하고 있었다.

분명 이것은 하나님께 대한 진심 어린 마음과 순진한 눈이 이루어낼 수 있는 한 사례였다. 그의 능력은 적었지만, 자신이 가진 것을 하나님을 위해 사용한 것이었다.

Chapter 4

"그들은 왕을 해하려 음모를 꾸몄으나,
이루지 못하도다."

- 시 21:11 -

1873년 4월, 스토트 선교사는 둥링 지역을 처음 방문했는데, 이렇게 기록하고 있다.

"지난주에 시골 지역으로 복음을 전하러 갔다. 여기서 32㎞ 정도 떨어진 곳이다. 이틀 전에는 9.5㎞ 떨어져 있는 마을에 다녀왔는데, 돌아올 때 보니 내 말의 등에 안장 때문에 생긴 상처가 나있었다. 이틀 동안 나귀를 쉬게 하는 수밖에 없었다. 그리고 안장을 다시 채워야 했는데, 그것은 나에게 매우 어려운 작업이었다. 지정된 시간에 일행 중 한 명이 따라왔고, 내 침구를 나르는 일꾼도 함께 갔다. 꽤 일찍 떠났다. 멋진 봄날 아침이었다. 우리가 가는 길은 말할 수 없이 아름다웠다. 이 시즌에 처음으로 개구리가 '개굴개굴'하는 소리를 들었다. 기름을 짜내는 각종 식물의 꽃이 만발해 대기를 향기로 가득 채우고 있었다. 농부들은 조생종 볍씨를 뿌리고 있었고, 대나무 숲은 지저귀는 새들의 멜로디로 가득 차 있었다. 뱀들도 나와서 햇볕을 쬐며 길가에서 흉측하게 똬리를 틀고 있었다. 8㎞ 정도 가서, 산기슭에 도착했고, 저녁을 먹고 나서 우리가 생각하고 있던 지역으로 들어갔다. 나는 여러 촌락을 가가호호 방문해 복음도 전하고 책도 팔았다. 그 지역 전체가 우리를 만났고 우리가 전하는 말을 듣게 되었다. 그곳은 외국인이 한 번도 온 적이 없는 지역이었다. 사람들은 멀리서 농사일을 하다 말고 보잘것없는 종을 보러 필사적으로 달려왔다. 우리가 나아갈수록 군중들은 더 몰려들었고 소란해졌다. 중국인 군중이 내는 소리를 들어본 적이 없는 사람은 결코 상상할 수 없는 소음일 것이다. 아무도 듣지 않는데 누구나 목청껏 외쳤다. 그 날카롭고 찢어지는 듯한 소리는 색슨족의 목소리로는 결코 낼 수 없는 소리였다.

나는 거의 해가 질 때까지 설교했다. 그런 다음에 하룻밤을 지내기로 한 집으로 갔다. 하지만 당시 상황은 대충이라도 어떻게 묘사할 도리가 없다. 마침내 거의 절망에 빠져서 내 절름발이 목발을 들고 나무 칸막이를 두드렸다. 그러면서 모두 입 다물고 내 말 좀 들으라고 명령했다. 놀랍게도 나는 그들을 매우 조용하게 만들 수 있었는데, 그런 다음에 내 목이 아플 때까지 예수를 믿어서 받는 구원에 대해서 설교했다. 그런 다음에 내 침구를 나르는 사람이 내 말을 이어받아서 나무와 흙으로 만든 우상은 아무런 도움도 될 수 없으니 모두 살아계신 참 하나님, 오직 한 분이신 그분을 경배하라고 권했다. 사람들에게 천국으로 가는 길을 열어주시려고 하나뿐인 사랑하는 아들 예수 그리스도를 보내주시고 지금도 그를 믿는 사람들을 위해서 중보하고 계시는 그분을 믿으라고 열심히 권했다. 사람들은 대부분 저녁밥을 먹으러 갔다가 곧 돌아왔는데 이전보다 더 많이 몰려왔다. 피곤하고 지쳤지만, 나는 다시 시작해서 늦은 시간까지 설교를 계속해야 했다. 나는 설교를 마치고 다들 돌아갔다가 아침에 다시 오라고 부탁했다. 내가 막 잠자리에 들려고 할 때, 마을의 어른들이 보낸 대표단이 와서 마을의 지혜로운 어르신들이 근처의 한 집에서 조용히 면담하고 싶으니 와달라고 했다. 젊은이들이 이상한 소리를 해서 그들 스스로 들어보려는 것이었다. 이것은 복되신 예수 그리스도에 대해서 이야기할 수 있는 귀한 기회였다. 나는 그분의 인도를 바라면서 내 마음을 올려드렸다. 그분은 친히 인도해 주셨고, 나는 그분의 거룩하신 이름을 증거할 수 있었다.

내가 거의 한 시간 동안 14명에게 설명하는 동안, 그들은 내내 매우 집중해서 듣고 있었다. 한 사람이 '어떻게 이 진정한 신을 예배하느냐?'고 물었다. 나는 그에게 대답해 주었고, 땅바닥에 무릎 꿇고 앉아서 그들 모두를 위해 기도했다. 그리고 그들에게 생명과 음식을 주신 하나님의 선하심에 감사했다. 그리고 하나님께서 그들을 가르쳐 주시고, 그들의 마음을 열어줄 성령님을 보내달라고 간절히 기도했다. 내가 일어났을 때, 그들은 모두 놀라고 있었다. 어떤 사람은 나를 신기한 듯이 바라보면서 어찌할 바를 모르고 있었다. 다른 사람이 물었다. '하나님이 당신의 기도를 들으실까요?' 나는 대답했다. '당신이 가지고 있는 책에도 하늘에 눈들이 있다고 합니다. 그것은 사실입니다. 하늘이 눈은 있는데 귀가 없다면 이상하지 않겠습니까?' 그들은 모두 대답했다. '맞아요. 맞아.'

그들은 아주 늦은 시간에 떠났다. 수많은 사람 앞에서 그분의 이름을 증거하는 황금 같은 기회를 주신 것에 대해서 하나님께 감사하지 않을 수 없었다."

기회가 있을 때마다 남편은 자주 이런 설교 여행을 했다. 때때로 나는 가까운 곳은 그를 따라갔지만, 대부분은 집안일을 돌봐야 해서 집에 머물렀다.

또 다른 설교 여행에 대해서, 스토트 선교사는 다음과 같이 썼다.

"한 3주 전에 아주 재미있는 설교 여행을 했습니다. 우리는 수많은 도시와 마을을 방문했는데, 흔히 천 명 이상이 모여 우리 이야기를 들었습니다. 극장 연단이나 마을 사원에서 설교했고, 알맞은 장소를 구할 수 없으면 말 위에 앉아서 설교하기도 했습니다. 나는 현지 기독교인 2명과 함께 다녔는데, 그들도 번갈아 가면서 설교했습니다. 그런데 그중 한 명이 이틀째 되는 날 목소리가 나오지 않아서, 다른 사람이 계속 설교했습니다. 그의 목소리는 아주 멀리서도 들렸는데, 그와 같이 큰 목소리를 들어본 적이 없을 정도였습니다. 아마 최근 고인이 된 던컨 씨와 비교할 수 있을지 모르겠는데, 던컨 씨는 깊은 베이스 목소리였다면, 이 사람은 분명한 테너로 매우 기분 좋은 목소리였습니다. 그는 그런 목소리로 그리스도를 쉽게 완전하게 전했습니다. 그는 내가 떠난 뒤에도 열흘 더 설교했고, 다른 곳에서도 몇 번 더 말씀을 전했습니다.

나는 너무 오래 집을 떠나있는 것이 불편합니다. 아내가 혼자 그 많은 사람을 돌보는 것이 마음이 편하지 않습니다. 아내는 이제 중국말도 잘하고 글자도 많이 익혀서 훨씬 잘 지내고 있습니다. 일주일에 두 번씩 사람들을 방문하고, 날마다 저학년 수업을 하고 있고, 주일 오후에는 고급반 성경을 가르칩니다. 그 외에도 학교의 식사와 의복을 전부 책임지고 있고, 우리 집안일도 있으며 중국어 공부도 해야 합니다. 그 모든 일 때문에 매우 바빠서 시간을 낼 겨를이 없습니다. 그래도 나는 아내가 건강을 잘 유지하고 있다고 말할 수 있어서 감사합니다.

이번에 다녀왔던 여러 지역의 이야기를 자세히 할 시간이 되면 좋겠습니다. 특별히 그중 한 곳은 이제껏 내가 보았던 장소 중에서 가장 아름다운 곳이었는데, 슬프게도 사람들은 비속해서 당황스러웠답니다. 마을은 말 발바닥 모양의 협곡에 위치해 있었고, 마을의 뒤쪽과 양옆에는 높은 언덕이 거의 산처럼 들쑥날쑥 솟아 있었어요. 앞에는 드넓은 큰 평원이 길게 펼쳐져 있고, 마을에는 아름다운 개울이 흐르고 있었지요. 그곳을 우리가 건넜습니다. 과수원은 과일로 가득했습니다. 오렌지, 왕귤, 석류 등이 모두 나무에서 익어가고 있었어요. 마을의 촌장이 그날 밤 우리를 맞아 재워 주었고, 잘 대접해 주었습니다. 저녁 식사 후, 사람들이 몰려와서 늦은 시간까지 설교를 했습니다. 나와 함께 다니는 현지인 설교자도 접대 홀에 모여 있는 많은 사람 앞에서 복음을 전했습니다. 그들은 우리를 그렇게 친절하게 대해

주었습니다. 왜냐하면 이전에 내가 열병 걸렸던 여성 한 명을 치료해 주었기 때문이었습니다.

다음 날 아침 일어나서, 아침을 먹고 태양이 떠오를 때 다시 나귀를 타고 다른 마을로 갔습니다. 그러자 그 마을 사람들이 전부 사원 마당에 모여 있는 것이 아니겠습니까. 나는 단에 올라가서 현지인 조수와 교대로 복음을 전했습니다. 시간이 흐르자 주지 승려가 자기네 신들 앞에서 우리가 하나님을 전하는 것을 반대하기 시작했습니다. 나는 사람들이 반대하면 다른 곳으로 가겠다고 말했습니다. 그런데 대부분 '아녜요, 아녜요. 거기 계세요.'라고 하는 것이었습니다. 군중 가운데 한 사람이 외쳤습니다. '만약 승려들이 가만히 있지 않으면, 우리는 그를 언덕 위로 끌고 올라가서 나무에 묶어 두겠소.' 이 말에 불쌍한 승려는 나머지 시간 동안 조용했고, 다른 사람들은 아주 즐거워했습니다. 마을 교장 선생님이 저녁에 초대했는데, 나는 지체되는 것이 싫어서 가지 않았습니다. 계속 말씀을 전하고 싶었기 때문이었습니다."

이 일이 후에 동링 사람들이 다수 관심을 가졌고, 남편에게 와서 설교해 달라고 했다. 그는 그렇게 했고, 그 결과 그곳 성도의 가정에 작은 교회가 하나 세워졌다.

어느 날, 스토트 선교사가 예배당으로 사용할 집을 빌리러 동링으로 갔다. 돌아올 시간 쯤 되어 그를 기다리고 있는데, 한 남자가 물고기 한 마리를 가지고 찾아와서 스토트 선교사가 예배당으로 사용할 장소를 찾았다고 했다. 그러면서 그 일을 매듭짓기 위해서 자기에게 돈을 가지러 보냈다고 했다. 물고기 선물이 좀 의심스러웠다. 나는 편지가 없었냐고 묻자, 있었는데 배에서 내리다가 물에 떨어뜨려 없어졌다고 했다. 몇 개의 질문을 더 해 보니 그것은 사기였고, 내가 관아에 사람을 보낸다고 하자, 그는 물고기를 남겨두고 도망갔다. 조금 후 남편이 돌아왔고, 우리는 차를 마시면서 어설픈 사기 시도와 물고기 이야기를 하며 함께 웃었다.

1873년이나 1874년 어느 날 아침, 낯선 사람이 침구 보따리를 등에 메고 들어오려고 해서 깜짝 놀랐다. 그가 했던 거의 첫 번째 말은 "나는 이곳에 살면서 교리를 배우러 왔습니다."였다. 우리는 그렇게 쉽게 사람을 받지 않았다. 그런데 남편에게 그가 자신에 관한 이야기를 들려주었다. 그는 태평천국의 난에 참가했던 군인이었다. 그는 나라에 충성을 다하기 위해 부모와 어린 아내가 있는 집을 2, 3년 동안 떠나 있었다. 그가 없는 동안 아내는 죽었는데, 부모님은 아직 살아 계셨다. 그는 세상에서 겪었던 일을 혐오하게 되어, 종교에 귀의하기로 결심했다. 그는 가지고 있던 돈으로 부모님을 위한 관을 사고 그분들의 묘지를 샀다. 그렇게 자녀의 도리를 하고서 거룩하게 살기 위해서 산으로 들어갔다. 조그만 오두막을 자기 손으로 지었는데, 다리를 제대로 뻗지도 못할 정도로 작아서 앉은 자세로 자야 했다. 그는 곧 거룩하다는 명성을 얻었고, 이웃 마을 사람들이 그의 기도에 대한 대가로 먹을 것을 가져다주었다. 어느 날, 한 젊은이가 은둔자에게 줄 선물을 들고 그리스도인의 집을 지나고 있었다. 어디로 가느냐는 그리스도인의 질문에 "은둔자에게 선물을 주러 간다."고 하자 그리스도인은 자신도 은둔자에게 줄 선물이 있다며 복음서를 꺼내주었다. 그 후, 그리스도인은 그 일을 잊고 있었다. 이 일이 있고 나서 며칠 뒤에 그 은둔자는 다시 그 젊은이를 만나서, 그 책을 어디서 받았느냐고 물었다. 그러자 그 젊은이는 "아마 원저우에 있는 외국인에게서 얻었을 것입니다. 그렇지만 저는 그것에 대해서 잘 몰라요. 이웃 사람이 한 분이신 참 하나님과 한 분이신 예수 그리스도에 대해서 많이 얘기하는데 나는 잘 모릅니다."라고 대답했다고 한다. 그 은둔자는 3년을 방황하다가 원저우에 있는 외국인을 만나러 내려왔다. 그의 이야기를 듣고서, 남편은 우리랑 같이 일주일을 지내자고 초대했고, 그가 열심히 성경을 공부하고 배우려는 열정이 있는 것을 보고 몇 주 더 있다 가라고 했다.

어느 날 아침, 내가 학생들과 성경 수업을 하는데, 다른 사람들도 함께 듣고 있었다. 본문은 요한복음 3장이었는데, 이 사람이 울고 있었다. 남편이 이 사람을 데리고 나가서 무슨 문제가 있느냐고 물었다. 그는 다른 말을 하지 못하고 단지 "내 죄, 내 죄!"라고 하였다. 중국 사람이 죄 때문에 우는 것을 처음 보고, 우리는 완전히 흥분했다, 그는 다시는 언덕으로 돌아가지 않았다. 하지만 그의 집에서는 그가 그리스도 인이 되는 것을 결사적으로 반대했다. 이상하게도 우리가 함께 시간도 많이 보내고 기도도 많이 했지만, 그는 결코 진리로 들어오지 않았다. 1년 후에 우리는 그의 부모가 아들이 그리스도인이 되는 것을 원치 않 기 때문에, 그가 더 이상 우리가 돌보는 것을 원하지 않는다는 사실을 알게 되었다.

하지만 그에게 복음서를 전해 주었던 젊은이는 이전에는 생각지도 않았는데, 그 책이 무슨 내용이기에 은둔자가 언덕에서 내려와서 거룩 함의 맹세를 깨도록 했는지 궁금해하기 시작했다. 그는 진리를 탐색하 기 시작했고, 시간이 지난 후에 개종했다. 그를 통해 부모님과 숙모도 믿게 되었고, 아직도 교회에 다니고 있다.

우리는 이중적이고 이득을 사랑하는 사람들 때문에 시련과 실망을 자주 겪었다. 그것은 중국인의 성품 속에 너무나 흔한 것이었다. 한 사람 이 진리를 향한 열정을 고백하고 그것을 소중히 붙잡고 있는 것처럼 보 이지만, 동시에 그가 희망하는 것은 언제나 어떤 일자리를 얻는 것인 경 우가 많았다. 학교 선생님 중에도 그런 사람이 있었다. 개종한 사람 같이 보였고, 자발적으로 날마다 학생들에게 공부보다 성경을 읽으라고 했고 기도도 같이 했다. 그는 아편을 피우던 사람이었지만 기독교인이 되고 나서 아편을 끊었다고 고백했다. 하지만 나중에 그리스도를 믿는 믿음을 버리고 아편을 다시 피우기 시작했다. 그의 두 아들이 학교에 다니고 있었는데, 교육 과정을 마치고 나서 무역을 배웠다. 한참 동안 그를 만나지 못하다가, 몇 년 전 다시 보니 큰 아들은 진심으로 믿고 있었다. 현재 그는 월급을 받지 않고 자원봉사하는 전도사이다.

수년간 우리를 속였던 경우도 있었다. 그는 점쟁이였다. 하지만 복음을 받았다고 고백하면서 그러한 것들을 전부 포기했고, 친구와 이웃에게 복음을 잘 전하고 있는 것으로 보였다. 그는 복음 때문에 박해를 받았지만, 그것도 용감하게 참아냈다. 급기야 사람들은 이야기를 날조하여 그를 고소하기까지 했다. 그는 아무런 죄를 범하지 않았는데, 고소를 당해서 관아에 끌려갔다. 중국 관리는 솔직히 외국 종교를 부인하면 그를 풀어주겠다고 했다. 그렇지만 그는 대답했다. "너희가 내 목을 잘라도 나는 내가 그리스도인인 것을 부정하지 않을 것이다." 그는 거의 3개월을 감옥에 있었고 우리는 그를 도울 힘이 전혀 없었다.

우리는 그의 확고함에 매우 감동했다. 그리고 그 사람에 대한 신뢰가 부족했던 것이 결국 잘못이었다고 생각하기 시작했다. 당시 우리가 그를 완전히 믿지 못하고 있었기 때문이었다. 그는 자기 소유의 땅을 가지고 농사를 지으면서, 많은 시간을 자원해서 복음을 전하고 있던 사람이었다. 그의 수고를 통해서 둥링 지역의 사역이 많이 성장하기 시작했다. 초창기 우리에게 교사들이 절실하게 필요했기 때문에, 그를 고용하면 어떨까 하는 생각을 자주 했다. 그렇지만 무언가 마음에 걸린 남편이 그렇게 하지 않고 있었다. 결국 그는 기다리다 지쳐서, 약간 망설이다가 7년을 기다렸는데 채용해 주지 않았다며 우리가 월급을 주지 않으면 함께 하지 않겠다고 선언하고는 용감하게 천주교로 적을 옮겼다. 천주교에서는 그를 고용했고, 그의 본색이 드러났는데, 우리의 일을 뒤엎으려고 작심하고 행동했다. 그는 사람들을 교회로 많이 데리고 왔었는데, 가능하면 그 사람들을 빼내 가려고 했다. 그런데 다행히도 자기보다 더 좋은 사람들을 데려오는 역할을 했을 뿐이었다. 단지 머뭇거리던 사람 몇 명만 그를 따라갔다. 그렇지만 그는 오랫동안 우리에게 육체의 가시였다.

1874년경 악한 소문이 돌아서 우리는 일련의 어려움을 겪었다. 만약에 도시에 좋지 못한 일이 있으면 그 원인으로 항상 우리가 언급되었다. 사람들은 "반지회"라는 비밀 단체가 생겼는데, 스토트 선교사가 우두머리이고 그 단체를 이끌고 있다고 수군거렸다. 심지어 '반지회'에 들어가면 모두 금반지와 4달러를 받는 대신에 현 정부를 전복시키기 위해 힘껏 모든 일을 해야 한다는 말까지 돌았다. 사람들은 금반지와 달러를 달라고 스토트 선교사를 괴롭혔다. 하루는 반지회 지원자 중 한 사람이 스토트 선교사가 하는 일이 무엇인지 알았다고 확신하고는 어떤 나쁜 짓이라도 이제는 그만두게 해야 할 때가 되었다고 생각한 모양이다. 그는 관아에 자기 명함을 보내면서 스토트 선교사를 책임지고 조사하라고 요청했다. 관아에서는 즉시로 두 사람을 보내서 그

고발자를 체포해 성문 밖으로 데리고 갔는데, 그러는 중에 그 고발자가 가진 가장 좋은 의복과 모자를 빼앗아 자기들이 취했다. 며칠이 지나서야 남편은 그를 석방해 달라고 관아에 얘기할 수 있었다. 그 일 후에 우리는 '반지회'와 아무런 상관없이 지내게 되었다.

그 무렵 전 도시를 공포에 사로잡히게 하는 일이 있었다. 도시를 공격하기 위해 산속에 어떤 조직이 만들어졌다는 것이다. 그들은 세력이 꽤 있는 것으로 알려져 있었는데, 물론 외국인이 수장이라고 했다. 그들이 활동하는 몇 달 동안 당국은 시민들에게 경고하고, 타이저우 에 군대를 보냈다. 대포들이 성벽에 배치되었고, 매일 밤 해가 질 무렵 성문을 닫았으며, 관아에서는 아침까지 순찰병을 세웠다. 이 일에 우리 이름이 관련되어 있는 것을 알고도, 이런 류의 일을 하도 많이 겪어서, 잭슨 씨와 남편은 평소대로 타지에 있는 전도 기지들을 방문하러 떠났다. 거의 보름 가까운 여정이었다. 그들이 떠난 지 얼마 되지 않았을 때, 학교 선생님이 놀란 표정으로 나에게 와서, 시내에 폭력적인 플래카드가 걸려있으니 조심하라고 말해 주었다. 사람들이 스토트 선교사는 일당을 조직하기 위해서 기차를 타고 갔고, 나는 그들이 돌아오면 먹이기 위해서 쌀을 다량으로 사들이고 있다는 소문을 퍼뜨리고 있다고 했다. 그 선생님은 사람들이 우리를 공격할 위험이 있으니 관아에 편지를 써서 보호를 요청하라고 재촉했다. 나는 생각하면서 그 문제를 놓고 기도했고, 마침내 남편이 돌아올 때까지 기다리기로 결정했다. 기도 응답으로 남편 일행은 예정보다 네댓새 빨리 돌아왔다. 스토트 선교사는 이런 상황을 듣고는 즉시 당국자들에게 편지를 써서 세간에 퍼진 소문은 사실이 아니며, 우리는 조용하고 평화로운 사람들이며 사람들에게 화평을 가르칠 뿐 어떤 단체와도 무관하니 그렇게 공표해 달라고 요청했다. 관아에서는 남편의 말을 인정했지만, 편지는 즉시 찢어 흙탕물에 던졌다. 사람들은 나쁜 짓에 고개를 숙이는 것처럼 보였다. 친절한 이웃은 우리에게 떠나는 것이 좋겠다고 경고했다. 하지만 우리가 이제껏 황야에서 몇 마리 양을 거두었는데, 어떻게 그들을 떠날 수 있겠는가? 그들은 목자의 마음을 몰랐다.

결국 상황이 너무 위협적으로 바뀌어 우리는 하인들에게 우리를 떠나라고 경고했다. 하인들이 말하기를 공격은 다음 주 화요일이고, 만약 그들이 우리 곁을 떠나지 않으면 그들도 우리와 운명을 같이 하게 될 것이라고 했다. 토요일, 하인 두 명과 아이를 돌보는 보모가 그날 떠나야겠다고 알려왔다. 남편이 나에게 내려오라고 하더니 그런 슬픈 소식을 전했다. 하인들은 확실히 두려워했고, 나는 우리에 대해 겁먹는 사람들과는 함께 있지 않는 것이 좋겠다고 생각했다. 우리 짐꾼은 최근에 믿음을 고백했는데, 우리가 필요할 때 떠난다고 하니 매우 실망스러웠다. 우리가 그에게 기대했던 것은 야만을 증오하는 것이었지 그리스도를 떠나는 것이 아니었다. 우리는 아무런 유감도 표하지 않고, 다른 사람들의 월급과 함께 그의 월급을 챙겨 주었다. 그렇지만 그는 받지 않으면서, 일주일 내로 돌아오겠다고 했다. '그래요, 우리가 죽은 후에요, 아니면 위험 상황이 끝난 뒤에 말이지요.' 속으로 그런 말이 떠올랐다. 그렇지만 곧 그렇게 친절하지 않은 생각을 한 것이 너무 부끄러워졌다. 왜냐하면 그가 한 시간도 안 되어 다시 와서는 머물게 해달라고 빌었기 때문이었다. 다른 사람들도 우리가 아직 살아있는 것을 보고는 일주일 후에 돌아왔다.

이 짐꾼은 성격이 급해서 가끔 곤경에 빠졌다. 어느 날 저녁 기도회를 하고 있는데 아래층에서 시끄럽게 싸우는 소리가 나서 기도를 계속할 수가 없었다. 스토트 선교사가 내려가서 무슨 일인가 알아보았더니, 그 짐꾼이 상급생 한 명과 싸우고 있었다. 스토트 선교사는 그들에게 잘 배워놓고 이렇게 싸워서 기도회를 방해하다니 너무 슬픈 일이라고 따끔하게 지적했다. 그러자 짐꾼은 서둘러서 말 채찍을 만들어 그것을 스토트 선교사 앞에 놓고 "제가 제일 비난받아 마땅합니다. 저를 때리십시오."라고 했다. 스토트 선교사는 그에게 하나님께 가서 용서를 빌라고 했다. 그는 틀림없이 그렇게 했을 것이지만, 매를 맞지 않은 것에 실망한 것 같았다.

하인들이 없는 동안 집안일은 전부 내 차지였다. 그렇다고 해서 걱정이 없어진 것도 아니었다. 의심할 것 없이 도시를 공격하려는 시도는 계속되고 있었다. 진짜로 도시가 공격 받는다면 우리는 공격자들뿐 아니라, 분노한 도시 사람들에게도 시달리게 될 것이었다. 사람들은 자신들이 당하는 고난이 우리 때문이라고 생각하고는 화를 내고 있었기 때문이다. 그래서 우리는 우리만의 계획을 세웠다. 편리한 곳에 긴 밧줄을 하나 만들어 가져다 놓고, 여차하면 성벽을 넘어서 재빨리 바닷가로 가려고 했다. 그렇지만 집 없는 학생들을 어떻게 할 것인가? 방법을 찾을 수 없었다. 한 친절한 이웃은 공격이 시작되면 우리가 도망할 시간을 벌도록 첫 번째로 알려주겠다고 약속했다.

어느 날 한밤중에 막 잠이 들었는데, 누군가 엄청 세게 문을 두드려서 우리를 깨웠다. 즉시 일어나 베란다로 나갔더니, 재빨리 경고해 주겠다던 사람이 외치고 있었다. "스토트 선교사님, 빨리 도망가세요. 역당들이 서문을 부수고, 관아를 짓밟았어요. 이제 시내로 들어오고 있어요."

남편은 아래로 내려가서 우리 사람들을 모아, 불확실한 운명을 우리와 같이할 사람들이 있나 보았다. 하지만 우리는 도망가기에 앞서 그 소식이 사실인지 아닌지 확인하러 사람을 보냈다. 아랫층에서는 우리 모두를 하나님께 올려드리는 기도를 하고 있었고, 그동안 나는 위에서 도망 준비를 했다. 날씨가 따뜻했기 때문에 남편은 면 코트, 나는 얇은 겉옷만 가져가면 되었다. 20달러짜리를 허리에 두르고, 나머지는 우물 속으로 가라앉히려고 부동산 권리증서와 함께 병목에 묶은 가방에 넣었다. 그렇게 몇 가지 준비를 끝내고 한 손에는 밧줄을, 다른 손에는 작은 보따리를 들고 내려갔다. 아주 슬픈 광경이었는데도 나이가 든 학생 하나가 심각한 얼굴로 터무니없는 질문을 했다. "이 가구들은 어떻게 하지요?" 어찌 되고 있나 상황을 알아보러 갔던 사람이 돌아와서, 그 소문이 사실이고 가능한 한 빨리 이 집을 떠나는 게 좋겠다고 했다. 내가 윗층에 있던 시간은 잠깐이어서, 그동안 그가 서문까지 갔다 오는 것은 불가능했다. 나는 남편에게 그가 서문까지 갔다 온 것이 사실이냐고 물어보라고 했다. 그는 자기가 다녀오지 않은 것을 인정하며, 그렇지만 시내에 있는 사람들이 전부 그 이야기를 하고 있더라고 했다. 남편은 그를 다시 보냈다. 뛰어갔다 오되, 만일 사실이면 그래도 아직 우리가 도망갈 시간은 있을 것이니 서둘러 돌아오라고 했다. 오! 시간이 얼마나 길게 느껴졌던지! 모든 순간이 소중했고 우리에게는 생명과 같은 시간이었다. 마침내 그가 돌아왔다. 그는 모든 것이 거짓 소문이었고 도둑 떼가 퍼뜨린 것이라는 사실을 알려주었다. 놀라서 집을 나왔던 가련한 사람들은 다시 돌아갔고, 우리는 하나님께 감사하며, 침대로 가서 아침까지 푹 잘 수 있었다.

초창기에는 사람들의 화를 돋우지 않고 사는 것이 불가능해 보였다. 예를 들면, 남편이 그리 높지 않은 굴뚝을 세워도 사람들은 이것이 선박과 교신하는 기구라고 추측했다. 그러다 이웃 아이가 아프다가 죽으면, 그 불길한 굴뚝 때문이라고 하며 마을 대표가 와서 굴뚝을 없애라고 했다. 없앴는데도 얼마 안 되어 이웃 사람이 아팠다. 이번에는 남편의 마구간이 원인이니 부수라고 했다. 남편은 자신은 그 비용을 감당할 수 없고, 그들의 유익을 위해서 하는 일이니 저 흉물스러운 건물을 마음대로 부수고 그들 맘에 들게 다시 짓되, 그 비용은 그들이 부담하라고 했다. 그러자 문제가 해결되었다. 마구간은 그대로 남게 되었던 것이다.

한 번은 스토트 선교사가 사람들이 많이 모인 예배당에서 말씀을 전하다가 시계를 보았다. 한 사람이 물었다. "저분이 무엇을 보고 있습니까?" 다른 사람이 이렇게 대답했다. "요술쟁이가 쓰는 기구 같은 것인데, 그가 설교할 때 사람들이 얼마나 그의 설교에 빠졌는지를 알게 해주는 겁니다. 그래서 원하는 숫자가 되면 설교를 멈출 거예요." 스토트 선교사는 이런 일을 전혀 모르고 있었는데, 나중에 시골을 다니면서 이런 엉뚱한 이야기들이 만연해 있는 것을 알게 되었다.

Chapter 5

"우리 주는 모든 신 위에 뛰어나시다."

- 시 135:5 -

이 무렵 남편은 빙예시(市)에 설교자를 보내어 개척을 했다. 늘 그러했듯이 처음에는 사람들이 무리 지어 와서 듣다가, 곧 다시 흩어지니 파견된 설교자는 외로워하며 돕는 사람을 좀 보내달라고 했다. 우리는 보낼 사람이 없어서 남학생 한 명을 보냈다. 즈뉘에 라는 13살 먹은 믿는 학생이었는데, 그를 보내서 몇 달 동안 설교자와 함께 지내게 했다. 어느 날 즈뉘에가 이교도 사원에 들어갔다. 예배하는 사람은 볼 수 없었지만 단마다 촛불과 향이 피워져 있어서 누군가 왔다 간 것을 알 수 있었다. 돌아보니, 한 노인이 많은 신 중 마지막 신에게 마지막으로 큰절을 올리고 일어서는 참이었다. 노인이 쉬려고 앉았을 때, 즈뉘에는 그에게 말을 걸었다. "할아버님, 왜 이런 우상을 숭배하셔요? 흙으로 만들었고 볼 수도 들을 수도 없잖아요. 할아버님을 도와 줄 수도 없고요. 정말 자기 스스로도 지킬 수 없어요. 저것 보세요. 손가락도 잘려 있고 쥐가 콧수염을 갉아먹기도 했어요. 쥐는 할아버지의 콧수염을 갉아 먹지 못해요. 할아버님은 살아계신 사람이기 때문이에요. 얼마나 어리석어요? 그런 짓을 하는 쥐들을 벌주지도 못하고 내버려 두는 우상을 숭배하니 말이에요. 그뿐 아니지요. 쥐들은 이런 우상들 안에다 집을 짓고 살지 않아요?" 노인은 한숨을 쉬더니 "내가 어떻게 해야 하느냐?" 그 소년은 하늘에 계신 하나님 아버지와 그의 아들 예수 그리스도, '원하면 누구에게든지 주시는' 구원의 길을 설명해 드렸다.

그 노인은 많이 놀라며 경청했다. 어디서 그런 지혜를 들어본 적이 없었다. 그가 깊이 관심을 보여서, 예배당으로 초대해서 설교를 더 듣게 했다. 그는 자신뿐만 아니라 아내도 데리고 왔다. 시간이 지나면서 그들은 진심으로 개종했고, 여러 해 동안 한결같이 거룩한 삶을 살았다. 그 노인 부부는 이제 영광 가운데 있다.

12살에 개종한 이 소년은 후에 바로 그 도시 빙예에서 열정적이고 성공적인 설교자가 되었다. 그를 처음 선교하도록 떠나보내면서 스토트 선교사가 그에게 한 말을 나는 기억하고 있다. "그리스도를 전해야 한다. 우상과 우상을 섬기던 습관을 떠나라고만 전해라. 진리가 그들 마음에 들어가면 다른 것은, 곧 나가기 때문이다." 스토트 선교사는 한동안 권하던 이야기를 마치고, 그가 하는 말이 이해되느냐고 소년에게 물었다. 그는 "예"라고 했다. "이런 의미시지요? 사람들이 지금은 다 허물어져 가는 오두막에 살고 있는데, 제가 그것을 말하지 말라고 하시는 거지요? 그건 그냥 두고, 나는 온갖 좋은 것으로 꾸며진 아름다운 집을 지어서 그곳에 초대하라고 하시는 거지요? 그러면 그들은 오래된 낡은 오두막을 떠나서 자기 것이 된 새로운 집으로 들어갈 것이고요." 그 젊은이는 열심히 수고했다. 대중 앞에서도 자주 말씀을 전했다.

그런데 그가 나이가 들자 점점 폐결핵의 징후가 나타났다. 우리가 손 쓸 수 있는 일은 전부 했지만, 너무도 소중하고, 우리의 초창기 사역에 꼭 필요해서 없어서는 안 된다고 생각했던 그 소년은 28세에 죽었다. 스토트 선교사에게서 훈련을 잘 받은 어린 제자의 죽음은 어린 교회에 막중한 손실이었다.

1872년 우리가 결혼한 다음 날 세례를 받았던 우리 요리사가 믿지 않는 여인과 결혼했다. 우리는 슬펐지만 아무 일도 할 수 없었다. 기독교인은 기독교인과만 결혼해야 된다고 주장하는 것은 일주일을 길을 가도 예수 믿는 여인을 찾을 수 없는 상황에서는 실제로 결혼하지 말라는 말과 같았기 때문이었다. 하지만 믿지 않는 여인의 영향력은 대단했다. 우선 마음은 차갑고, 영적인 일에는 철저히 무관심했다. 2년이 지났을 때, 우리는 우리 요리사를 교회에서 해고해야 했다. 이 때문에, 교회가 강력하고 건강하기 위해서는 젊은 기독교인 남자들에게 기독교인 아내를 구해 줄 필요가 있었다. 그 일을 위해서 우리는 무엇인가를 해야 했다. 그래서 그 일을 생각하며 많이 기도한 후에, 우리는 여자 기숙사 학교를 세우기로 결정했다. 하지만 그 일을 진행하는데 어려운 점이 많았다. 우선 소녀들을 위한 적당한 숙소가 없었다. 그리고 원하는 소녀들이 없을 수도 있지만 우리는 소녀들에게 전족을 하지 못하게 할 작정이었다. 다른 학교들은 바로 원하는 소녀들을 구할 수가 없어서 그 악습을 되풀이하고 있었다. 내가 알고 있는 한 학교도 거의 누구나 따르는 이 습관에 대항해서 싸우는 것이 굉장히 어려웠다고 했다. 그러나 우리는 이 일에 개척자가 되는 것이 중요하다고 느꼈기 때문에 확고한 기초 위에 시작해서 다른 사람들이 그 위에 세우기를 간절히 바랐다. 우리는 쉽게 시작해서 나중에 싸우는 것보다 먼저 이 문제를 가지고 싸우는 것이 더 낫다고 생각했다. 그래서 우리는 10살 이하의 여자아이들을 받아들여서 부모에게는 아무런 부담을 주지 않고 무료로 먹이고 입히고 교육시키겠다고 발표했다. 단지 조건이 있는데 "전족을 하지 않아야 하고 우리가 적당하다고 생각하는 사람과 결혼시킬 권리를 갖겠다. 부모라 할지라도 우리의 동의 없이는 딸을 결혼시킬 수 없다."고 선언했다.

이때 우리 교회에 할머니가 딱 한 분 계셨는데, 그분이 자기 손녀를 나에게 데리고 왔다. 나는 그녀의 발을 풀어주어야 한다고 분명히 설명했다. 그 할머니는 이 규칙과 다른 규칙에 기꺼이 동의했다. 9살 난 정말 사랑스러운 아이였다. 한 명뿐인 학생이어서 많은 시간 함께 데리고 있었고 나는 당연히 그녀를 매우 좋아했다. 세월이 흐르고 그녀의 부모는 이런 상황을 보며 전족에 대한 얘기를 꺼낼 때가 왔다고 생각한 모양이다. 틀림없이 내가 그렇게 예뻐하는 아이를 잃는 것보다 전족을 양보하리라고 생각한 것 같았다. 어느 날 아이 집에서 전갈이 왔다. 아이 엄마가 밤낮으로 운다는 것이었다. 머리카락을 쥐어뜯으며 자기 아이가 커서 남자 같이 큰 발 때문에 좋아할 남자가 없어 남편을 얻지 못할 거라며 운다는 것이었다. 그래서 그런 수치를 당하느니 차라리 구걸을 하는 것이 낫겠으니 아이를 집으로 보내달라고 했다. 나는 심부름 온 사람에게 그들이 올 때도 자의로 아이를 데리고 왔으니 원하면 와서 데리고 가면 된다. 하지만 먼저 내가 아이를 위해서 쓴 식대와 의복비는 지불해야 한다고 말해 주었다. 물론 그들은 그 비용을 지불할 능력이 안 되었고, 내가 확고했기 때문에 그들은 굴복했다. 그렇게 우리는 전족에 대항하여 싸웠던 첫 번째 전쟁에서 이겼다.

아직도 이 문제 때문에 학교에 다닐 소녀들을 구하기가 매우 어렵다. 그래서 몇 년 동안 여학생은 네 명으로 만족해야 했다. 그것도 그 네 명 가운데 두 명은 나중에 우리 입장이 나아지고 학교에서 얻는 유익이 크다는 것이 알려진 후였다면 받지 않았을 학생이었다.

이제 여학교는 22년이 되었는데, 교회에 엄청난 축복이 되었다. 여학생들은 철저하게 삶에 필요한 실제적인 훈련을 받았고, 학교를 떠난 후에는 대부분 기독교 사역자가 되었다. 지난 10년 동안 22명이 결혼했고, 학교 졸업생 중 개종하지 않은 사람은 3명뿐이었다. 결혼한 여학생 7, 8명이 부녀자와 아이들 사이에서 정규수업을 듣고 있다. 하지만 첫 10년 동안은 영적인 열매를 거의 보지 못했다. 두세 명이 예수님을 믿는다고는 했지만, 거기에 부응하는 삶의 변화도 없고 능력도 없었다. 그들에게는 우리의 성경 읽기가 가장 지루한 시간이었을 것이다. 그들은 영적인 지각이 없는 것처럼 보였다. 첫 몇 해, 아이들이 어릴 때는 부담을 갖지 않았는데, 아마 내가 마땅히 크게 가졌어야 할 부담이었던 것 같다. 그런데 세월이 지나면서 나는 절망에 빠졌다. 학교에서 내 방으로 돌아오면서 얼마나 여러 번 눈물을 흘렸는지 모른다. 나는 "이 아이들은 결코 구원받지 못할까요?"라는 질문을 하면서 흐느꼈다. 그런데 1884년, 주님이 우리에게 임하셔서 아주 크고 은혜로운 부흥을 주셨다.

축복이 다가오는 기미는 보이지 않았는데, 나이가 더 많은 여학생들이 평소보다 더 집중해서 성경 시간에 임하고 있었다. 6월 어느 날 아침, 우리는 평소대로 앉아서 일하고 있었고, 고학년 학생들은 조금 떨어진 곳에서 바느질을 하고 있었다. 나는 저학년 학생들에게 둘러싸여 재봉과 뜨개질을 가르치고 있었다. 한 고학년 학생이 "선생님, 제가 지금 예수님께 나아가면, 그분이 나를 구원해 주실 거라고 생각하세요?"라는 질문으로 정적을 깨뜨렸다. 이전에 보지 못하던 열정적인 표정이었다. "선생님께서 그리스도께 오라고 여러 번 권하셨는데 제 마음이 내킨 적이 없었어요. 그런데 지금 그분이 저를 받아 주실까요?" 나는 맘속에 기쁨이 차올라서 거의 말이 나오지 않았다. 나는 "그래"라고 대답한 후에 내가 그녀보다 2살 어릴 때 구원받은 이야기를 해주었다. 내가 말하고 있는데, 그녀는 울음을 터뜨리더니, 울면서 교실 밖으로 뛰쳐나갔다. 나는 더 이상 억제할 수가 없어서, 기쁨의 눈물을 흘리며 남편 서재로 뛰어가 외쳤다. "마침내 축복이 왔어요. 아메이가 주님을 찾고 있어요." 우리는 같이 무릎을 꿇고 감사의 말을 쏟아냈다. 그러고 나서 학생들에게 돌아왔다. 아메이는 자기 방에 있었다. 우리는 침대 곁에서 같이 무릎을 꿇고 하나님께 기도를 드렸다. 아메이의 영혼에 자비를 베푸셔서 그때 그곳에서 아메이를 구원해 달라고. 그후에 나는 아메이를 잠시 혼자 두는 것이 좋겠다는 생각이 들어서 교실로 돌아왔다. 그런데 다른 여학생 둘이 교실에서 흐느끼고 있었다. 내가 무슨 일 때문이냐고 묻자, "우린 정말 죄인이에요."라고 대답했다. 나는 그들을 조용히 주님께 집중하게 하려고 이 층으로 불렀다. 그런데 그들은 너무 절망해서 거의 내 말을 듣지 못했다.

한 학생은 "선생님은 제가 얼마나 나쁜 짓을 했는지 몰라요."라고 하더니 자기 벽장에 가서 옥양목 조각과 내가 옷을 수선하라고 주었던 잡동사니와 함께 100위안짜리 현금을 내 손에 올려놓으며 "이거 가져가세요. 제 것이 아니에요. 제가 훔쳤어요."라고 털어놓았다. 그녀는 작은 물건들을 가져다가 속에 입는 옷을 만들었고 100위안은 그것을 판 돈이라고 설명했다. 그것들은 모두 거의 값이 나가는 것이 아니었지만 나는 학생들이 죄를 가볍게 생각하지 않기를 원했다. 나는 그녀에게 그리스도가 도둑을 구원해 주셨던 이야기를 상기시켜 주었다.

다른 여학생이 말했다. "나는 그것보다 더 나빴어요. 몇 년 전, 선생님의 은브로치를 잃으셨던 일 생각나세요? 찾았는데 아영의 베개 밑에서 발견되었지요. 사람들은 모두 아영이 훔쳤다고 생각했어요. 하지만 제가 훔친 것이었어요. 들킬까 봐 두려워서 제가 거기 두었어요." 나는 화가 머리끝까지 솟구쳐 너는 어떻게 내가 죄 없는 친구를 벌주는 것을 그냥 보고 있을 수 있느냐고 물었다. 나는 너무 슬퍼서 무슨 말을 해야 할지를 몰랐다. 우선 첫 번째로 해야 할 일은 무고하게 고통

받은 아이와의 관계를 바로 하는 것이었다. 학생들을 전부 모아 놓고, 어린 아영이를 내 앞에 불렀다. 나는 몇 년 전에 내 브로치를 훔쳐서 벌 받은 일이 생각나느냐고 물었다. 그 아이는 아무 기억도 하지 못했다. 기억나게 하려고 애를 썼지만 소용이 없었다. 그 상황을 완전히 잊어버리고 있었던 것이다. 내가 아무것도 모르면서 벌주어서 너무 슬프다고 말했다. 모르고 한 일이지만 잘못했다고, 나는 학생들 앞에서 아영에게 용서해 달라고 빌었다.

그날 아침 수많은 어린이의 눈이 반짝거렸다. 선생님이 자기들 앞에서 잘못했다고 비는 것을 처음 보는 것이었다. 그들은 그것을 오히려 즐기는 것처럼 보였다. 나는 그런 다음에 잘못한 학생에게 나는 내가 할 수 있는 배상을 전부 했다고 말해주며, 그것이 또한 그녀를 위한 것이기도 했다고 말해 주었다. 그녀가 자신의 잘못에 대해서 어떻게 배상할지 그 방법을 찾아보라고 했다. 나중에 그녀는 배상하기 위해서 그달의 자기 용돈을 전부 아영에게 주었고, 돈을 받은 아이는 너그럽게도 절반을 돌려주었다는 이야기를 나중에 듣고 기뻤다.

며칠이 안 되어, 그 세 명은 확실히 눈에 띄게 태도가 달라져 있었다. 3주 후에는 3명이 더 개종했다. 한 여학생은 결혼하기 위해 학교를 떠났는데, 아직 개종하기 전이었다. 개종한 다른 아이들은 열정적으로 이 개종 안 한 아이를 위해 기도하기 시작했다. 나는 그들이 함께 기도하자고 요청했을 때 기뻤다. 다음 주일 날, 새로 믿은 여학생이 그 아이에게 우리가 어떻게 그녀의 구원을 위해 기도하고 있는지 설명해 주었다. 그녀는 "소용없어. 내 마음은 차갑고 딱딱해. 나는 구원을 받을 것 같지 않아."라고 대답했다. 다음 토요일 날, 아이들은 다른 그리스도인과 함께 그녀의 집으로 심방을 가면 어떻겠느냐고 제안했다. 그들은 심방을 하고 돌아오는 길에 내 서재에 뛰어 들어와 가쁜 숨을 몰아쉬며 말했다. "우리 큰 언니 수모가 구원받았어요!" 그 때, 남편도 막 들어오고 있었는데 마지막 말을 듣고는 "기다려, 나도 듣고 싶으니!"라고 외쳤다. 그러자 그들은 잠시 기다렸다가 우리에게 말해 주었다. "지난 주일예배를 마치고 집으로 가는데 마음이 매우 무거웠대요. 주님께 나이는 제일 많으면서 왜 그렇게 마음은 딱딱하냐고 물었다나요? 그러면서 기도했는데 빛이 비쳤고 자기 죄가 씻어진 것을 믿게 되었대요." 몇 달 후에 그녀는 세례를 받았다. 그런데 만족스러운 그리스도인은 되지 못했다. 그녀의 남편은 신자였지만 기질상 문제가 있어서 집에서 평화롭지 못했고, 그 때문에 둘 다 마음이 차가웠다.

그때 이후로 주기적으로 부흥이 있었다. 그때마다 3~5명이 구원을 받았다. 학생 중 아직 3명이 구원받지 못했는데 우리는 아직도 이 세 명을 위해서 기도하고 있다.

여학생들의 첫 부흥 이래 2, 3년이 지났을 때 두 번째로 은혜로운 부흥이 있었는데, 그때 4명이 더 구원 받았다. 우리 짐꾼의 아내도 구원을 받았다. 우리 짐꾼은 극빈 상태에서 우리를 찾아와 부지런히 일해서 아내를 맞을 수 있을 만큼 저축을 했다. 그런데 집이 없었다. 그가 사는 방에서 몇 달 묵어도 되느냐고 물어서 동의해 주었다. 새로 시집온 아내는 15세밖에 안 된 소녀로 조용하고 부지런했다. 처음에 약속했던 기간은 6개월이었지만, 아직도 그들은 여기서 다섯 아이들과 함께 살고 있고, 그 중 큰 아이 셋은 우리 학교에 다니고 있다. 3년 동안, 이 어린 부인은 복음에 무관심했는데, 우리와 함께 살고 있어서 예배에는 참석했다. 구내에 사는 사람들은 모두 예배에 참석하도록 되어 있었기 때문이 그러던 어느 날, 그녀는 빨래를 하다가 흑암의 공포에 사로잡혀서 하던 일을 놓아두고 리위 부인에게 가서 하나님께서 자기 죄를 용서해 주시도록 기도해 달라고 간청했다. 그녀는 2-3일 동안 영혼이 불안한 상태에 있더니 마침내 그리스도께 항복하면서 자기가 받은 구원을 이해하고는 기뻐했다.

1873년에 잭슨 선교사가 닝보에서 결혼해서 젊은 아내를 원저우로 데리고 왔다. 그 무렵 우리는 위층뿐 아니라 아래층에도 방이 3개 있어서 잭슨 선교사 부부는 몇 달 동안 우리와 함께 살 수 있었다. 그런데 잭슨 부인의 건강이 나빠져서 타이저우로 갔다가, 나중에 다시 닝보로 되돌아갔다. 1년 후, 원저우로 돌아왔는데, 그때는 도시의 다른 편에 셋집을 하나 얻을 수 있었다. 당시 우리에게는 작은 교제 그룹조차 없었는데, 또 한 명의 여인이 여기에 사는 것은 정말 큰 위로가 되었다. 그들은 얼마 있다가 다시 건강 문제로 떠나야 했지만, 우리가 안식년을 가야 했을 때, 그들은 기꺼이 남녀 학교와 우리가 시작한 작은 교회를 맡아주었다. 잭슨 부인은 1878년 9월, 겨우 9일밖에 되지 않은 어린 딸을 남겨두고 소천했다.

남자 학교는 개종한 숫자보다도 개종한 사람의 인품 때문에 크게 격려가 되었다. 그때는 디에창과 다른 두 사람이 설교하고 있을 때였다. 스토트 선교사는 이전에 이런 편지를 쓴 적이 있다. "19세인 시뉘에는 현재 활약하고 있는 교사이다. 추저우에서 어려울 때 잭슨 선교사를 도와주라고 내가 학교 선생님으로 보내주었다. 시뉘에는 영리한 소년이었고 좋은 학자였으며 성경을 잘 이해했다. 하지만 그가 츄디에창 정도까지 되리라고는 기대하기 어렵다. (그는 현재 빙예 선교 기지를 책임지고 있는 설교자이다.) 그는 때때로 열정적으로 복음을 전해서 어떤 사람이라도 충분히 진리로 설득한다. 시뉘에는 수줍고 자부심을 가진 사람이기 때문에, 조심스럽게 대할 필요가 있기는 하지만, 그 속에는 대단히 멋진 것들을 지니고 있다. 나는 그가 문인들과 열띤 토론을 하는 것을 여러 번 들은 적이 있다. 그는 중국 고전을 속사포처럼 유창하게 인용할 수 있는 언변이 있고, 어리석은 생각이 담겨 있는 구절을 물어뜯듯이 강력하게 대항할 수 있다. 더 어린 즈뉘에는 16세로 교회에 입교한 지 3년 되었는데, 그동안 언제나 그리스도를 닮은 삶을 산다고 교인들에게 높이 평가받고 있었다. 그는 매우 조용했지만 언제나 준비가 되어 있다. 그리고 자기가 대화하는 상대가 해주는 은혜로운 말을 잘 듣고, 그것으로 자신을 세우는 일에 실패하는 적이 없다. 나는 그가 훌륭한 전도사가 되리라고 기대한다. 학교 수업이 끝나면 친구들과 놀러 가는 대신, 자주 책과 전도지를 들고 사람들이 붐비는 곳으로 갔다. 그것이 하나님의 성령이 더 깊이 가르쳐주셔서, 열정과 빛과 사랑의 원천이 되신 그분 가까이에서 사는 것일 것이다.

시뉘에가 이전에 언급한 친구에게 보낸 편지가 흥미로울 것 같다. 스토트 선교사가 번역한 것이다.

"은혜로운 1874년 1월 보름, 선생님께서 오랫동안 원저우에 편지를 보내서 학생들이 잘 살고 있느냐고 묻고 있다는 말씀을 들었습니다. 그렇지만 우리는 선생님의 그런 말씀을 받을 용기가 없습니다. 선생님의 친절과 넘치는 사랑을 받기에 우리가 합당하지 않기 때문입니다. 선생님은 이뿐 아니라 아름다운 사진도 많이 보내 주셨습니다. 사람들은 사진들을 보고 감탄합니다. 참으로 선생님의 은혜는 바다보다 깊고 저 산들보다 무겁습니다. 친구들은 선생님이 계신 곳으로 가서 직접 감사하고 싶어 합니다. 그렇지만 길이 멀고 바다와 산과 통과하지 못하는 장벽들이 가로막고 있어서 갈 수가 없습니다. 또 우리는 그럴 자격도 전혀 없기 때문에, 선생님 앞에 간다는 것은 주제넘은 생각일 것입니다.

사진에 대해서 말씀드리자면, 사진들은 교실과 식당에 나누어 걸었고,

새로 보내 주신 사진은 도배공에게 맡겨서 세계 지도 곁에 걸었습니다.

현재 학교에는 남학생이 16명 있는데, 중국 고전을 포함한 다양한 책을 읽고 있습니다. 성경책은 아침과 저녁 예배 시간에 사용하는 교과서입니다. 우리는 어리석게 태어나고 몸은 매우 게으릅니다. 그래서 많이 알지 못합니다. 매일의 습관도 부지런하지 않아서 죽어야 마땅합니다. 그래서 부끄럽습니다.

교회에 대해 이야기하자면 오랫동안 사람이 많이 늘지 않았습니다. 하지만 관심자들은 몇 명이 있습니다. 현재 열매는 거의 없지만, 우리 믿는 사람들에게 성령이 임하시기만 하면, 30배 60배 100배로 배가할 기회가 곧 올 것입니다.

저는 이 작은 편지로, 선생님께 감사드리고, 선생님의 형제들 그리고 아버지의 집에 존경을 표하고 싶습니다. 제 작문이 많이 부실해서 명확하게 전달되지 못한 부분이 많습니다. 그래도 멸시하지 말아 주세요. 현재로는 이 정도로 봐주세요. 다음에는 더 많이 전해 드리겠습니다. 삼위일체 하나님의 은혜가 세상 끝날까지 선생님과 함께 해 주시기를 빕니다.

추신. 새해가 되었으니 몇 자 더 적습니다. 선생님 교회에 주일학교가 있다고 들었습니다. 선생님이 몇 분이나 계신지요? 여러분은 틀림없이 비교할 수 없이 가장 좋은 하나님의 말씀을 가르치고 계시겠지요. 선생님들께 저 대신 말씀 좀 전해 주십시오. '여러분은 우상이 없는 나라에서 태어났습니다. 우리처럼 그렇게 우상에게 더럽혀지지 않았습니다. 우상은 옷감에 물을 들이듯이 우리를 더러움으로 물들였습니다. 그곳에 계신 여러분은 그런 죄는 짓지 않았지만, 아담의 후손이기 때문에, 우리와 똑같이 죄인입니다. 만일 여러분이 우리의 중보자 되시는 예수 그리스도의 귀중한 피를 믿지 않는다면, 모든 것이 헛되고 소용없습니다. 성경은 말합니다. '주 예수를 믿으라, 그러면 구원을 받을 것이다.' 그렇지만 '믿지 않는 사람들에게는 심판이 있을 것이다.' 이 말씀들을 마음에 담아주세요. 여러분 모두 하나님께 간절히 기도해 주시지 않겠습니까? 여러분 동포의 마음을 움직이셔서 중국에 많이 오게 하시고, 하늘 가는 길을 보여 주십사고 기도해 주십시오. 존경하는 선생님, 이것으로 말을 맺고자 합니다. 학교에 있는 모든 소년들과 함께 인사드립니다."

시뉘에 올림

그때까지 씨는 많이 뿌렸는데 열매는 거의 거두지 못하고 있었다. 우리는 도시 주변에 있는 거의 모든 마을에서 전도를 했다. 아침 일찍 복음 전도를 시작해서 점심으로 도시락을 먹으면서 여러 마을을 돌아다녔다. 남편은 남자를, 나는 여자들을 넓게 펼쳐진 나무 아래에 모이게 한다. 듣는 사람은 많은데 유감스럽게도 예수님을 유일한 구세주로 믿는 사람은 거의 없다. 그렇지만 늘 그렇지 않은가? 우리는 항상 하나님의 약속을 기억해야 할 필요가 있다. "소중한 씨앗을 지니고 나가서 울며 뿌리는 자는 틀림없이 기뻐하며 그 열매를 가지고 돌아올 것이다." 우리가 해야 할 일은 소중한 씨앗인 하나님의 말씀을 관찰하는 것이었다. 영혼을 애타게 찾으며 울며 씨를 뿌리는 마음은 열매가 없으면 결코 만족할 수 없다. 처음 우리가 10년 동안 노력한 결과로 겨우 18~20명이 모이는 작은 교회가 세워졌다. 그렇게 힘들여 노력했는데, 결과는 왜 이렇게 미약한가? 그럴 때 우리는 "피곤하지 아니하면 때가 이르매 거두리라."고 약속하신 하나님의 성실하심을 확신했다. 그런데 이 몇 안 되는 그리스도인들 외에도, 장래가 기대되는 관심자가 많았다. 그 후에 우리가 18개월 동안 떠나있었을 때, 37명이 자신의 믿음을 고백하고 세례를 받았다.

원저우 여학생과 교사들, 왼편-윗필드 양, 오른편 차머스 양

Chapter 6

"그들에게 이르시되 ……
부족한 것이 있더냐. 이르되 없었나이다."

- 눅 22:35 -

1877년 4월 1일, 원저우는 개항 항구가 되었다. 우리가 강에서 증기선을 보는 것도 처음 있는 일이었고, 언덕에 올라가서 그곳에서 다른 외국인을 만났을 때, 거의 중국에 침입해 들어온 사람을 만나는 느낌이었다. 그 해, 내 건강이 안 좋아져서 영국으로 안식년을 떠나야 했다. 그래서 원저우에 처음으로 들어온 무역선을 타고 떠났다. 스토트 선교사는 중국에 11년 있었지만, 건강했기 때문에 처음에는 자기는 혼자 임지에 남고, 나만 집으로 보내려고 했다. 그렇지만 테일러 선교사님이 친절하게도 남편이 나를 데리고 가야 한다고 권고했고 우리는 그 권고를 따랐다.

당시 어린 여학생들이 자라고 있었기 때문에 그들에게 절실하게 별도의 집이 필요했다. 여자 기숙 학교를 세우려면 많은 비용이 필요한데, 선교기금은 그런 것을 기대하기 어려운 상태였다. 우리는 주님께 필요한 것을 구했다. '만일 그 일을 집에서 해야 한다면 집을 주십시오.' 우리는 어떤 류의 모금도 하지 않고, 필요한 것을 대중 앞에서 언급조차 하지 않겠다고 결정했다. 오직 우리 소원을 친한 친구들에게 얘기하고 나머지는 하나님께 맡겼다. 우리는 우리 계획을 테일러 선교사님께 말씀드리면서, 아마 250파운드가 필요할 것 같다고 했지만, 테일러 선교사님은 300파운드 이상이어야 충분할 거라고 생각했다. 우리는 주님께 250파운드를 달라고 기도드렸고, 만일 300파운드가 필요하다면 그 금액만큼 보내달라고 말씀드렸다. 우리가 다음 해 가을 중국에 돌아왔을 때, 우리는 학교 물품을 샀던 10파운드를 제외하고도, 모금하지 않은 304파운드를 받았다. 그것은 주께서 우리를 사랑하셔서 '풍부하게 넘치도록' 주신 또 하나의 선물이었다. 우리는 함께 결정하기를 우리 개인의 후원비는 선교부에서 주는 것만 받고, 나머지 선물로 받는 것들은 학교 기금에 넣기로 했다.

이 시기에 우리는 특이한 경험을 했다. 남편이 아일랜드에 있을 때, 매우 한적한 시골에 사는 기독교인 몇 명이 말씀을 전해 달라고 남편을 초대한 적이 있었다. 그 사람들은 가난해서 기도 외에는 드릴 것이 없었지만, 스토트 선교사는 기도가 돈보다 더 강력한 힘이라고 느끼고 있었기 때문에 그는 이 경건한 사람들을 찾아갔다. 모임 장소는 농가였는데, 20여 명 남짓 모여 있었고 전하는 이야기에 깊은 관심을 보였다. 모임이 끝나자 한 사람씩 선교사와 악수를 하는데, 한 여인이 눈물을 머금고는 그의 손에 동전을 꼭 쥐어주었다. 스토트 선교사는 그것을 아무것도 없던 자기 주머니에 넣었다. 그가 자기 방으로 돌아와서 동전을 꺼내 보고는 깊이 감동했다. 그것은 반 페니였는데, 그는 예수님이 말씀하신 '과부의 동전 한 닢'으로 느껴져서 즉시 무릎을 꿇고 하나님께 그 여인의 선물을 축복해 달라고 기도드렸다. 그는 장부를 펴서 "가난한 무명 여인, 반 페니"라고 썼다. 그는 다음 날 나에게 돌아와서 말했다. "내가 얼마나 겸허해졌는지 몰라요. 하나님께 자백해야 했어요. 나였다면 내가 드릴 것이 반 페니뿐이었다면 나는 너무 부끄러워서 손에 쥐어주지 못했을 겁니다. 그분은 나보다 더 큰 믿음과 사랑을 가지고 계셨어요." 그러면서 덧붙여 말했다. "하나님께서 나에게 50파운드를 주겠다고 보여주신 것 같지 않아요?" 나는 대답했다. "오, 나는 그런 믿음은 없지만, 당신 믿음대로 되기를 바랍니다." 우리는 함께 무릎을 꿇고, 하나님께 액수의 적음을 부끄러워하지 않고, 그렇게 고귀하게 소유 전부를 드린 그분을 축복해 달라고 기도드렸다.

다음 날, 우리는 다른 마을에 있는 친구에게 가서 며칠을 함께 지냈다. 하루가 지나고 내가 그곳 숙녀분과 함께 드라이브를 하고 있을 때, 우리를 초대했던 분이 스토트 선교사가 편지를 쓰고 있던 방으로 들어와서 말했다. "하나님께서 나에게 이것을 선교사님 사역에 드리라고 말씀하셨습니다." 그는 수표책을 한 묶음 주고 방을 나갔다. 그것들을 세어 보니 딱 50파운드였다! 반 페니 다음으로 들어온 헌금이었다. 그때까지 우리는 5파운드 이상의 헌금을 받아본 적이 없었다.

그 후 더블린으로 갔는데, 한 사랑스러운 그리스도인 부부가 우리를 자기 집에 머물게 했다. 난로 가에 앉아서 하나님께서 우리에게 베푸신 놀라운 은혜들을 얘기하던 중 그 반 페니와 50파운드 이야기를 하게 되었다. 그러더니 남편은 "지금 같은 식으로 하나님께서 나에게 5파운드를 보내 주겠다는 확신이 또 드네요."라고 내가 듣기에 불편한 말을 덧붙이는 것이었다. 방으로 돌아왔을 때, 나는 남편에게 왜 그런 이야기를 했느냐고 물었다. "그런 말은 요청하는 말과 같잖아요? 틀림없이 다음 날 우리가 떠날 때 5파운드를 주실 거예요." 그는 "오, 그런 생각은 하지 못했네요. 그렇지만 물론 내가 설명하고 받지 않으면 돼요." 다음 날, 우리는 내가 예상했던 대로 5파운드 수표를 받게 되었다. 남편은 어제 그런 말을 한 것은 자기 잘못이었다고 하며 그 돈을 만지지도 않았다. 하나님께서 하신 일을 이야기해주는 것은 괜찮지만 그가 무슨 암시라도 준 것 같으니 이것을 받으라고 하지 말아 달라고 했다. 그러자 우리를 머물게 했던 그 주인이 대답했다. "그 5파운드는 이틀 전 다른 사람이 나에게 전해달라고 준 것입니다. 결코 제 돈이 아닙니다. 어젯밤 이층에 올라가면서 '선교사님을 속일 수가 없겠어요, 하나님께서 미리 분명하게 선교사님께 말씀해 주실 테니까요.'하며 아내와 함께 웃었답니다."

하나님께서 우리에게 필요한 것들을 전부 넘치게 공급해 주신 놀라운 이야기들은 이것 외에도 많다. 그리고 우리가 성도들의 가정을 방문한 일은 매우 생산적인 일이었다. 사람들이 관심을 보이면서 기도를 많이 해주었기 때문이다. 방문하는 가정의 친구들에게 언제나 부탁하는 기도 제목이 있었는데, 합당한 여인들이 믿음을 갖게 되어 사역에 진정한 도움이 되게 해 달라는 것이었다. 그때까지 우리를 돕는 믿는 부인은 70세가 넘은 할머니 한 분뿐이었다. 내가 집에 혼자 있는 대신 그러한 동역자의 도움을 받으며 사역하는 것이 문제 해결에 도움이 된다고 느꼈던 것이었다. 그래도 우리는 그 문제를 심각하게 생각하지는 않았는데 친구들이 기도드렸을 때, 하나님께서는 그 방향으로 하나님 자신의 계획을 이루고 계셨다.

우리는 1878년 마지막 날에 원저우로 돌아왔다. 이틀 후, 진리에 관심이 있어서 나를 만나고 싶어 하는 여인 두 명이 있으니 방문해 달라는 연락이 왔다. 오! 십자가의 놀라운 이야기에 관심이 있다니 얼마나 반가운 소식인지! 물론 나는 지체하지 않고 찾아갔는데, 더욱 기뻤던 것은 그들이 관심이 있었을 뿐 아니라, 진정으로 믿음 안에 있었기 때문이었다. 우리 모임 중의 땔감 파는 분이 그들에게 장작을 팔러 갈 때마다 하나님과 그분이 보내주신 예수님에 대해서 얘기해 주었다고 했다. 처음에는 관심이 없었는데 점점 이야기가 더 듣고 싶어서 그가 오는 것이 기다려졌다고 한다. 나중에는 학생들도 오고, 자기들에게 더 가르쳐줄 사람들도 왔다. 이분 중 하나가 이전에는 거리에서 내가 눈에 띄면 내가 다른 집처럼 자기 집에 들어오지 못하도록 얼른 들어가 문을 닫았다고 했다. 그러면서 이렇게 덧붙였다. "그런데 지금은 달라요. 저에게 성경을 가르쳐 주러 오시기를 고대하고 있답니다."

이때 만난 사람이 류 부인과 와에 부인인데, 류 부인은 세련된 문학가 집안사람이었다. 어려서 부자와 결혼했는데, 불행히도 남편과 그 아버지, 형제들이 모두 아편 중독자여서 아무런 일도 하지 않고 살았다.

그러자 매년 재산은 줄어들었고, 결국 남편도 죽었다. 남편 빚을 갚고 나자, 남은 재산이 당시 예닐곱 살 된 아들과 함께 살 만큼도 되지 않았다. 남편이 죽은 뒤, 부인은 우상숭배를 포기했다. 자기의 쓸쓸한 영혼에 위로가 되지 않았기 때문이었다.

또 다른 와에 전도부인은 남편이 노동자였는데 매우 밝고 진지했다. 남편은 그녀가 기독교인이 되는 것을 심하게 반대했고, 예배에도 못 가게 했으며, 다른 신자들이 집에 오는 것도 허락하지 않았다. 그런데 이 부인 둘이 서로 같은 집의 서로 다른 쪽에 살고 있어서 류 부인 집에 못 가게 할 수는 없었고, 따라서 거기서 가르치는 말씀을 듣지 않게 할 수도 없었다.

나는 당장 매주 수요일 오후에 류 부인의 집에서 성경공부반을 시작했다. 두 사람은 기독교 예배에 참석해 본 적이 없었는데, 한 사람은 남편이 못 가게 해서, 다른 한 사람은 밖에 나가 사람 만나기가 너무 부끄러워서였다. 지금 돌이켜보아도 그때 그 여인들을 가르치면서 함께 보낸 시간이 얼마나 기뻤는지 모른다. 그들이 마음을 활짝 열고 소중한 생명의 말씀을 열심히 받아 마셨기 때문이었다. 매주 그들은 이전 시간에 배웠던 말씀을 거의 단어 하나 빠뜨리지 않고 반복해서 말했고, 그들이 은혜 안에서 그렇게 빨리 성장하는 것을 보니 놀라웠다.

어느 수요일에 평소처럼 성경공부 장소로 갔지만, 류 부인이 보이지 않았다. 와에 부인이 류 씨 댁 시어머니가 이틀 전에 돌아가셔서 장례식에 갔는데, 그런 상황에서 어떻게 해야 할지 모르겠다며 기도해달라는 부탁을 했다고 전했다. 그래서 그날 오후 우리는 성경공부 대신, 하나님께 어려움과 시험 속에 있는 당신의 자녀를 지켜달라고 간절히 기도하는 시간을 가졌다.

그 후 이삼일 동안 나는 매우 걱정되어 류 부인을 위해서 열심히 기도했다. 우상의 파괴적인 영향력이 두려웠기 때문이었다. 위풍당당한 시댁의 학식 앞에서 과연 그리스도를 고백할 용기를 낼 수 있을지 걱정이 되었다.

3일 후, 류 부인은 나를 만나러 왔다. 첫 표정으로 모든 것이 잘 되었음을 알 수 있었다. 얼굴이 빛나 보였기 때문이었다. 그녀의 첫마디는 "정말 좋아요. 좋아요. 하나님이 계속 내 곁에 계셔주셨어요."였다. 류 부인은 장례식장에 가까이 가면서 너무 걱정되어 속으로 부르짖을 수밖에 없었다고 했다. '하나님, 당신께 영광을 돌리도록 도와주세요!' 마침내 도착해서 친척들이 우상 의식을 하고 있는데, 자기 마음이 얼어맞는 기분이었다고 했다. 그래서 그리스도를 증거해야 하겠다고 느끼고는 그들을 불러 모아 지난번 마지막으로 만난 이후에 자신이 어떤 놀라운 변화를 겪었는지를 이야기했다. 살아계신 참 하나님, 죄를 씻어 없애실 수 있고, 세상 보화가 줄 수 있는 어떤 행복보다 더 많은 행복을 줄 수 있는 분에 대해서 들었다고 했다. 그리고 하늘나라에 있는 영원한 집이 세상의 이익보다 더 귀하다는 것을 알게 되었다고 증거했다. 그래서 비록 자기와 자기 아들이 가장 가까운 친척이어서 돌아가신 분의 재산을 대부분 가질 권리가 있지만 조상 숭배의 의식을 거행하는 것으로 하나님을 노여우시게 할 수 없다고 말했다. 아들이 어리지만, 엄마로서 아들도 결국 기독교인이 되기를 원하기 때문에 그런 의식을 따라 해서는 안 된다고 생각했다. 그래서, 류 부인은 재산권을 모두 포기하고 그들이 원하는 대로 나누라고 하면서, 대신에 자신과 아들이 제사를 지내지 않는 것을 이해해 주기 바란다고 했다. 친척들은 그것이 무슨 종교이길래 재산권을 포기할 정도냐고 묻기 시작했다. "저는 3일 동안 다른 일은 별로 하지 않고 그분들에게 예수님 이야기만 해주었어요. 여기 오기 직전에 하나님께서 제가 그분께 영광 돌린 것을 알게 해 주셨답니다. 친척 한 분이 '좋은 종교임에 틀림없소. 이 도시를 다 찾아봐도 그렇게 재산권을 포기하고 따를 사람은 없을 것이요.'라고 하는 말을 들었거든요."

부끄러운 이야기지만, 그들은 류 부인에게 그녀 몫의 1/16밖에 주지 않았다. 그렇지만 그녀가 죽어도 장례 의식에 대해서 간섭하지 않을 것이며 우상 섬기는 의식을 하지 않을 것이라고 문자로 쓰인 서류를 받았다. 여러 해 동안 그녀는 우리 사역을 신실하고 소중하게 도와주었다. 그녀의 아들은 다우트화이트 박사 밑에서 훈련받아 의사가 되었고 거기서 개종했다. 그는 현재 타이저우시에서 의료 일을 하고 있다.

와에 부인은 남편이 대중 앞에서 신앙 고백하는 것을 금하고 있었

류 부인(이전 전도 부인) 가족, 아들(타이저우 의사), 며느리(우리 여학교 졸업생), 손주들(그중 맏이는 신자)

는데, 간절히 세례를 받고 싶어 했다. 나는 그 문제에 대해서 와에 부인의 남편이 승낙해 주기를 희망하면서 주님께서 움직여 주시기를 기다리라고 상담해 주었다. 어느 날 부인은 수업하러 가면서 빛나는 얼굴로 나에게 이야기하기를, 남편이 시골로 일하러 가서, 다음 월요일이나 화요일까지 자리를 비울 것 같다고 했다. "3일 동안 세례를 받을 길을 열어달라고 기도드렸는데 이것이 그 응답이에요." 날씨가 이렇게 추운데(우리는 집 정원 야외 침례소에서 침례식을 했었다.) 괜찮겠냐고 하면서, 두렵지 않냐고 물었다. "아닙니다. 하나님이 이번 기회를 주셨는데 이번에 받지 않으면 다음에는 기회를 주지 않으실 수도 있습니다."

나는 남편의 동의 없이 그렇게 하는 것에 약간 의심이 있었지만, 그녀는 이번에야말로 하나님이 주신 기회라고 확신하는 것 같아 침묵할 수밖에 없었다.

와에 부인은 토요일 저녁 난생처음 기독교 예배를 드리러 나와서 간증했다. 거기 모였던 교인들은 모두 예수 그리스도의 보혈의 능력과 귀중함에 대한 그녀의 간증에 매우 놀랐다. 성도들은 만장일치로 다음 날 아침 그녀가 세례받는 일에 찬성했고, 그 후 와에 부인은 우리의 성찬식에 함께 했다. 모든 일이 그녀에게 이상해 보였을 것이다. 이전에 한 번도 그리스도의 찢긴 몸을 기념하는 것을 본 적이 없었기 때문이다. 그러나 성령의 가르침을 받은 그녀의 영혼은 성도들과 함께 공공연하게 주님을 기념하는 자리에 참석할 수 있어서 말할 수 없이 기뻤다.

오후 예배 후 집에 돌아와 막 외투를 벗어 곁에 놓자마자, 놀랍게도 그녀의 남편이 들어왔다. 남편은 와에 부인이 외출복을 입은 것을 보고 어디 다녀왔냐고 물었다. 그때 부인은 담대하게 예배에 갔다 왔다고 대답했다. 남편은 자기 아내가 외국 종교를 믿는다고 동료들이 손가락질할 거라는 등 투덜댔지만, 모든 일이 아주 조용히 넘어가서 그녀는 안도의 숨을 쉬었다.

이 사랑스러운 여인은 밝고 열정적이며 한결같은 삶을 몇 년 더 살았다. 나는 그녀에게 큰 희망을 걸고 있었는데, 1888년 어느 주일 아침, 우리가 영국에 있는 동안, 예배에 가려고 집을 나서다가 갑작스럽지만 조용하게 하나님의 부르심을 받았다.

그 무렵(1879) 성격이 밝은 다른 여인이 개종했다. 그녀의 지성과 진리를 받아들이는 능력이 매우 인상 깊었다. 그래서 약 2년여간 매주 정기적으로 그녀의 집에 가서 가르쳤다. 초창기 중국에서의 사역은 보통 한두 명을 대상으로 해야 했다. 2년 동안 일주일에 두 반을 가르쳤는데, 한 반에는 여학생이 두 명이었고, 다른 반에는 학생이 한 명뿐이었다. 그래도 좋은 보상이 따르는 시간이었다. 왜냐하면 그 세 명의 삶이 모두 그리스도를 위하여 밝고 빛나는 간증이 되었기 때문이었다. 이 아창나라는 여인은 극도로 가난했는데, 주께 드리는 일을 너무도 기뻐해서 우리 모두를 놀라게 했다. 그녀는 다름 아닌 우리가 중국 여성 선교회를 시작했을 때 정기적으로 헌금한 사람이었다. 날마다 하나님을 위해서 생활비에서 조금씩 따로 떼어 놓았다. 한 달 중에서 반쯤 지나면, 자기가 너무 가난해서 그 돈을 써버릴까 걱정된다면서 종종 돈을 나에게 맡겨 놓았다. 그녀는 자녀들이 어려서 집안일을 제외하면 할 수 있는 일이 거의 없었다. 그렇지만, 자기 손으로 일해서 돈을 벌면, 언제나 절반은 감사 헌금으로 하나님께 드렸다.

새해 첫날, 중국 여성 선교사 모임에서 했던 말이 기억난다. 하나님은 그 누구에게도 빚을 지는 분이 아니시다. 그래서 우리가 진정으로 그분의 이름을 전하고 어려운 중에 드리기를 원할 때, 그분은 반드시 보상해 주신다. 나는 이 여인이 수긍해 주기를 바라면서 바라보며, 칭찬했다. "부인은 우리 중 가난한 분입니다. 하지만, 지난 한 해 동안 이전보다 그리고 다른 누구보다 헌금을 더 많이 했어요. 하나님께서 어떻게 부인을 대해 주셨는지 말해주시겠어요? 그 전 해 보다 더 지내기 힘들었어요?" 나는 믿음으로 이런 질문을 했지만, 대답이 어떻게 나올지 몰라서 조금 두려웠다. 하지만 부인은 모든 사람 앞에서 빛나는 얼굴로 말했다. "연말에 있던 빚을 전부 갚고 남은 돈이 1달러였어요. 이전에는 제 생애 가운데 이렇게 1달러라도 가지고 새해를 시작한 적이 없었답니다." 우리는 그녀의 복된 간증 때문에 주님을 찬양했다. 그리고 그때 이후로 이 사례를 종종 인용하게 되었다. 이 귀한 여인은 1888년 우리가 안식년으로 영국에 가 있을 때 소천했다.

영민하고 가장 훌륭했던 세 명 중 두 사람이 그렇게 짧은 시간 안에, 그 어느 때보다 그들이 필요할 때 소천한 것은 우리에게 정말 슬픈 일이었다. 그러나 본향으로 돌아가기 전에, 그들은 여성들이 어두움에서 나와서 하나님의 기이한 빛으로 들어가 모이는 것을 보았다. 아창 나는 한 번도 나에게 걱정을 끼치지 않은 여인이었고 일평생 밝고 한결같은 그리스도인이었다. 그녀의 기도는 능력이 있었고, 그 기도로 남편과 어머니를 천국으로 인도했다. 매주 목요일 오후 여성 기도회가 있었는데, 특별히 믿지 않는 친척들을 위해 기도했다. 이 사랑스러운 여인은 다른 사람을 위해서 간구할 때 자주 가슴 아프게 울었다. 여성 기도회가 형성되고 첫 몇 년 동안, 이 기도하는 여인들의 남편 4명과 자녀 7명 이상이 주께 돌아왔다.

이 기도회가 성장해서 선교회로 발전했다. 나는 어떻게 하면 그들이 자신의 좁은 틀과 환경에서 벗어나 다른 사람들에 대한 관심과 동정심을 갖게 할 수 있을지 그 방법을 알기 위해 고심했다. 그들이 주변 사람들을 위해서 무언가를 하면 자신들의 영혼에도 유익할 것이었다. 우리는 아주 단순하게 일을 시작했다. 한 달에 한 번 기도 회원 중 한 사람이 전도 부인으로 나가 봉사하도록 했다. 류 부인이 건강이 허락하는 동안 충성스럽게 선교회를 대표하도록 뽑혔다. 이 선교회는 회원이던 여성들에게 엄청난 축복이었다. 선교사 정보를 한 달에 한 번씩 그들에게 줄 수 있었는데, 그들의 마음에 불이 붙었고, 관심을 가지고 기도하며, 헌금도 자신을 부인하는 정신으로 하게 되었다. 이 선교회는 1895년 현재 10년이 되었다. 물론 그것은 우리 여성 성도들과 함께 성장했다. 그리고 그들은 몇 해 동안 자신들이 세운 전도 부인을 거의 전적으로 지원할 수 있었다. 우리 학교 여학생들도 자기들에게 돈은 없지만, 열성적으로 이 일을 돕고 싶어 했다. 중국의 전통에 따르면 한 달에 두 번 어린 여자아이의 머리를 밀어줘야 하는데, 그 일을 위해서 이발사를 오게 했다. 하루는 상급반 학생이 나에게 와서 자기들이 어린아이들 머리를 면도하는 것을 허락해 줄 수 없겠냐고 물었다. 내가 왜 그러느냐고 묻자, "우리도 전도 부인을 돕고 싶어요. 이발사 대신 우리가 하면 그 돈을 선교기금으로 보낼 수 있지 않겠어요?"라고 대답하는 것이 아닌가. 나는 그렇게 하라고 하면서 너무 기뻤다. 그리고 그 노력은 그때부터 계속되어 선배가 후배에게 물려주는 학교의 전통이 되었다.

1879년 여름에 하나님께서 매우 은혜롭게 마련해 주신 기금으로 여학교를 짓기 시작했다. 처음에는 집 한 채를 학교로 쓸 만큼 크게 지으려고 했지만, 그 대신 두 채를 지어서 한쪽은 학교로 쓰고, 다른 한쪽은 끝에 우리 방을 만들어 학생들을 관리하기에 더 나은 위치로 가기로 했다. 그러면, 우리가 10년 동안 사용했던 집은 여기에 와서 우리와 함께 사역하면 좋겠다고 생각한 부부를 불러 쓰도록 할 계획이었다. 계획을 확장하면 돈이 더 많이 필요하겠지만, 그렇게 하는 것이 옳은 일 같았고, 과거에도 신실하게 대해 주셨던 하나님께서 우리에게 필요한 것은, 구하지 않아도 전부 채워주실 것이라고 확실히 믿었다.

그 집은 돈이 되는 만큼씩만 조금씩 짓기로 했다. 우리는 인건비와 자재비를 주급으로 지급했는데, 일꾼들에게 잠시 공사를 중단한다는 말을 해야겠다고 생각했던 적이 두 번 있었다. 그런데 그 두 번 다, 그렇게 하기 전에 필요했던 헌금이 새롭게 채워졌다. 건축의 모든 공정이 자금 부족으로 멈춘 적은 한 번도 없었다. 그리고 물론 한 푼도 빚지지 않았다. 별채가 필요해졌을 때 잠깐 기다려야 했지만 그것도 믿음의 기도에 대한 응답으로 바로 지을 수 있었다.

이 건물들과 가정집, 예배당 등은 모두 1884년 폭동으로 파괴되었다.

Chapter 7

"아무든지 나를 따라오려거든
자기를 부인하고 날마다 제 십자가를 지고
나를 따를 것이니라."

– 눅 9:23 –

건축 일이 끝나자마자 정기적인 순회전도가 시작되었는데, 대부분 스토트 선교사 혼자 다녔다. 나는 점점 더 여학교와 부인 사역에 시간이 필요했던 것이다. 때때로 스토트 선교사는 사역이 성장하고 있던 빙예와 동링, 그리고 당시에 원저우 지부가 있던 추저우도 가끔씩 방문해야 했다. 남편은 당시의 여행 이야기 몇 가지를 이렇게 편지로 남겼다.

"1880년 사랑하는 A ; 보내주신 편지 받고 양심의 가책을 받았습니다. 제가 막 추저우로 출발하고 있었기 때문에 답장할 시간이 없었어요. 조그만 낡은 배를 타고 강 상류로 150㎞를 올라가야 했습니다. 황량한 북풍이 불어 날씨는 매우 추웠고, 진눈깨비와 우박이 입안으로 들어올 정도였어요. 보트 덮개가 너무 좋지 않아서 선주에게 새것으로 바꾸라고 해야 했습니다. 달래기도 하고 재촉하기도 해서 3일이 조금 안 되어 목적지에 도착했습니다.

강 양쪽으로 그리스도인의 발길이 한 번도 닿지 않은 마을과 도시가 많이 있습니다. 저는 얼마 지나지 않아 그들에게 구원의 복음을 전할 수 있을 것으로 믿습니다. 중국을 여행하면서 셀 수 없는 도시와 마을에 수천 명이 사는 것을 보면 마음이 움직이지 않을 수 없습니다. 그들은 세대를 거듭하며 태어나서 살다가 죽는데 먹을 것과 입을 것, 그리고 자녀를 위해서 약간의 유산을 남기려는 일 이상의 것은 생각하지 않고 살고 있습니다.

그곳에 도착했는데 상황은 배 안보다 전혀 나을 것이 없었습니다. 우박이 지붕을 뚫고 안으로 들어왔고, 안에서 마르지도 않았습니다. 내 침대가 있는 방은 벽이 양면뿐이어서 환기 하나는 완벽했습니다. 다음 날 판자와 목수를 불러서 사방을 막기는 했는데, 그렇게 하자 이번에는 완전 어두워서 빛이라고는 타일에 반사되는 것뿐이었습니다. 내가 가지고 다녔던 작은 난로가 어둠 속에서 은빛 선으로 보이면서 어느 정도 온기를 주어 감사했습니다. 나는 거기서 4일을 머물면서 하늘의 대저택을 소망하고 있는 사람들의 마음에 힘을 주려고 노력했습니다.

최근에 나는 원저우의 남쪽 빙예 지역에 다녀왔는데, 진리에 관심을 보이며 얼마간 배운 사람들을 30여 명 만나서 매우 행복한 시간을 보냈습니다. 같은 마을에 그런 사람이 10~12명 이상 더 있는데, 멀리 떨어져 살고 있어서 그들은 만나지 못했습니다. 30명 중, 우수한 사람 10명을 따로 도시로 오라고 해서 성경공부를 했습니다. 내가 내일 방문하는 지역에는 관심자들이 많아서 아마 서너 명이 영접할 것 같습니다. 지난 주일에 여인 한 분이 어떤 그리스도인의 소개로 25㎞나 떨어진 곳에서 우리에게 왔습니다. 그녀는 세례를 받고 예수님의 제자가 되고 싶어 했다는데, 함께 이야기해 보니 가끔 사업차 자기 마을에 오는 현지 신자가 자기와 남편에게 복음을 전하고 말씀을 가르쳐

준 것이었습니다. 그들은 몇 달 전에 우상을 버렸고, 남편은 여러 번 예배당에 갔으나 다른 사람에게 알리지는 않은 상태입니다.

우리 선교회의 다우트웨이트 부부가 곧 오게 되어 있습니다. 그들은 중국에 6~7년 있으면서 제가 보기에 성공적으로 의료사역을 했습니다. 그의 의료사역이 이곳에서도 계속 축복이 되기를 바랍니다. 그런데 그는 건강한 것과는 거리가 멀어서 이 지역의 습기를 그가 견딜 수 있을지 모르겠습니다. 아내와 나는 동종요법을 조금 쓸 줄 아는데, 아내는 피너에 사는 선생님의 형제 집에서 만난 R씨에게서 좋은 약상자를 받았습니다. R씨는 또 나에게 뉴롤라인이라는 좌골신경통 치료제를 주었습니다. 내가 아팠을 때 한번 사용했는데, 30분도 안 되어 통증이 없어졌습니다. 나는 그 병을 침실에 놓아두고 있었는데, 할머니가 방을 정리하러 들어왔다가 병에서 나는 기분 좋은 향기에 반해버렸습니다. 나는 나중에 그 시들은 할머니 미녀를 만났는데, 무엇을 발랐는지 한 걸음씩 걸을 때마다 향기를 내뿜고 있었습니다. 요리사는 '그녀의 향기를 온 마당에서 맡을 수 있어요.'라고 했습니다. 그런데 내가 그 향기 대신으로 무엇을 잃었는지 알게 되었을 때, '틀림없이 제게는 약간 화가 나는 일이었답니다.'

저는 선생님께서 CIM을 지나치게 과대평가하지 않으시기를 바랍니다. 제가 이 단체와 관련이 되어 있는 한, 그것은 완전하지도 않고 앞으로도 결코 그렇게 되지 않을 겁니다. 그래도 내가 알고 있는 선교 단체 중에는 거의 완벽에 가까워요. 저는 선생님께서 우리 주님을 섬기는 일과 관련하여 조직이나 질서가 필요 없다고 생각하지 않으셔서 기쁩니다. 만일 CIM에 어떤 조직이나 시스템이 없었다면, 현재와 같이 좋은 일을 할 수 없었을 것이어서, 저는 조직이나 시스템을 줄이는 대신에 더 늘려야 한다고 생각합니다. 주님의 일에 시스템이 있는 것을 염려하는 사람 중에 그 사람 자신은 매우 조직적인 습관을 가지고 있어서 놀라신 적 없으세요? 예를 들어, 성경을 읽거나 공부할 때나 기도회로 모일 때 정해진 시간과 장소에서 모이잖아요? 그들은 세속적인 이익을 위해 그 시간에 그렇게 모이지는 않을 것입니다. 저는 일반적으로 선교에 대해서, 특히 CIM에 대해서 이야기할 때, 이렇게 자신의 행동과 주장이 다른 경우를 교회의 기둥 같은 좋은 분에게서도 보았습니다. 그분은 CIM을 매우 좋아했지만, 너무 조직 중심으로 운영되고 있다고 염려하고 있었습니다. 그는 이사회가 런던에서 이루어지고 있는데, 중국에 있는 허드슨 테일러가 감독으로서 모든 회원을 그 손아래에 두고 있다고 불평했습니다. 같은 형제인데 그가 다스리는 권력이 지나친 것이 아닌가 하며, 아마도 그런 조직 중심 운영은 실수인 것 같다며 염려했습니다. 물론 제 입장으로는 할 수 있는 대로 방어해야 했습니다. 그런 다음에 대화는 특히 우리가 하는 사역으로 옮겨갔습니다. 그분에게 이제껏 무슨 일을 했는지 말해주면서, 그래도 아직 해야 할 일이 더 많다고 설명했습니다. 결국 그가 내린 결론은 당면한 사역을 위해 인원 보충이 필요하다는 것이었습니다. 나는 그를 안심시키기 위해서, 상황이 허락하는 대로, 나를 도와 함께 일할 젊은 선교사 한두 사람을 곧 보내주겠다고 허드슨 테일러 선교사가 약속했다는 말을 전했습니다. 누가 올지 내가 아는 바는 없지만, 이제까지는 매우 좋았습니다. 그러자 그가 말했습니다. '처음에 우선 서로 잘 이해하는 것이 제일 중요합니다. 이미 사역이 세워졌으니, 만일 이곳에 파송되는 젊은 선교사가 기꺼이 기존 사역을 이어서 함께 하려고 하지 않고 불편해하며 뒤엎는다면, 그들은 도움보다는 해가 될 것이고 주님의 사역이 서툰 사역자의 손에 해를 입을 것입니다.' 나는 그에게 새로운 일꾼이 이미 세워진 사역을 이어서 일해야 한다는 것은 누구나 이해하고 있는 일이기 때문에, 마음대로 옛것을 부술 수도 없고 다른 사역을 새로 세울 수도 없다고 말해주었습니다. 그는 그제서야 안도하며 행복해했습니다, '바로 그렇게 되어야 마땅하지요!' 사랑하는 그분은 허드슨 테일러가 사람들을 지배하고 있다고 했던 말을 스스로 뒤집고 있음을 간파하지 못하고 있었습니다. 젊은이가 장로에게 순종하는 것은 성경적이라고 생각합니다. 그렇습니다. 그뿐 아니라 만일 그 가르침을 실천하지 못하면 일반적으로 흔히 보듯이 혼란스러운 결과가 올 것입니다.

2주 전에 여기서 8명에게 세례를 주었습니다. 그 일은 우리에게 대단한 위로와 희망이 되었습니다. 그 일이 실망이 되지 않기를 기도드립니다. 다른 사람들은 하나님의 은혜로 진보하고 있는 것처럼 보입니다. 이제껏 하나님의 성령께서 그리스도를 통한 구원의 길을 분명하게 잘 전하도록 저를 도와주셨다고 생각합니다. 왜냐하면 그들의 마음이 어두워서 귀중한 진리를 이해하기가 너무 어렵기 때문입니다. 어제는 주님의 날이었고 제 생각에 성령이 권능으로 우리와 함께 계셨습니다. 저녁 기도 시간에는 선포되는 말씀이 모든 사람의 마음을 만지시는 것처럼 보였기 때문에, 마칠 때 두 명의 형제에게 기도를 인도해 달라고 부탁했습니다. 믿는 사람 한 명이 먼저 기도하자, 다음으로 구도자가 난생 처음으로 기도했습니다. 구도자는 기도하게 되어 있지 않았지만, 나는 그를 막고 싶지 않았습니다. 그는 연세가 있었고, 흰머리에 존경스러운 외모를 하고 있었으며 아는 사람들에게 높이 평가받는 분이었습니다. 처음에 나는 젊은 친구들이 우후죽순처럼 일어날지 몰라서 그의 시도에 겁을 내고 있었습니다. 하지만 그들은 그 누구보다도 명예롭게 행동했습니다. 그의 단순한 성실성이 모든 사람을 압도했던 것으로 생각합니다. 그래서 결국 기도 끝에는, 마치 타인의 입을 통해서 하나님을 경배하는 것에 대해서 감사하듯 모두 마음으로부터 '아멘!'이라고 화답하였습니다. 이 노인 신사와 그의 이웃 두 명은 지난 1년여 동안 지속적으로 참석했던 사람들이었습니다. 그들은 의심할 여지없이 복음을 좋아합니다. 그런데 모두가 구원하시는 하나님의 은혜에 복종하는 사람들이라고는 말하기 어렵습니다. 그렇지만 제 생각에 지난밤 기도했던 신사는 하나님의 종입니다.

　우리에게 작은 성공이라도 주신 주님은 매우 선하십니다. 우리는 자격이 없습니다. 그럼에도 불구하고 주님께서는 구원해 주십니다. 우리는 일 년 만에 이 지역에 다시 왔는데, 그 동안 모두 34명이 모이고 있었습니다. 하나님께 매우 감사한 일이지만, 복음을 들었으면서도 반응하지 않는 사람들이 수천 명이나 됩니다. 그들은 오랜 기간 복음을 듣고도, 이미 섬기고 있는 우상 외에 숭배해야 할 다른 우상이 더 있어야 한다고 생각하고 있습니다."

　그 후 일어난 일에 대해서 그는 이렇게 쓰고 있다. "이전 편지에 10명이 허입되어 세례 받았다고 전해드렸는데, 그들은 대부분 1년~3년 동안 꾸준히 교회에 나오고 있습니다. 지난 주일예배당은 사람들로 가득했고, 아내가 오후에 인도하는 성경공부반에는 여성이 30명 정도 참석했습니다. 성경공부반이라고 하는데, 내가 그 반에 들어가 본 적은 없어도 어느 정도 설교의 요소도 포함된 것 같습니다. 그렇지만 영혼들이 구원받고 하나님의 축복이 그들에게 머문다면 캔터베리 주교에게는 꾸지람을 들을지 모르겠지만, 설교하지 못하게 하는 것은 잘못일 것입니다. 우리는 주님의 인치심을 바라고, 고대하고 기도하며 감사합니다. 올해 1881년에는 사역이 시작된 이래로 일 년에 교회에 들어

온 성도 수가 그 어느 해보다도 많았습니다. 그러나 이 기간에 훈련된 사람은 매우 적었습니다. 한 사람은 선교회에 오래 있으면서 영향력이 커서 사람들을 많이 데려왔는데 믿음과 경건에서 떠나가, 그때부터 매우 비정상적인 행동을 하기 시작했습니다.

이런 것들은 우리의 시험 거리였습니다. 하지만, 사역은 우리의 것이 아니라 주님의 것이기 때문에, 그분께서 자기 사람들을 모두 하나님의 왕국으로 데려오실 것입니다. 사탄은 하나님의 성도들을 믿음에서 떠나게 하고 불건전한 교리를 받아들이게 함으로써, 그 어느 때보다도 강력한 힘으로 해치려고 합니다. 그것은 모두 주가 오실 날이 가깝다는 사실에 우리를 주목하게 만듭니다. 나는 때때로 주님 오실 날이 너무도 기다려집니다. 왜냐하면 교회와 이 세상을 향한 우리의 모든 희망은 친히 그 손으로 세상을 다스리시기 위하여 오시는 그분의 재림에 집중되어 있기 때문입니다. 정말로 주위는 슬픔과 고통으로 가득하고, 끔찍하게 비참한 일이 날마다 일어납니다.

사례를 하나 말씀드리면, 바로 지난달에 있었던 일입니다. 시골에 사는 가난한 남자의 딸이 병들었는데, 곧 죽을 것 같아서 관습을 따라 촛불 두 개를 종이 랜턴으로 감싸서 하나는 머리 위에, 다른 하나는 침대 발아래 켜 놓았습니다. 그러고 나서 문과 창문을 잠그고, 딸의 영혼을 부르러 지붕 위로 갔습니다. 그는 딸을 부르며 오랫동안 거기 서 있었습니다. 그동안 촛불 하나가 떨어져서 이불에 불이 붙었는데, 집안의 다른 사람들은 이 사실을 몰랐고, 알았을 때는 방으로는 들어갈 수가 없는 상태였습니다. 가까스로 불 있는 데로 갔을 때는, 집 여섯 채가 전부 타버리고 난 뒤였습니다. 남자의 딸은 화상으로 죽었고, 부인도 다른 집에서 죽었으며, 젊은이는 가족과 가구를 구하려다가 심하게 다쳤는데, 다음 날 죽었습니다. 중국에서 일어나는 화재의 절반 이상이 우상숭배나 아편 흡입의 결과로 일어납니다.

나는 최근에 동링 기지에서 돌아왔습니다. 대체로 좋은 시간이었는데, 오한 때문에 여행을 계속할 수가 없었습니다. 4명이 세례를 받았는데, 한두 가지 사실이 주목할 만했습니다. 그 중 한 명은 14살 정도로 보이는 소년이었습니다. 전에도 이렇게 어렸던 즈뉘에게 세례를 베푼 적이 있었는데, 이제 그는 22세입니다. 나는 물속으로 들어가서 침례 의식을 행했습니다. 나는 이 아이도 잘 되기를 바랄 뿐입니다. 다른 두 사람은 부부였습니다. 4번째 사람은 우리 교인의 딸로 복음을 반대하는 집안에 시집을 가서 그리스도를 위해서 많이 참았습니다. 아마도 매우 즐겁게 참았던 것 같습니다. 자기나 부모가 복음을 듣기 전에 이 남자와 약혼한 상태였습니다." 후에 이 부인은 자기 남편도 주께로 인도하고 다른 친척들에게서도 좋은 평판을 들어서 비록 시어머니는 개종하지는 않았지만 박해자에서 친구로 변했습니다. 내가 그곳을 방문했을 때, 시어머니가 자기 며느리가 아주 착하다고 했던 말을 기억하고 있습니다. "나는 하나님께 감사하고 용기를 얻었습니다. 그렇지만 세례를 줄 때마다 기쁘기도 하지만 언제나 두렵기도 합니다. 내가 실수를 하는 것이나 아닌지 두렵고, 사탄이 그들을 죄에 빠지도록 이끌어서 하나님의 이름과 그분의 말씀에 수치나 불명예를 드리지나 않을지 염려하며 갖는 두려움입니다.

지난주에 이 도시에서 3명에게 세례를 주었고, 세례받을 사람이 또 몇 명 더 있습니다. 그들 중 몇 명 덕분에 우리는 위로를 많이 받았습니다. 그들은 대부분 아내의 성경공부반 출신입니다. 주님은 여성들에게 성경 가르치는 아내를 많이 축복해 주고 계십니다. 여성들은 남편들보다 더 쉽게 진리를 받아들이는 것 같고, 또 더 거친 남편들보다 더 한결같이 주님과 동행하는 것 같습니다. 참으로 우리 모임에서 가장 좋은 그리스도인 몇 명은 여성입니다. 아내는 자주 나에게 여성들이 기도 모임에서 드리는 기도에 대하여 이야기해 줍니다. 그들은 집에서는 모르는 자신의 죄, 유혹, 실패를 터놓고 진지하게 고백합니다. 한 번에 20~25분씩 기도하는 때도 많습니다. 그들은 곧 터질 듯한 감동으로 기도를 시작하여 끝까지 전부 기도하지 않으면 행복해하지 않습니다. 모두 기도를 드리고 나면 그들의 얼굴은 밝아지고, 믿음과 희망과 사랑으로 강건해져서 돌아갑니다. 기도는 그들에게 매우 실제적이고 응답도 실제적입니다. 동시에 대단한 핍박이 있습니다. 한번은 심하게 매를 맞기도 하고, 다른 때는 거의 매일 집에 갇혀서 학대를 당합니다.

제가 전에 말씀드렸던 것 같은데, 작년에 학대를 당했던 불쌍한 여인이 그 잔인함의 결과로 최근에 죽었습니다. 다른 곳에서는 누군가 한 노인의 집에 두 번씩이나 불을 질렀습니다. 그는 결국 집에서 쫓겨났고, 지금은 아파서 더 이상 살 가망이 없습니다. 또 하나의 슬픈 경우는 한 형제의 부인이 죽었는데, 이웃 사람이 죽은 자를 위한 이교도 의식을 하지 않고는 장례를 못하게 했습니다. 마을에 관을 들여오지도, 시체를 꺼내지도 못하고 있습니다. 교회 형제 몇 명이 찾아가 보았지만, 심하게 얻어맞기만 했습니다. 마침내 그 형제는 도망 나왔고 죽을 힘을 다해 이곳까지 달려왔습니다. 그 문제를 해결하는데 어려움이 많아 결국 시체가 썩기 시작했습니다. 그러자 이웃들이 다른 그리스도인들에게 죽은 자를 위한 의식을 치러야 한다고 주장했습니다. 형제들이 거절하자, 사람들은 그들을 때리고 그들의 손을 시체에 묶어 놓고 이웃 이교도가 의식을 집전했습니다. 그러고 나서 관을 가지고 들어와서 기독교인 두 명을 그 관 끝에 묶었습니다.

나는 이제 이런 어려움이 끝났으면 합니다. 그 일로 우리 위치가 강력해졌기를 바랍니다. 사탄을 격분시키지 않고는 한 걸음도 전진하지 못하고 한 뼘의 땅도 더 차지하지 못하는 것 같습니다. 나는 이 일이 그 지역에서 공중의 권세 잡은 자에게 일격이 되기를 기도합니다. 그 동네에 관심자가 몇 명 있는데, 잭슨 씨가 그 장례식에 참석하자 모든 기독교인들과 관심자들이 잭슨 씨를 보러왔습니다. 한 명만 오지 못했는데 그 젊은이는 '예수라는 질병'에 걸리지 못하도록 그의 아버지가

장대에 묶어 놓았기 때문이었습니다. 그런데 그 아버지는 너무 늦게 묶은 것이었습니다. 그는 벌써 1년 전에 그 질병에 걸렸기 때문입니다. 이제 그 아버지는 아들을 치료하기가 어렵다고 느끼고 있습니다.

또 제가 말씀드릴 수 있는 다른 사람들이 있는데, 그들은 오직 전부 그리스도를 위해서 자신들의 작은 것을 손해 보는 고난을 당하고 있습니다. 지난 편지를 쓴 이래로 주님은 우리를 축복해 주고 계십니다. 한 주일에 10명이 세례를 받은 적도 있고, 지난주에는 3명이 세례를 받았습니다. 여러 곳에서 관심을 보이고 있는데 현지 조수들이 부족해서 여러움을 겪고 있습니다. 사람들은 들으려고 하는데, 우리에게는 그들에게 구원의 길을 얘기해 줄 사람이 없습니다. 우리는 특별히 그 일을 위해서 하나님께 부르짖었습니다. 우리 교회에는 다른 사람을 가르칠 만한 사람이 거의 없고, 그 일에 합당한 사람을 훈련하는 일에는 시간이 필요합니다. 우리는 하나님께 소망을 두고 있습니다. 그분은 우리를 위해서 이제껏 많은 것을 준비해 주셨으니 이 일도 도와주실 수 있습니다.

나는 어제 시골에서 돌아왔습니다. 비가 왔으며 유쾌하지 못한 시간을 가졌고, 불쾌한 일도 해야 했습니다. 사탄이 가끔 풀려나서 기독교인에게 할 수 있는 나쁜 짓이란 나쁜 짓은 모두 하는 것 같습니다. 이교도 사원에 기부하기를 거부했던 사람의 밭에 서 있던 옥수수를 반은 자르고 남은 것은 짓밟아서 심각한 손실을 입혔다. 다른 사람은 농사 도구를 산산이 부쉈고 공공도로도 사용하지 못하도록 했으며 여러 방법으로 괴롭혔습니다. 그들은 사소한 박해의 기술에 능한 사람들입니다. 이때는 틀림없이 우리 모두에게 시련의 기간이기 때문에, 주님께서 친히 오셔서 주님의 백성을 악한 자의 손에서 구해 주시기를 간절히 바랍니다.

1884년 7월 1일 이번 회기의 결산을 정리해서 보내는 날입니다. 최근에 관심을 기울여야 할 일이 엄청 많았습니다. 사랑하는 아내는 추가적인 일 때문에 녹초가 되어 하루에 한 시간씩 내가 도와주고 있습니다. 우리는 확실히 열심히 일하는데, 하나님께 감사하기는 그분이 우리와 함께 계셔서 지탱해 주시고 도와주십니다. 지난 토요일 16명의 세례 후보자를 검토하느라고 밤 11시까지 깨어 있었습니다. 11명이 허입되어 주일 아침에 세례를 받고 주님의 성찬식에 앉았습니다. 지체된 사람들도 집안 문제 때문이었으니, 정리되는 대로 곧 세례를 받을 것입니다. 올해 벌써 32명이 세례를 받았는데 올해가 다 가기 전에 훨씬 더 많이 세례 받게 해주시면 좋겠습니다. 선한 사람에게 약속하신 하나님과의 교제를 간절히 소원합니다. 그가 하는 모든 일이 번성할 것이라고 하셨으니까요.

전쟁의 소문이 우리 곁에 너무 가까이 와서 일이 매우 많아졌습니다. 멀리 떨어져 사는 기독교인들은 매우 험한 시간을 보내고 있습니다. 핍박자들이 그들을 심하게 핍박하고 있기는 하지만, 아직 아무런 타격은 없습니다. 천주교인들은 우리보다 더 핍박받고 있고, 현지인과 부딪히고 있다고 하는데 아직 자세히는 모릅니다. 중국 사람들은 외국인 구별을 잘 못합니다. 여기서는 종교에 따라서 국적을 구별합니다. '개신교도는 영국인이고 아편을 생산하기 때문에 매우 나쁜 사람들이다. 천주교인은 프랑스인인데 더 혐오스럽고 없애야 할 사람들이다.' 이것이 이곳 사람들이 일반적으로 보이는 감정입니다. 후지엔성 경계 가까이에 우리의 최남부 기지가 있는데, 가까이에서 교전이 계속되고 있어서 매우 시험 거리가 되고 있습니다. 도시는 흥분이 고조되어 있고, 사람들이 외국인을 싫어하기 때문에 당분간 거리에 나가기도 어렵습니다. 그들은 때때로 우리 뒤에서 칼을 가는 것 같은 날카로운 소리를 내어 우리의 관심을 끌어 목에 상당한 상처를 내고는 가능한 한 빨리 사라집니다. 문제가 더 나빠지지 않으면 좋겠습니다. 주님이 통치하시고 우리는 그분을 신뢰합니다. 나는 꼭 나가야 할 일이 아니면 외출하지 않습니다. 이곳 사람들이 지금까지는 나를 존중해 주고 있습니다. 고위 관리들은 평화를 지키기 위해서 진심으로 애쓰는 것 같고, 좋은 포고문도 걸어 놓았습니다. 듣기로는 그들에게 군대가 있어서 거리를 살피다가 사람들을 선동하는 기미가 보이는 사람이 있으면 관아로 잡아가서 공정하게 매질한다고 합니다. 우리가 두려워하는 것은 약탈자 무리인데, 습격하여 노략질할 기회를 잡으려는 그들을 항상 경계하고 있습니다.

하지만 우리의 영혼은 하나님의 권능의 손에 있습니다. 우리의 몸도 그렇습니다. 그분은 우리가 사명을 다할 때까지 우리를 돌보실 것입니다. 우리는 더 외진 내지에 있는 친구들을 걱정하며 그들을 평안 가운데 지켜주시도록 매일 기도합니다. 그들이 교전 장소에서 멀리 떨어져 있는 것이, 어쩌면 보호 장치가 될지도 모르겠습니다.

추워지면 아내를 상하이에 한 달간 보내고 싶다고 제안했습니다. 여름 동안 너무 힘들게 일했고, 겨울에는 여성들을 위한 성경 강좌를 열어서 구세주이신 우리 주님을 위해 지식에 넘치는 증거자로 훈련하는 일을 계획하고 있습니다. 잘 배운 기독교인과 배우지 못한 기독교인의 차이는 엄청납니다. 예수님을 증거하는 능력이 다릅니다. 우리가 모든 개종한 현지인들에게 성경의 내용을 잘 이해하고 다룰 수 있게만 해준다면, 현지인 설교자가 많이 없어도 될 것입니다."

Chapter 8

"어찌하여 이방 나라들이 분노하며
민족들이 헛된 일을 꾸미는가?"

- 시 2:1 -

이 무렵, 중국과 프랑스 사이에 전쟁이 있었다. 그해 여름, 프랑스가 푸저우에 포격을 가해 군함 몇 대를 침몰시켰고, 그곳의 병기고를 파괴했다. 푸저우는 우리가 있는 곳에서 바로 남쪽에 붙어있는 항구였기 때문에, 사람들은 이 소식에 많이 놀랐다. 관료들이 각 가정에 바구니로 돌을 주워 오라고 명령을 내리자 그 놀람은 강도를 더해갔다. 돌들을 강 입구에 쌓아서 프랑스가 이곳으로 들어오지 못하도록 막자는 것이었다. 7~8월 내내 고조된 분위기에 폭동도 일어나서 많이 놀랐다. 그러나 모든 일이 잠잠해졌고 우리의 두려움도 가라앉았다.

전에 언급했던 여학생 6명이 개종한 때가 바로 이해 여름이었다. 새로운 생명이 태어나니 더 가르쳐야겠다는 욕구가 생겼다. 9월 말 남편은 나에게 가을에 새로운 일을 시작하기 전에 상하이에 가서 보름 동안 쉬고 오라고 강하게 권했다. 나는 결국 "행복하게 다녀올 수 있겠어요. 사람들이 이제 조용하고 다시 만족하고 있으니까요."라고 대답했다. 나는 그렇게 순식간에 우리 삶을 무너지게 할 타격을 전혀 예상하지 못하고 있었다.

10월 4일 토요일 저녁, 내가 떠난 지 꼭 일주일 되던 날, 감리교회에서 수틸 씨가 평소대로 기도회를 인도하고 있는데, 사람들 몇 명이 예배당 문 앞에 모여서 들어가겠다고 하며 시끄럽게 소란을 피웠다. 문을 열어주자 그들은 도망갔는데, 이런 일을 두세 번 반복한 후 문이 열리자 몇 사람이 돌을 던지면서 밀고 들어왔다. 몇 사람이 소리를 질러댔다. "외국인을 불태워버리자!" 그 말이 끝나기도 전에, 그들은 횃불을 지펴 기름을 뿌리고 예배당에 불을 질렀다. 예배당이 주택 옆이었기 때문에, 수틸 씨는 대형 화재가 두려워서 도움을 청하러 관아로 갔다. 관아의 관리는 수틸 씨가 다칠까 봐 다시 나가지 못하게 하면서, 자기는 군대를 데리고 나가 지금 일어난 심각한 폭동을 진정시키려고 했다.

그러나 사람들은 관리에게 돌아가는 것이 좋겠다고 말해주었다. 폭동 중에 다칠 것 같다는 것이었다. 그가 탔던 가마는 심하게 공격당했다. 그는 분별력이 더 나은 용기라고 생각했다. 폭도들을 진압하라고 파견된 군인들이 폭도들의 사악한 일에 가담하고 있었다. 수틸의 집과 예배당과 가진 것들이 전부 부서지자, 수틸 일행은 천주교 성당으로 피해 갔는데, 가엾은 신부도 난리 통에 힘들게 지내고 있었다. 신부는 거의 혼이 나갈 정도로 무서워서 친한 이웃의 땔감 창고에 3일간 숨어 있었는데, 사람들이 그를 중국 짐꾼으로 변장시켜서 관아로 피난시킨 상태였다. 천주교 성당도 완전히 파괴되어 있었다. 이제 군중은 피를 맛본 호랑이 같았다. 증오하는 외국인에게 속해 있는 것은 전부 깨끗이 청소하려는 것 같았다. 수틸 일행은 성당에서 우리 선교회가 있는 잭슨 선교사 집으로 가는데, 우리 집에서 걸어서 3분 거리밖에 되지 않았다. 남편은 이제 안전한 장소를 찾아야 할 때라고 느꼈다.

중국 세관의 닥터 맥고완은 개인적으로 대단히 위험한 일이었지만, 스토트 선교사를 도와주러 왔다. 그들은 관아에서 보호처를 찾기 위해서 우리 학교 여학생 16명(그중 어린 학생들은 자고 있는데 데리고 나왔다), 하인들, 그리고 우리와 함께 있던 다른 사람들까지 전부 모이게 했다. 그들이 뒷문으로 나가는데, 폭도들이 앞에서 나타나 순식간에 그들을 에워쌌다. 관아가 가까이 있는 것이 다행이었다. 그렇지 않았다면 폭도들이 던지는 돌 때문에 매우 좋지 않은 일이 있었을 것이다. 스토트 선교사는 폭도들이 마구 던진 돌 하나가 모자를 맞추는 바람에 맨머리로 뛰어갈 수밖에 없었고, 잠시 후에는 닥터 맥고완도 돌에 맞아 비틀거렸다. 학교 아이들이 무서워하며 그의 코트 자락에 매달리는 바람에 옷매무새는 흐트러질 수밖에 없었다.

그들이 관아에 도착해 보니 여학생 몇 명이 보이지 않았다. 우리의 성실하고 활발한 요리사가 그들을 찾으러 갔는데 다음 날에야 모두 찾을 수 있었다. 두세 명은 절에 들어가서 들키지 않으려고 숨도 못 쉬고 잠을 잤다고 한다. 가족 모두 찾았다고 했지만, 3년 된 귀여운 애완견 한 마리를 잃었다. 누군가 가져가서 다시는 보지 못했다.

우리 터전은 몇 시간이 안 되어 대부분 파괴되었다. 선교사만이 아니라 중국 세관에 고용된 외국인도 마찬가지였다. 세관의 고용인들은 옛날 사원에 살고 있었는데, 그들이 쓰던 물건, 가구, 심지어는 칸막이 판자와 바닥에 깔았던 덮개까지, 외국인의 손길이 닿은 것들은 전부 앞마당에 꺼내 놓고 불태웠다. 하지만 건물은 손대지 않고 남겼다.

그들은 도시 안의 것들을 깡그리 부순 다음, 강 한가운데 있는 조그만 섬에 있던 영국 영사관까지 넘보았다. 영사는 그들의 의도를 알고 모든 배를 다른 방향으로 가도록 명령했다. 폭도들은 뗏목을 만들려고 했지만 실패했고, 다음 날 집 없는 피난민들은 섬으로 호송되었다.

월요일에 폭도들은 시골에 있던 우리 동링 예배당으로 가서 그곳을 완전히 불태웠다. 그들은 반외국 감정을 가지고 있었다. 다행히 관리들은 신용 있게 행동했는데, 영사가 요구하는 배상금을 6개월 이내에 지불했다. 스토트 선교사는 돌아올 수 있었고, 학교를 재건하는 동안, 아이들은 닝보의 로드 부부에게 맡겼다. 그들은 아주 헌신적으로 아이들을 맡아주었다. 당시 그들이 운영하는 학교도 정원이 차 있었지만, 우리 아이들을 그들의 보모에게 5개월간 맡겨주어, 그동안 건물을 다시 지을 수 있었다.

걱정되는 시간이었다. 전쟁 때문에 우리는 증기선이 가져오던 연락을 받을 수 없었다. 닝보는 봉쇄되었고 3개월 동안 편지를 받지 못했다. 닝보가 폭격당했고 외국인들은 그곳에서 탈출했다는 소문을 들었지만, 다행히 사실이 아니었다. 그들도 우리에 대해서 가짜 소문을 듣고 우리처럼 걱정하고 있었다. 하지만, 이 모든 일 가운데 주님의 팔 안에서 안식할 수 있었다. 남편이 도착한다는 소식을 듣고 목사와 성도들은 다시 함께 할 수 있게 된 것에 크게 기뻐했다.

1885년 2월 스토트 선교사는 다음과 같이 편지했다. "사랑하는 A; 이제 막 오늘 일을 마치고 이제 친구와 이야기 나누는 기쁨의 시간을 갖게 되었습니다. 당신이 나의 오랜 친구여서 믿음직스럽습니다. 나는 아직 혼자 삽니다. 미스 민친이 죽었기 때문에 아내는 상하이를 떠날 수 없었습니다. 그리고 사실 여기 사정이 더 일찍 그녀를 받아들일 환경도 아니었습니다. 돌아올 수 있는 공식적 자유를 얻고 나서 첫 배를 타고 돌아오자마자 나는 임시 거처를 찾기 시작했습니다. 여러 번 실패했지만 결국 이전 집과 가까운 곳에서 작은 집을 살 수 있었습니다. 이제 참을 만한 안락함 속에 살고 있습니다. 이전에 살던 그리운 집에서 무너진 벽을 떼어서 가져와야 했는데 매우 가슴 아팠습니다. 그리고 아내가 그렇게 좋아했던 정원은 다 망가져서 식물 하나 관목 하나 심지어 잡초 하나도 남지 않았습니다. 이전에 꽃 화분이 많았는데 거의 전부 우물 속에 던져져 있었습니다. 구석구석 함부로 부숴버린 흔적이 있었습니다. 해악을 끼치는 기발한 그 독창성은 거의 밑바닥 없는 지옥에서 온 것이 틀림없습니다. 그런데 이제 회복되어 조용해졌지만, 관리들은 폭도들에게 정의를 행하지 않고 있습니다. 수많은 현지 기독인들이 자기 재산을 전부 약탈당하고 보상을 청원해도 관리들은 살펴보려고 하지 않습니다.

중국에는 관리의 허약함과 부패, 유럽인에 대한 증오에 대해서 어떤 생각을 가진 사람이 거의 없습니다. 정의의 심판대에 호소하는 사람들에게 담당 관리들은 '양귀(洋鬼)는 매우 잔인해서 아무 자비심이 없기 때문에', 잡아서 벌줘야 한다는 말로 달래고 위로합니다.

나는 여학교를 다시 짓고 있는데, 다음 달에 끝날 것입니다. 동링 예배당 공사도 함께 끝납니다. 우리집은 약간 떨어진 곳에 있는데, 도시 예배당에서 드리는 예배는 아직 중지된 상태입니다. 주님께서 이제 까지 도와주셨는데, 가난하고 돈이 필요한 지금 주님의 도움이 절실합니다.

영국 영사관이 그 문제에 대해서 많이 노력해 주어, 모든 사람을 위해서 할 수 있는 일을 다 해 주었습니다. 배상금 중 2/3를 받았고, 남은 액수도 조만간 수령할 예정입니다.

한 사람만 빼고, 모든 기독교인이 견고하게 서 있었다고 보고할 수 있어서 기쁩니다. 그 한 사람은 내가 닝보를 떠난 뒤로, 그렇게 오랫동안 자신을 압박해 온 시험을 견딜 힘이 없었던 것 같습니다. 내가 떠나 있던 한 달은 그들 모두에게 시련의 기간이었습니다. 최악의 일들은 내가 돌아오기 전에 모두 끝났습니다. 다른 사람들은 새 출발을 해서 이전보다 믿음이 더 견고해졌습니다. 그리고 새로 믿은 신자 중에 떨어져 나간 사람이 몇 있었습니다. 그래서 대체로 우리가 잃은 것은 많지 않았고, 이 엄중한 기간이 더 좋았는지 모르겠습니다. 이 기간은 현지인이건 외국인이건 우리 안에 있는 것을 모두 드러내는 시간이었습니다. 하지만 하나님을 신뢰하는 사람은 부끄러움을 당하지 않을 것입니다. 폭도의 밤이 지난 이후 주께서는 우리에게 축복의 소나기를 내려주셨습니다. 건물 짓는 동안 한 번도 비 때문에 공사를 멈춘 적이 없었습니다. 이제 비가 오지만, 지붕이 올려져 있어서 아무런 지장이나 피해도 없습니다. 얼마나 요긴한지요."

그 무렵, 우리에게는 관심자를 포함해서 200명의 기독교인이 있었다. 그중에 두려워서 돌아간 사람은 두 명뿐이었다. 불쌍하게 흩어진 양들은 소그룹으로 각 집에서 모였다. 강한 자들은 더 겁 많고 약한 사람들을 심방하여 격려했다. 스토트 선교사는 금요일에 도착해서, 즉시 사람들을 시켜 파편들을 치우고 기둥 몇 개와 대들보를 세운 다음, 대나무 엮은 것으로 지붕을 올려놓았다. 즉흥적으로 만든 예배당이 토요일 오후에 금방 완성되어 돌아온 목사를 환영하러 모인 군중들을 맞이할 수 있었다. 서로 기뻐하며 얼마나 감사했는지 모른다. 하나님께서는 이 가슴 아픈 시련의 때에 우리에게 매우 은혜로우셨다. 타격이 특히 심각했던 이유는 그것이 예기치 않았던 일이었기 때문이었다. 우리는 초창기부터 많은 일을 함께 겪었다. 반대와 미움의 날들이 잠잠해졌고 따뜻한 마음을 지닌 그리스도인들이 꽤 많이 모이게 되자, 이제 환난은 다 지나가고 수확의 시기가 왔다고 생각했다. 그런데 우리의 모든 희망이 한 방에 무너져서 무덤 안에 들어간 것 같이 보였다. 그렇다. 단지 그렇게 보일 뿐이었다. 내가 남편으로부터 우리 소유가 전부 부서졌고, 그를 포함한 18명이나 되는 사람들이 닝보의 큰 빈집에 있었지만, 집이 아니었고 옷도 없다는 편지를 받았을 때, 그 타격은 매우 잔인해 보였다. 하지만 동시에 하나님께서는 친히 말씀으로 나를 위로해 주셨다. 그것은 새삼 나에게 주시는 질문 같기도 했다. "어찌하여 이방 나라들이 분노하며 민족들이 헛된 일을 꾸미는가?" '헛된'이라는 단어가 이전에는 그렇게 강력하게 다가온 적이 없었다. 감사하게도 모든 것은 헛되어야 한다. 우리는 돌아가서 흩어진 우리의 양 떼를 모아야 하고 부서진 집과 예배당을 지어야 하며, 우리 주인 되신 주님을 위하여 더 많은 영혼을 구원해야 한다. 그 비전이 나에게 벅찬 희망과 위로를 주었고, 세 시간 후에는 남편과 함께하려고 떠났는데, 마음은 깊은 감사로 넘쳤다. 소중한 생명들이 살아남았으니 장래에 희망이 있지 않은가? 하나님께서 나를 위로해 주셨기 때문에 나는 폭풍을 헤쳐 나온 사랑하는 사람들에게 격려하고 위로하는 말을 할 수 있을 것 같았다. 그러나 다음 날 아침, 우리가 만났을 때, 그들에게는 위로가 필요 없었다. 이미 하나님께서 그들을 먼저 찾아가 주셔서 모든 것이 잘될 것이라는 확신을 주시고 힘을 북돋워 주셨다. 그분은 멋지게 약속을 지키셨다. 새로 연 예배당에서 드리는 첫 번째 예배에서 5명이 세례를 받고 성도가 되었다. 그 후 여러 해 동안 매달 새로운 신자가 우리 교회에 들어오지 않은 적이 없었다.

우리가 먼저 우리가 당한 손해 목록을 보내야 배상해준다는 소식을 들었다. 우리는 걱정이 돼서 가능한 한 빨리 돌아왔고, 원저우에서 돌아오는 첫 증기선을 통해서 영사에게 보내려고 목록을 준비하였다. 이전에는 언제나 몇 달 동안 협상하고 나서야 배상액이 결정되곤 했기 때문에 늦어져도 할 수 없다고 생각하고 있었다. 그런데 놀랍게도 돌아오는 첫 배로 받은 영사의 편지에는 군수가 폭동이 지난 며칠 후 청원했던 손해를 대략 인정했고, 첫 배상금이 며칠 내에 지불될 것이라고 쓰여 있었다.

그래서 남편은 옷과 그 외 물품을 곧 살 수 있었고 그 일이 끝나자마자 돌아올 수 있었다. 사람들은 폭동이 일어난 적 없는 것처럼 친절하게 환영해 주었다. 남편은 5개월 동안 직접 건물 건축을 감독했다. 학교와 예배당 건축이 가능한 한 조금도 지체되지 않고 끝나도록 일꾼을 많이 고용했다.

노동자들을 위해서 매일 밤 예배를 드렸고, 주일예배도 드렸지만, 우리의 선교 사역은 현상 유지 정도로 정지되어 있었다. 하루는 내가 남편에게 벽이 상당히 튼튼해 보인다고 하자 남편은 이렇게 대답했다. "나는 이 건물을 특별히 강하게 짓고 싶어요. 왜냐하면 그리스도께서 곧 오실 것이고 유대인들이 세계에 복음을 전하는 사람들이 될 것인데, 그들이 원저우에 오면, 그들을 위해 준비된 장소를 이곳에서 발견하기를 바랍니다."

이 일 후 일 년이 지났을 때, 한커우의 데이빗 힐에게서 편지를 받았다. 한 사람이 폭동의 시기에 처음으로 복음에 관심을 갖게 되었는데 그에게 세례를 주었다고 했다. 그는 원저우에서 사업차 왔었는데, 선교사가 자기 소유를 전부 뺏기고, 돌에 맞으면서도 자기가 예상했던 것과는 달리 한마디 저주나 원망의 말도 없이 조용히 관아로 피해 가는 것을 보았다고 했다. 그런데 몇 주 후 보니 바로 그 선교사가 조용히 돌아와서 건물을 다시 짓고 있는데, 모든 도시가 자기 친구인 것처럼 은혜스럽더라는 것이었다. 그는 스스로 그와 같은 열매를 맺게 하는 종교라면 한 번 알아볼 가치가 있겠다고 생각했다. 집에 돌아와서 힐 선교사의 예배당에 다녔는데 때가 되어 거기서 세례를 받은 것이었다. 이렇게 주께서는 불시험의 한가운데서도 열매를 주셨다.

그렇기는 해도 우리에게 개인적으로 겪는 고난이 면제된 것은 아니었다. 우리는 당시 저지대의 축축한 중국 집에서 살고 있어서 곧 우기가 다가오면 아직 마르지 않은 새 집으로 이사를 가야 했다. 몇 달 전부터 우리와 함께 살고 있던 리틀존 선교사가 심하게 앓다가 같은 해 치푸에서 죽었다. 이때 친구에게 쓴 편지를 일부 인용한다.

1885년 9월 14일

사랑하는 B, 2주 전에 보내주신 격려 편지, 정말 감사합니다. 피곤하고 실망하고 있을 때 같은 심정으로 격려해 주셔서 얼마나 위로가 되었는지 모릅니다. 자주 낙담하는 것은 아닌데 현재 사정 때문에 조금 두려움이 있습니다. 미스 리틀존은 허무하게 떠나버리고, 우리는 혼자 남았습니다. 지금 느끼기 시작한 긴장감은 견디기 힘드네요. 일이 힘든 건 괜찮은데, 우리가 해야 할 일을 절반밖에 하지 못했다는 느낌이 절망스럽습니다. 내 모든 시간을 들여서 전적으로 돌보고 있는 여학생이 25명 있습니다. 작년에 구원받은 사랑하는 아이들이 은혜 안에서 성장하고 있고, 하나님의 말씀을 향한 그들의 목마름을 채워줘야만 합니다. 또 한편으로 믿게 된 여인들과 관심자들도 많이 가르칠 필요가 있습니다. 두 사역을 전부 하려니 어느 하나도 제대로 하지 못합니다. 남편도 마찬가지입니다. 도시에 있는 교회들이 규모가 커져서 그의 모든 시간을 돌보는 데 사용해야 합니다. 그래서 시골에 있는 집회소들을 자주 방문하지 못하여 안타까워합니다. 우리 아버지께서 옳은 길로 인도해 주시기를 기도드립니다. 당신께서 우리를 위해 기도해 줄 것을 확신합니다. 지난 12월부터 함께 하는 리틀존 선교사는 오래 아플 것 같습니다. 매우 예민한 분인데 도착했을 때 많이 지쳐 있었습니다. 초여름에 아프기 시작해서 몇 주 후에 상하이로 갔는데, 거기서 두 달 있어도 좋아지지 않아 치푸로 갔습니다. 그곳에서 새 힘을 얻었으면 좋겠습니다. 그분은 사랑스럽고 열정적인 믿음을 가져서 우리가 매우 사랑합니다. 그렇지만 날씨가 너무 험해서 견뎌내지 못할까 봐 두렵습니다.

이제 실망스러운 이야기보다 격려되는 이야기를 할게요. 나는 어두운 면만 오래 보고 싶지 않아요. 아무 유익이 없으니까요. 우리가 모두 이렇게 메마르고 건조한 땅에서 사역을 할 수 있으려면 희망과 기쁨이 필요합니다. 주님을 찬양합니다, 주님은 우리에게 사막의 우물이 되어주셨습니다. 주님은 때를 따라 힘을 주시며, 우리 손에 곡식을 가득 거두게 하셔서 마음에 기쁨이 넘치게 해주십니다. 그래서 그 누구와도 주님을 바꾸지 않게 해주십니다.

시간이 지나면서 주님께서 주시는 선물이 있었습니다. 류 부인이 한 달 동안 가 있던 빙예 지역에서는 꽤 많은 이들이 우상을 버리고 진리를 배우고 있습니다. 한 작은 마을에 있던 젊은이 4명, 다른 마을에서 부인 3명 등등. 그들을 류 부인이 가서 가르치고 있습니다. 같은 장소에서 최근에 우리 친구 기독교인이 한 명 죽었습니다. 노인이었고 한동안 믿음을 떠나 있었습니다. 어느 날 일어나지 못하더니 자기 아내에게 예수님이 곧 오신다고 말했다고 합니다. 오후에 음식을 조금 달라고 해서 먹고 나더니 "예수님이 곧 오실 거야 잠 좀 자야겠다. 깨우지 마라."라고 하고는 잠이 든 후에 지상에서는 다시 눈을 뜨지 않았습니다.(이분이 즈뉘에 학생이 전도해서 절에서 믿게 된 사람입니다.)

다른 전도소인 동링에는 기독교인이 40명 있었고, 여섯 가정이 우상을 버리고 진리를 배웠는데, 틀림없이 그들 중 몇을 주님이 부르셨습니다.

날씨가 쌀쌀해지자마자 겨울 동안, 성경 학교를 열어서 남편은 남학생을, 나는 여학생 몇 명을 훈련하려고 했습니다. 10~12명의 부인을 뽑아서 매일 오후 내가 가르치고, 그들에게 아침저녁으로 12명의 학생들을 가르치게 하면 내가 그리 더 많이 힘들이지 않아도 됩니다.

우리는 또 남학생을 위해서 낮 반을 시작했습니다. 우리 성도들의 아들이 10명이었는데 그들에게 성경공부가 필요했기 때문이었습니다.

이번 여름에는 질병이 많았습니다. 콜레라와 이질로 사람들이 많이 죽었습니다. 우리 여신도 두 명도 서로 며칠 사이를 두고 죽었고, 아직도 아픈 사람들이 더 있습니다. 우리 주변에 온통 곡하는 소리가 들립니다. 우리가 약을 주어 몇 명은 살릴 수 있었습니다. 우리 여학생 한 명이 이질을 앓고 있습니다. 주님께서 기꺼이 그 학생을 낫게 해주시리라고 믿습니다. 남편이 17년 전에 남학교를 시작한 이래로 죽은 학생은 남자나 여자나 한 명도 없습니다. 이것은 첫 몇 년 동안 기도의 응답이었습니다. 우리는 사람들 가운데서 승리해야 했습니다. 학교에서 누군가 죽었다면, 초창기에는 우리가 도시에서 쫓겨날 수도 있었습니다. 하지만 주님께서는 이 일에서 다른 일에서와 같이 우리가 구하는 것 이상으로 주셨습니다.

어제 4명이 세례를 받았다는 좋은 소식을 전하며 편지를 마칠까 합니다. 5월부터 27명의 후보 중에 14명이 영접했고 세례를 받았습니다. 그들은 복음을 듣고, 1년 내지 3년 동안 구도자였던 사람들입니다. 중국에서는 마음이 변하기까지 시간이 걸립니다. 진리의 말씀을 듣고 한참이 지나야 그것을 붙잡습니다. 우리는 단지 숫자를 늘리는 데 연연하지 않고 구도자들이 구원의 확신을 가질 때까지 기다리고 싶습니다. 우리가 원하는 것은 구원받은 영혼이기 때문입니다.”

남편과 나는 둘 다 병에 걸렸다. 당시 그 병이 스토트 선교사 안에 생긴 질병의 시작이었다. 2년 후에 영국으로 돌아가게 되고, 고통스러운 1889년 봄에 영광의 나라로 들어가게 했던 합병증의 씨앗이었던 것이다. 우리는 그렇게 평범하지 않은 방법으로 그리스도와 함께 고난을 받기 위해서 부르심을 받았다. 그러나 그의 입에서 한 번도 후회의 말이 나온 적은 없었다. 그의 입술은 언제나 하나님께서 자신에게 중국에서 20년 이상 섬길 수 있도록 힘을 주셨다고 하는 찬양으로 가득했다.

1886년이 시작되면서 남편은 주일마다 최소 한 영혼이라도 달라고 하나님께 기도해야겠다는 인도하심을 느꼈다. 매주 주일마다 그 해에 열매 없는 주가 없도록 주님 앞에 간구했다. 흥미롭게도 마지막 주에 꼭 52명이 교회에 추가되었다는 소식을 들었다. 그때 남편이 슬픈 표정으로 내 얼굴을 보면서 했던 말이 기억난다. "왜 더 많이 구하지 아니했던가? 오, 우리가 얼마나 하나님을 제한하는지, 하나님께서는 우리가 그분을 향해 입을 크게 열고 구하기만 하면 얼마나 크고 위대한 일을 행하실까!"

Chapter **9**

"너는 내 증인이 될 것이다."

- 행 1:8 -

하나님의 도구로 선택되어 그분의 사역을 넓힌 사람들의 이야기는 참 흥미롭다.

1880년 닥터 드와이트가 아편 환자를 치료하기 위해서 잠시 이 도시의 병원에 있을 때, 중독자들 가운데 리아오밍이라는 은세공인이 있었다. 그는 완전히 타락해서 가난에 찌들어 있었다. 이 사람은 닥터 드와이트의 요양원에 들어가는 허가를 받기 위해서 돈도 빌려야 했고, 그가 입고 있는 단벌 셔츠도 빌린 것이었다. 그는 험하고 반항적이며 역겨운 모습이었다. 오랫동안 아편을 피웠고 감당할 수 없이 사악한 성격이어서 그의 친어머니도 데리고 있기를 싫어했다. 그러던 그가 요양원에서 며칠 지내는 동안 도와주는 사람들의 섬김을 받으며 흥미를 느껴 서서히 진리를 받아들였다. 그의 마음에 무슨 변화가 일어났는지는 아는 사람은 없었다. 그런데 어느 날 그의 변화를 알게 된 사건이 있었다. 어느 날 그가 2층으로 올라가는데, 다른 아편 중독자가 아래층으로 들고 가던 더러운 물을 고의로 아오밍의 옷에 흘렸다. 그는 불같이 화를 내고 그 사람을 저주하는 대신(아마 2-3주 전에는 그렇게 했을 것이다.) 1층으로 내려와서 그 남자가 내려오기까지 기다렸다. 그러더니 그의 얼굴을 찬찬히 바라보면서 이렇게 말했다. "당신이 2주 전에 이렇게 했더라면 나는 당신과 당신 부모, 당신의 조상을 대대로 저주했을 것이오. 하지만, 나는 우리 같은 죄 많은 인간들을 위해서 죽으신 예수 그리스도의 사랑을 들었으니, 당신을 다시 저주하지 않을 것이요." 아오밍은 그 무섭다는 아편 중독에서 벗어나서 요양원을 떠날 시간이 되었을 때, 15일만 더 머물게 해달라고 간청했다. 진리를 더 배우고 싶다는 것이 이유였다. 그는 요양원에서 나오자마자 고향으로 돌아가 그가 듣고 믿게 된 진리를 엄마와 두 동생에게도 얘기해 주었다. 그의 마음이 어떻게 바뀌었고, 무엇 때문에 이전에 좋아하던 것을 미워하게 되었는지를 말해 주었다. 그의 엄마와 형제들은 매우 관심을 보이며 예배에 참석하기 시작했다. 그들이 사는 곳에서는 우리도 아직 사역을 시작하지 않고 있었다. 그래서 내가 부탁하자 그 어머니는 일주일에 한 번 자기 집을 모임 장소로 개방했다. 이것이 1년간 계속되었고, 그 결과 이웃들도 구세주의 사랑에 대해서 들을 기회를 갖게 되었다. 어머니는 참 그리스도인이 되었고 그 후 일 년이 조금 넘었을 때 자신의 구세주를 기뻐하며 소천했다. 두 형제는 그와 함께 세례를 받았는데, 그중 하나는 그 삶이 구원받은 적이 없음을 보여 주었기 때문에, 4년 후 교회에서 추방되었다. 다른 형제는 아직 우리와 함께 있지만, 죽었다가 살아난 그리스도인 이상은 되지 못했다. 아오밍은 곧 자기 직업이었던 은세공 일을 시작했다. 해야 할 일의 분량에 따라서 마을에 이틀을 머물기도 하고 때때로 일주일을 머물기도 했지만, 일과가 끝나고는 언제 어디에 있던지 매일 밤 기쁜 복음의 소식을 전했다. 그것은 매주 주일날도 마찬가지였다. 그의 진지하고 두려움 없는 태도는 사람들의 주의를 끌었다. 그래서 얼마 안 되어 우리에게 와서 진리를 가르쳐 달라는 사람들이 많았는데, 그들은 구세주의 사랑에 대해서 처음으로 얘기해 준 사람이 은세공인이었다고 말했다. 그는 지식보다 열정이 더 많아서 그가 했던 말을 우리가 취소해야 할 때도 있었지만, 그러나 어쨌든 하나님께서는 그를 사용하셨다.

몇 년 후에 남편은 복음 전파자가 필요해서 은세공인을 시험해 보기로 결심했다. 그는 열심히 진지하게 일했지만, 남을 지배하려고 해서 일을 망치곤 했다. 그는 나중에 그의 기질에 맞는 가장 좋은 직업인으로 돌아갔다. 그는 월급을 받는 전도자이든 은세공업자로 일하든 관계없이 언제나 설교하여 많은 영혼을 구원으로 인도했다. 그는 용감하고 성급하고 자부심이 강해서 인도하기 힘든 사람이었다. 강한 손으로 붙들고 있어야 했지만 친절하게, 그러나 단호하게 잘못을 지적하면 눈물 흘리며 회개하기도 했다. 그는 5년 전, 바흐제라는 마을에 가게를 열었는데, 장사에 필요한 것들을 구비해 놓고 나서 다음으로 한 일은 주일에 설교할 방을 찾는 것이었다. 방세는 자기가 부담했다. 첫 번째 일요일 아침 가게 문을 닫고 "주일은 쉽니다"라는 팻말을 걸어놓았다. 시간이 지나자 주변 사람들이 몰려와서 예배당이 필요한 상황이 되었다. 그는 이 문제를 전적으로 책임지고 자신이 70달러를 헌금하기로 하고 읍내의 다른 그리스도인들에게도 도움을 요청했다. 헌금이 70달러가 모이자 그는 그 돈을 담보로 작은 집을 한 채 빌려서 수리해 예배당으로 꾸미고, 그 이후부터 그 교회의 자비량 목사가 되었다. 아오밍이 비록 좋은 일을 하고는 있었지만, 사람들은 가끔 그에게 싫증을 내었다. 왜냐하면 그가 하는 말에는 그리스도와 아오밍이 섞여 있었기 때문이었다. 그래도 하나님은 그를 축복하셨고, 그의 수고에 축복을 주고 계셔서 우리는 기쁘다. 우리에게 우리의 길이 있다면 그는 다른 방식을 가진 사람인 것이다. 우리는 한 달에 한 번 몇 명의 그리스도인을 돕기 위해서 새 설교자를 보내준다. 아오밍은 이제 성공한 사업가이다. 마음이 넓고 나누어 주기를 좋아하며 매우 친절한 사람이다. 그는 약점도 많은 사람이지만 우리는 그로 인해 하나님을 찬양한다. 원저우 사역 25주년 기념식에서 그는 온전히 자기 돈으로 산 사랑과 존경을 담은 비단 휘장을 나에게 주면서 아주 자랑스러워했다.

보아상짱은 이전에 땔감을 팔던 사람이었다. 이 사람이 어떻게 개종했는지는 생각나는 것이 없다. 그는 우리가 첫 안식년으로 떠날 무렵인 1877년에 세례를 받았다. 1878년 말경 우리가 안식년에서 돌아올 무렵에, 그는 벌써 몇 명을 그리스도께로 인도했다. 그는 땔감을 집집마다 배달하는 일을 하고 있었는데 매우 가난했다. 그렇지만 그는 들어가는 집마다 기회만 있으면 그리스도를 전했다. 그래서 류 부인과 다른 사람들이 그리스도께로 돌아왔다. 두려움이 없고 완전히 겁 없이 혼내면서, 문자 그대로 가는 곳마다 복음을 전했다. 그렇게 몇 년 동안 영혼 구하는 일을 하고 있어서, 우리는 그를 전도사로 파송했다. 그는 현명하지 못할 때도 있었지만, 진지하고 성실하게 지칠 줄 모르고 일했다. 나중에 남편은 얼마 동안 그가 사역을 쉬도록 했다. 그가 그리스도인들에게 사소한 일에 불필요한 상처를 주어 유익보다 해가 많았기 때문이었다. 그에게 강하지만 온화하게 말하라고 하면서 잠시 동안 이전에 하던 일을 하도록 도와주었다. 그런데 그는 정말로 아름답게 회개했다. 1887년 두 번째 안식년으로 떠날 때, 보아 씨를 만나고 매우 감동했다. 비록 설교는 못하게 되었지만, 남편의 가마를 따라오면서 아이처럼 울었는데, "친구는 상처를 주어도 그것은 신실한 우정의 표현이다."(잠 27:6)는 말씀을 증명해 준 것이었다. 1년 후에 그는 서적 상인이 되어 줄곧 그 선에서 고귀한 일을 했다. 그는 새로운 지역을 여는 수단이 되어주었는데, 그 후 얼마 되지 않아 오징 지역이 불세례를 받았다.

오징은 원저우에서 20여㎞ 떨어진 언덕 위에 있는 작은 마을이다. 첫 신자들은 잘 사는 집안의 어머니와 두 아들이었다. 보아 씨가 2주~3주 머물면서 그들에게 진리를 가르쳤다. 마을에 꽤 많은 사람이 관심을 보였다. 마을 이장은 우상을 섬기던 사람들이 이탈하자 짜증을 내며 가능하다면 신자들을 위협하기로 결심했다. 보아 씨가 떠난 뒤에 더 젊고 경험이 없는 설교자가 오자 박해가 시작되었다. 사람들은 설교자에게 폭력을 휘둘렀고, 신앙을 포기하라며 기독교인 어머니와 그의 아들의 엄지손가락을 묶었다. 다음으로 집안을 공격하는 바람에 식솔들은 문이나 창문으로 도망가야 했고 집 안에 있던 것들은 전부 박살나거나 도둑맞았다. 곡식 창고를 열고 곡물도 가져갔다. 가족은 원저우까지 도망갔다. 그 문제는 영사의 손에 넘어갔는데, 해결되기까지 1년의 세월이 걸렸다. 양쪽 다 심하게 고난당했다. 200달러 이상을 잃은 기독교인들은 52달러밖에 보상받지 못했는데, 관아에서 기독교인들을 괴롭힌 사람들에게 받은 돈은 300달러였다. 이 일 때문에 생긴 쓰디쓴 감정은 오랫동안 완전히 없어지지 않고 남아 있었고, 복음 전도에 장애가 되었다.

어떤 이유든 소송까지 벌인 지역은 언제나 복음 전파가 어려워졌는데, 이런 현상은 주목할 만한 일이다. 논쟁이 있을 때면 그리스도인에게나 이방인에게나 우호적으로 해결하는 것이 언제나 더 나았다. 그렇게 하면 지역 사람들이 선교사의 공정한 판단을 믿게 되어 복음 전파가 대단히 쉬워졌다. 그들은 선교사들이 기독교인이기 때문에 기독교인의 몫은 받지 않는 것을 알게 되었다. 그래서 그들은 사건을 선교사에게 가져오고 기꺼이 그가 내리는 결정을 따랐다. 이 사건이 내가 박해받았을 때 마지막으로 영사를 통해서 해결한 경우였고, 오래도록 마지막 경우가 되리라고 믿는다. 그 이후에도 여러 문제가 있었지만 언제나 우호적으로 해결할 수 있었다.

다른 흥미 있는 경우는 이전에 거지였던 부부의 경우였다. 야이싱파는 작은 집과 천여 평 되는 땅이 있는 고아 소년이었다. 야이싱파와 그의 아내는 그 작은 땅을 부지런히 일구었지만 일 년 먹을 양식이 되지 않아서 부족한 부분은 구걸해야 했다. 어느 날 배회하다가 예배당에 들어왔는데 복음을 듣고 믿게 되어 1883년에 세례를 받았다. 그러나 야이싱파의 친척들이 그 사실을 알고는 바로 그에게 새로운 종교를 포기하거나 친척을 포기하라고 압력을 가했다. 야이싱파는 갖은 방법으로 그들을 설득하려고 했지만 헛수고였다. 결국 야이싱파는 자신의 영혼을 구원해주고 자기에게 이 세상이 줄 수 있는 모든 것 이상으로 하늘의 보화를 풍성하게 주신 그리스도를 포기할 수 없다고 친척들에게 말했다. 그래서 아무 것도 없이 다시 추운 세상에서 집 없는 거지가 될 수밖에 없었다. 스토트 선교사는 그에게 가능한 직업을 가지라고 충고했다. 그리고 돈을 조금 주어서 경작되지 않은 언덕에 오두막을 짓게 했다. 그는 명목상의 세만 내고 경작을 할 수 있었다. 20달러가 그렇게 유용하게 투자된 적은 아마 한 번도 없었을 것이다. 10달러는 집을 짓는 데 쓰였고, 10달러는 농기구를 사는 데 쓰였다. 그 착한 부부는 결심을 하고 일을 시작했다. 그들은 가까이 사는 사람들이 복음을 들을 수 있도록 자기 집을 주일에 예배 장소로 써도 되는지 물었다. 어느 날, 한 젊은이가 문 앞에 와서 구걸했다. 그는 무서운 아편의 희생자였다. 존경스러운 가족도 있었고, 책도 잘 읽을 수 있었지만 집에서 쫓겨나서 자기만큼이나 가난한 사람들에게 구걸하고 있었던 것이다. 야이싱파 부부는 이 젊은이에게 자신들이 섬기는 하나님이 아편을 끊을 수 있도록 도와주실 수 있다고 말해 주며, 들어와서 함께 살자고 초대했다. 그가 일하면 먹을 것도 주겠다고 했다. 같이 사는 동안 부부는 그에게 복음을 가르치며 도와주었고 아편을 끊을 수 있도록 기도해 주었다. 그는 다시 자유로운 사람이 되었다. 그들 수고의 열매인 이 가엾은 친구는 지난 10년 동안 진지하고 성실한 기독교인으로 살았고, 지금은 무임 설교자이다. 그는 계속 야이싱파 부부와 함께 살면서 아들처럼 일했고, 3년 전에 귀가 들리지 않고 말을 못하는 여인과 결혼했다(너무 가난해서 다른 지참금을 지불할 수 없었기 때문이었다.). 1년 후에 그녀는 교회에 영입되었다. 모든 일에 성실한 그녀가 어떻게 진리를 받아들였는지 우리는 알 수가 없다.

야이싱파와 그의 아내는 또 간접적으로 텅추어 사역의 문을 여는 수단이 되었다. 거지 시절에 친구였던 한 거지 가정이 야이싱파 부부를 찾아왔는데, 보통 때처럼 집에 머물다 가라고 초대해서 예수님 이야기를 해 주었다. 친구는 약 4개월간 구걸을 한 뒤에 자기 집이 있는 텅추어로 돌아가서는 자기는 믿지 않으면서도 이웃들에게 자기들이 들은 새로운 종교에 대해 말해 주었다. 사람들은 재미있어했다. 얼마 후 보아 씨가 책을 팔러 다니다가 텅추어에 들렀는데, 꽤 많은 사람이 배우기를 원하고 있었다. 그의 보고를 듣고 우리는 설교자를 보냈고, 그렇게 해서 이제까지 전혀 진리가 전해지지 않던 지역에서 사역이 시작되었다. 이제 이곳에는 전도소가 있는 작은 교회가 세워졌다. 텅추어 지역의 거지 무리 중에는 스스로 믿은 사람이 한 사람도 없었다. 대신에 다른 사람에게 흥미를 갖게 하는 수단이 되어주었다. 그곳에 있는 신자 중에 젊은이가 4명 있었는데, 매우 영민하고 진지했기 때문에 이들을 원저우에 있는 성경 훈련학교에 보냈다. 지금은 그들 중 두 명은 그 지역에서 농사로 생계를 이어가면서 무임 설교자로 사역하고 있고, 나머지 둘은 도시에서 유용한 무역을 배우면서, 주일학교에서 가르치고 있다.

몇 달 전, 야이싱파의 아내가 20명과 함께 예배를 드리러 배를 타고 강을 건너다가 바람이 강하게 불어서 배가 전복되었다. 우리가 사랑하는 그 자매와 다른 16명이 물에 빠져 죽었다. 우리는 그녀가 너무 갑작스럽게 하나님의 부르심을 받아 너무 슬펐다. 몇 년 전에 믿은 지 얼마 되지 않던 딸도 잃었기 때문에 이제 노인인 야이싱파는 혼자 슬픔에 잠겨 있다.

다른 사역자인 징 씨는 아주 어린 소년이었을 때 우리에게 왔다. 그의 엄마는 죽었고 아버지는 끔찍한 아편 중독자여서 작은 아들을 몇 달러 안 되는 돈을 받고 어떤 남자에게 팔아 어디에 있는지도 모르는 후지엔 쓰레기장으로 데리고 가게 했다. 그 아버지가 징도 팔아넘기려고 할 때, 그의 친척이 그를 구해서 우리 학교에 데려다 주었다. 그는 불안해했고 스토트 선교사를 보기만 하면 겁을 내며 움츠러들었다. 그런 모습을 본 스토트 선교사는 너무 마음 아파했다. 그렇지만 이곳의 사랑과 친절함에 마음이 녹은 그는 믿을 만한 사람이 되었다. 그의 아버지는 마을을 떠나 더 이상 그를 괴롭히지 않게 되었고, 우리가 전적으로 그를 맡게 되었다. 그는 조용하고 꽤 공부를 좋아했고 그의 행동에서 잘못도 거의 찾을 수가 없었다. 착했고 순종적이었으며 외적으로 우리가 바랄 수 있는 모든 모습을 보였다. 그런데 진리가 그의 마음을 사로잡기까지는 몇 년이 걸렸다. 그는 충분히 나이가 들었을 때 서양 미술을 배우고 싶어 했다. 우리 선교단체 인쇄소가 친지앙에 있어서 그곳으로 보내어 미술과 무역을 배우게 했다. 그의 행동에 대한 보고는 만족스러웠다. 하지만 그림 가르치는 사람도 없었고, 무역 일도 잘 배울 수가 없었다. 다만 다른 중국 사람들보다 유리했던 점은 그가 일본을 비롯한 여러 나라를 가본 적이 있다는 것이었다. 그러고 나서 다시 그가 돌아오자 우리는 1878년경 개종한 그를 전도자로 고용했는데, 전도자 일은 잘했다. 그런데 순간의 유혹에 빠져서 설교를 못하게 하고 교회에서도 출교당한 적이 있었으나, 진심으로 회개한 것이 확인되어 3년 후 다시 설교자가 되었다. 그 일 이후로 그는 충성스럽고 열정적이며 가장 도움을 주는 일꾼이 되었다. 그는 지금 빙예 교회의 목사이다. 그곳은 이전에 원저우의 전도소였지만, 지금은 그 자체로 전도소들을 운영하는 센터가 되었다.

젊은이와 관련하여 실망스러운 것 중 하나는 그들이 그리스도인보다는 믿지 않는 소녀를 택해서 결혼하는 것이었다. 그리스도인들은 전족을 하지 않고 발이 크기 때문이었다. 자기 아내가 그런 불명예스러운 얘기를 듣는 것이 감당하기 어려웠던 것 같지만, 그렇게 결혼했던 사람치고 후회하지 않는 사람이 거의 없었다. 지금은 달라졌다. 여학생 숫자도 많아졌고, 우리와 함께 있는 여성들은 발을 묶지 않는데, 이제 그것들은 더 이상 이웃의 웃음거리가 되지 않는다. 징 씨는 믿지 않는 여인과 결혼했지만 다른 사람처럼 크게 고생하지는 않았다. 그의 아내는 조용하고 좋은 소녀였고 몇 년 후에 개종했다. 그렇지만, 결코 그에게 많은 도움이 되지는 못했다. 초기의 훈련 부족으로 집에서나 영적인 면에서 다 도움이 되지 못했다.

찌우 씨는 나이가 좀 들었는데, 1868년 스토트 선교사가 학교를 시작할 때 처음 데리고 온 소년이었다. 그렇게 가망 없어 보이고 무표정한 얼굴을 한 사람은 만나기 힘들 것이다. 그가 필요했던 물건들을 주면서 시작하지 않았더라면, 그는 절대 영접하지 않았을 것이다. 그의 아버지는 죽었고, 엄마는 마음이 굳은 사람으로 후지엔 경계 지역 출신이었다. 자기 딸 둘을 익사시켰고, 하급 여관을 지키고 있었으며, 전적으로 아무 원칙 없이 사는 사람이었다. 그의 형은 끔찍한 아편 중독자였는데, 찌우 씨는 태어날 때부터 한쪽이 마비되어 일할 수도, 제대로 걸을 수도 없었다. 그래서 짐만 되니 외국인에게 데려온 것이었다.

하나님의 권능을 믿는 스토트 선교사의 믿음은 대단했다. 그는 이 가망 없는 소년이 그리스도를 위한 증인이 될 것이라고 믿었다. 결국 선교사는 실망하지 않았다. 그는 빨리 배웠고 모범생이 되었다. 그는 약 4년간 학교에 있었는데, 믿지는 않으면서도 구원의 계획은 잘 이해했다. 우리의 닝보 할머니가 그를 매일 밤 자신에게 오게 해서 성경을 읽게 했다. 어느 날 할머니는 그에게 물었다. "너는 성경은 이렇게 잘 읽는데, 왜 믿지는 못하는 거니?" 그는 "저는 충분히 착하지 않아요." 라고 대답했다. "오, 그래. 너는 결혼 잔치에 예복을 입지 않고 갔던 사람과 같구나. 너는 그리스도의 옷을 입고 싶어 하지 않고, 네 스스로의 힘으로 하고 싶어 하는구나." 찌우 씨는 며칠 후에 이상한 꿈을 꾸었다. 주님이 오신다고 알리는 트럼펫 소리를 들은 것 같았다. 그는 두려워하며 벌떡 일어나 옷을 입고 주님을 맞으러 나갔다. 마당에 나서는데 스토트 선교사가 대문을 나서고 있었다. 찌우 씨는 스토트 선교사를 부르며 기다려 달라고 했다. 그런데 스토트 선교사가 대답했다. "아니, 주님은 오셨어. 나는 나가서 그분을 맞아야 해. 너는 구원받지 못했으니 여기 남아있어야 해." 그는 공포에 사로잡혀 깨어났지만, 이 모든 것이 꿈인 것을 알고 기뻐했다. 그런데 다음날 그가 이 신기한 이야기를 다른 신자들에게 이야기했을 때, 그 문제가 해결되었다. "그것이 사실이었다면 어찌 되었을까?" 그는 자기가 위험했던 것을 알고 즉시로 자기 마음을 주님께 드렸다. 그에게 있는 약점이 우리를 슬프게 한 적은 있었어도 우리는 그의 개종이 사실인 것을 의심할 이유가 없었다. 그는 사람들의 감정을 잘 만지는 효과적인 설교자가 되어, 여러 해 동안 남편의 오른팔 역할을 해 주었다.

그가 28살쯤 되었을 때, 그의 엄마는 그와 상의도 없이 그를 평판이 좋지 않은 가정의 여인과 약혼을 시켰다. 우리는 그런 결혼이 문제만 일으킬 것 같아서, 강하게 그 약혼을 취소하라고 권했다. 그는 여러 번 시도했지만, 엄마는 언제나 눈물을 홍수처럼 흘리며 반대했고, 그 소녀는 너무 수치스러워 물에 빠져 죽겠다고 했다. 엄마가 울고 소녀가 비통해하자 그는 굴복했고, 그들은 재빨리 자신들이 원하는 대로 했다. 우리는 그를 어려움에서 구하려고 모든 방법을 동원했다. 그가 그녀에게 지불한 상환금도 돌려달라고 했다. 왜냐하면 그 소녀가 장래에도 이전에 지녔던 악한 습관대로 살 것이 우리 눈에 뻔히 보였기 때문이었다. 그녀가 가졌던 악마적 경향은 그에게 저주 밖에 되지 않을 것이었다. 그는 그 어려움에서 벗어날 방법을 찾을 수 있으리라는 희망으로 몇 년을 기다렸지만 결국 그녀와 결혼하고 말아서 우리를 괴롭게 했다. 얼마 지나지 않아 우리가 두려워하던 일이 일어났다. 그에게 오점과 저주가 따라다니는 것 같았다. 기독교인으로서 밝고 순수했던 그의 삶이 비정한 삶으로 변하기 시작했다. 다른 고결한 사람들 앞에서 머리를 들 수 없었다. 그의 아내는 부주의하고 사치스러워서 끊임없이 그를 어렵게 만들었다. 계속해서 같은 일 때문에 도와줘야 했고, 그의 아내는 빚더미에서 헤어 나오지 못했다. 아이들이 여럿 태어났으나 잘 돌보지 못했다. 그는 교회 사람들에게서 존경과 신뢰를 잃기 시작했다. 마침내 우리는 그를 목사직에서 제명했다. 그가 실제로 죄를 범한 것이 아니라 약해서 일어난 일이기는 했지만, 마음이 강한 사람이 사역을 더 잘할 것이었기 때문이었다.

　그는 이제 여학생 2명의 언어학습 도우미이다. 고통 없이는 하나님의 뜻을 밝히 드러내기 어렵다. 그는 아주 심하게 고통을 당했다. 그는 여러 번 나에게 말했다, "만약 아내의 영혼만 구원받았다면 나는 아내의 죽음을 소원할 수도 있었겠습니다." 그래도 그는 복음적인 모임을 하거나 성경 수업을 할 때 아직 여러 면에서 유용하다.

Chapter 10

"아름답도다,
좋은 소식을 전하는 자들의 발이여!"

- 롬 10:15 -

하나님께 사로잡힌 또 다른 우리 학생 중에 즈뉘에가 있었다. 그가 우리에게 왔을 때 11세쯤이었다. 밝은 얼굴을 한 작은 소년이 들어오는데, 낡긴 했지만 괜찮은 비단옷을 걸치고 있었다. 나는 즈뉘에의 옷을 보고 아마도 아버지가 아들에게 비단옷을 입히고 쌀밥을 먹이는 분이라고 생각했다. 이제까지 그 정도의 사람이 교육이나 훈련을 받게 하려고 자녀를 우리 학교에 데리고 오는 경우는 한번도 없었고, 대부분 너무 가난해서 자녀에게 먹일 게 없어서 데리고 오는 경우였다. 그런데 이번에는 예외적으로 형편이 나은 가정의 아이가 왔다고 생각했다. 그런데 어쩌면 좋은가. 다음 날 아침 그 아버지가 와서 대단히 미안하지만, 어제 입었던 비단옷은 빌린 것이니 원주인에게 돌려줘야 한다는 것이었다. 겉옷을 벗었는데, 아! 그 속의 옷은 완전히 누더기에 넝마 조각이었다. 나는 당장에 이전 옷을 다 태워버리고, 그 어린 소년을 위해서 새 옷을 만들어 주었다. 그 소년은 처음부터 우리를 좋아했다. 즈뉘에는 처음 며칠간 대부분의 아이들이 보여주는 부끄러움과 두려움을 하나도 보이지 않았다. 그가 밝게 미소 지으며 들어오자 교실에 있던 아이들 몇 명은 그를 보고 웃어주었다. 즈뉘에는 하나도 겁내지 않고 콩과 견과류를 몇 개 집어서 나에게 나누어주기도 했다. 무엇인가 받은 것이 있으면 그렇게 나누어 주었다. 누군가 그에게 꽃을 주자, 그는 그것을 나에게 주며 매우 기뻐했다. 서서히 진리가 이 어린 마음을 사로잡기 시작했다. 그는 갑자기 믿은 것이 아니라 진리를 이해하면서 서서히 복음을 받아들였다. 그리고 그의 삶도 그에 따라서 변화되었다. 14세가 되었을 때 그가 개종한 것을 의심할 수 없었다. 그는 세례를 받았고 교회의 일원으로 받아들여졌다. 그는 몇 년 더 공부를 계속했지만, 그 무렵 아직 학생이었을 때 빙예에 가서 전에 언급한 대로 절에서 절하고 있던 노인을 구원으로 인도한 계기를 만들었다.

14세 이후, 그는 꾸준히 경건하고 진실한 그리스도인으로 살았고 거의 10여 년 동안 성실한 설교자였다. 그가 폐병에 걸리고 나서 그 소중한 생명을 살리려고 갖은 노력을 다했지만 28세가 되었을 무렵 하나님께서 데려가셨다. 영원한 나라에 가서야 그가 얼마나 많은 영혼을 그리스도께로 인도했는지 알게 될 것이다. 그는 영혼을 향한 열정이 참으로 대단했다.

그가 25세쯤 되었을 때, 그의 부모는 아들에게 알리거나 동의도 얻지 않고 14세 된 소녀와 약혼을 시켰다. 우리는 너무 슬펐다. 우리 학교에 다니는 그리스도인과 결혼해서 그의 일에 도움을 얻기를 바랐기 때문이었다. 그렇지만 부모가 개입된 약혼은 취소할 수 없었고 우리가 할 수 있는 일은 그 소녀를 우리 학교에 들어오게 해서 예수님을 믿는 축복을 받게 하는 것뿐이었다. 양쪽 부모는 소녀를 5년간 우리와 함께 있게 하겠다고 문서로 동의했다. 소녀는 시골에서 원저우로 와서 먼저 장래 남편의 집에 가서 식구들에게 소개되고 며느리로 받아들여졌다. 그리고 남편의 집에서 그녀를 우리에게 데리고 왔다. 소녀는 매우 예쁘고 밝았으며 우리에게 처음 온 대부분의 학생보다 더 순종적이었다. 그랬기 때문에 우리는 온 지 사흘 만에 그녀가 사라졌을 때 매우 놀랄 수밖에 없었다. 우리는 즈뉘에의 집에 알리고 사방으로 찾아다녔지만 어디서도 찾을 수 없었다. 우리는 마지막 방법으로 심부름꾼을 그녀의 집에 보냈는데, 그녀는 집으로 돌아가서 조용히 집안일을 하고 있었다. 그녀는 학교를 빠져나간 뒤 사람들에게 북문으로 가는 길을 물어서 운임도 없이 6시간 동안 배를 타고 자기 집으로 돌아간 것이었다. 중국 소녀가 그렇게 당돌한 것은 처음 보는 일이었다. 심부름꾼은 그녀를 데리고 돌아왔다. 나는 그 무모한 모험에 대해서 외국인을 무서워해서 그랬나보다 하고 생각하고 아는 체하지 않기로 결심했다. 그런데 일주일쯤 지나서 그녀가 또 도망가려고 하다가 붙잡혔다. 이번에는 그냥 넘어갈 수가 없어서 그녀를 방에 들어가게 하고 지금은 다른 일 때문에 얘기를 나눌 수 없지만 너를 믿을 수 없어서 문을 잠그겠다고 말했다. 나는 1시간 조금 후에 그녀에게로 돌아가서 무엇이 힘들어서 달아났는지 솔직하게 얘기해 달라고 요청했다. "내가 무서웠니?" "아니요." "다른 아이들이 불친절했어?" "아니요." "그럼, 왜 도망하려고 했어? 다른 사람은 그런 적이 없었는데..." 그녀는 잠시 아무 말이 없었다. 나는 내가 해결할 수 있는 일이면 해결해주겠다고 약속을 하며 말해 보라고 설득했다. 그랬더니 그녀는 완전히 자유롭게 마음을 열어 보였다. 그녀는 자기 의사와 상관없는 약혼이었고, 신랑 집에 와보니 너무 가난했으며, 말이 달라서 알아들을 수도 없었다고 털어놓았다(그녀는 타이저우 사람이었다). 그래서 그와 결혼하지 않기로 결심했다고 얘기했다. 그래서 내가 말해 주었다. "너는 신랑 될 사람을 본 적도 없고 잘 알지도 못하잖니? 혹시 만나 보면 마음이 바뀔지도 몰라." 그렇지만 그녀는 대답했다. "싫어요. 여기에 머물고 싶어요. 저에게 저 집으로 시집가지 않아도 된다고 약속해 주시면 저는 여기 살면서 말씀해 주시는 대로 전부 할게요." 나는 양쪽 부모가 동의한 약혼을 내가 깬다는 것이 얼마나 불가능한 일인지를 말해 주고 다음과 같이 약속했다. "하지만 한 가지는 약속할 수 있어. 네가 3년 동안만 조용히 있어 준다면, 그동안 약혼자를 만날 기회도 있을 것이고 그를 알고 난 다음에도 같은 마음이어서 그와 결혼하기 싫다면, 나는 내가 가진 영향력을 발휘해서 그에게 너를 자유롭게 해주라고 할게. 그는 내 말을 들어줄 거야." 그러자 소녀는 얼굴이 밝아졌다. "선생님이 그렇게 약속해 주신다면 좋아요. 문 잠그지 않으셔도 돼요. 다시 도망하지 않을 테니까요." 그때부터 그녀는 나를 걱정시키지 않았고 언제나 순종적이고 사랑스러우며 빨리 배워서 참 그리스도인이 되었다. 3년이 되기 전에 시어머니가 죽었는데, 그러자 그녀는 스스로 그녀를 위해 애곡하여 약혼자를 받아들인 마음을 보여 주었다.

1887년 우리가 영국을 향해 떠날 때, 즈뉘에는 분명 폐결핵으로 죽어가고 있었다. 우리는 그의 아버지가 그녀를 다른 남자에게 팔까 봐 두려웠다. 그래서 그녀의 동의를 얻어서 그녀의 아버지가 그녀를 우리에게 주기로 하는 서류를 만들었고 우리 쪽에서는 아버지가 지불한 지참금을 돌려주기로 했다. 그래서 그녀는 아버지가 죽은 후에는 자유의 몸이 되었다. 그녀는 나중에 기독교인 남자와 결혼했다.

다른 흥미로운 경우는 링아창이었는데 그는 동문 밖에 살면서 무역을 하는 대장장이였다. 그가 어떻게 믿게 되었는지는 기억나지 않는데, 열정적이고 유용한 기독교인이 되었다. 그의 어머니 집에서 모임을 시작했고, 그래서 그의 이웃들에게 그리스도에 대해 들을 기회를 제공했다. 그는 아주 감동적인 설교를 했고 엄마와 형을 그리스도께로 인도하기도 했다. 2, 3년 후 그는 현지인 설교자로 유용하게 쓰임 받고 있었다.

1888년 우리가 영국에 있을 때 그리어슨(Robert Grierson, 스토트 부재중 원저우 대표역임) 선교사는 그(링아창)를 먼저 작은 교회의 전도사로 청빙하였고, 다시금 목사로 임명하였다. 그때부터 그는 착하고 열정적인 사역자가 되었다. 일 년 전에 그가 사랑하는 어머니가 돌아가셨는데, 그것은 그리스도인의 승리를 가장 잘 드러낸 죽음이었고, 예수 그리스도와 함께 하게 될 날을 기대하는 즐거운 죽음이었다. 그녀는 그것이 '훨씬 더 좋은 것'임을 깨달았다. 그는 우리 학교의 여학생과 결혼했는데, 그녀는 여성 사역에 큰 도움이 되었다.

찌에 씨는 동링 구역 사람으로 구두를 만들어 파는 사람이었다. 7

년 전 22살의 나이에 처음으로 가까이 사는 친한 친척으로부터 그 '외국인의 교리'를 들었다. 이 친척이 그를 설득해서 15㎞가량 떨어진 예배당에 다니도록 했다. 당시는 스토트 선교사가 한 달에 한 번 개종자들을 가르치러 갔었고, 좋은 설교자들이 충성스럽게 복음을 전하고 있었다. 하지만 그 젊은이는 규칙적으로 두 달 동안 참석했음에도 복음을 거의 이해하지 못하고 있었다. 소중한 진리가 그의 마음에 들어가지도 않고 머물지도 않았다. 그는 신자들이 찬송가를 부르면 너무 기이하게 들려서 속으로 코웃음 쳤다. '글쎄, 저건 야만적인 소리야. 이 외국 복음을 믿는 사람들은 곧 반역자가 될 것이다. 이 나라에 반역이 있을 거야.' 그 후 그는 이전에 살던 방식으로 돌아갔다. 친척이 교회에 가자고 하면 절대로 가지 않았다. 그러나 그렇게 몇 달이 지났을 때, 어떤 준비나 이유도 없이 큰 변화가 찾아왔다.

어느 날, 찌에 씨가 밖에 앉아서 구두를 수선하고 있었다. 그 앞에 큰 나무가 있었는데, 그는 나무를 바라보면서 줄기 가지 그리고 잎사귀를 생각하기 시작했다. '틀림없이 저기 나무가 있어. 그런데 저것들이 어디서 왔을까? 나에게는 보이지 않아도, 틀림없이 뿌리가 있지.' 그때 그것이 꼭 세상과 같다는 생각이 스치고 지나갔다. '여기에 내가 있고 이웃과 친구들이 있다. 그들이 태어나기 전에는 그들의 아버지, 할아버지 그리고 더 먼 조상들이 있었다. 그렇지만 틀림없이 그 모든 사람들에게 뿌리가 있음에 틀림없어. 그들을 전부 합한 것보다 더 크고 위대한 조상이 있을 거야.' 그때 그곳에서 그는 우리 모두를 존재하게 하시는 하나님이 계시다는 진리를 깨달았다.

그날부터 모든 것이 변했다. 아침에 일어나니, 자기가 새로운 사람처럼 느껴졌다. 그는 자기가 진리에 대해서 무지함에도 불구하고 당장 자기 마음을 사로잡았던 그 위대한 진리를 설교하기 시작했다. 그의 모든 죄가 용서 받았다는 확신을 갖게 된 것은 몇 달 후의 일이었다. 그렇지만 그는 하나님께서 나무의 비유로 자기에게 가르쳐 주셔서 믿음을 갖게 되었다고 믿었다. 그는 하나님의 구원 계획에 대해서 거의 알지 못했고 성경도 읽지 못했지만 자기가 알고 있는 것을 전했다. 그는 오직 한 분이신 참 하나님에 대해서, 그분이 어떻게 우리가 가진 모든 좋은 것을 주셨는지, 하지만 우리가 어떻게 날마다 그분 앞에서 죄를 짓고 있는지를 말했다. 그리고 우리는 모두 지옥 불에 들어가 마땅하지만, 하나님께서는 우리가 그분께 기도하면 들어주시고, 그분을 전적으로 믿으면 구원해주신다고 설교했다. 그는 누구든지 멈추어 들으려 하면 계속해서 그렇게 설교했다. 그는 나중에 성경을 읽을 줄 알게 되었을 때 자기가 이전에 말했던 것들이 많은 부분 정확히 성경 말씀과 부합하는 것이 신기했다고 한다. 그것은 말씀에 있는 성령과 마음에 있는 영이 하나임을 보여주신 것이었다. 그를 처음에 교회로 인도했던 그 친척은 기뻐했고, 설교자들과 다른 그리스도인들은 그의 변화된 삶에 대해 듣자 곧 와서 하나님의 일에 대해서 더 선명하게 가르쳐 주었다. 그 후 얼마 안 되어 마을의 그리스도인들은 심하게 핍박을 받았다. 고난을 즐겁게 받아들이라는 성경 말씀을 읽은 적도 들은 적도 없었는데도 그와 마을 사람들은 모두 그리스도를 위해서 고난 받는 것을 진심으로 기뻐했다. 불 가운데서도 찬송가를 불렀고, 기도했으며, 그분의 사랑스러운 이름을 위하여 고난받기에 합당하다고 여겨주시는 것을 찬양했다. 그는 훗날 종종 자신이 믿은 지 얼마 되지 않았을 때와 같은 열정과 소원을 가지고 다른 사람들을 빛으로 인도하면 좋겠다는 소원을 피력하곤 했다. 그는 어디를 가든지 길을 걸을 때나, 배에 탔을 때나, 여관에서나 집에서도 복음을 전한다. 그에게 복음은 너무도 대단한 것이었고, 그는 자기가 다른 사람에게 그 이야기를 해주기만 하면 그들도 믿을 것이라고 생각했다.

나중에 스토트 선교사는 대단히 장래가 촉망되는 젊은 설교가가 있다는 말을 듣고 그를 원저우에 선교관에 초대하여 공부하게 했다. 그는 매우 빠르게 기독교인의 삶과 학문을 배웠다. 그때부터 그는 진지하고 열정적으로 성경을 공부하는 학생이 되었다. 몇 년 동안 그는 장사를 계속하면서, 동시에 전력을 다해 사역을 도왔고, 자기 마을에서 예배를 드렸다.

때가 되어 그는 그리스도인인 우리 여학생과 결혼했는데, 그의 아내는 그에게 진정한 돕는 배필이 되었다. 여성과 어린이 사역을 도우면서도, 집안은 중국에서 보기 드물게 깨끗하고 안락하게 유지했다.

1887년에 빙예와 동링 지역의 전도소들을 두 젊은 선교사에게 넘겨주어 이제부터 분리된 전도소로서 사역하게 했다. 스토트 선교사는 그들을 가장 효율적으로 도울 수 있는 장 씨와 찌에 씨를 보내주었다. 찌에 씨는 오랫동안 그곳에서 귀한 사역을 하다가, 4년 전 나를 도와주러 원저우로 왔다. 그 이래로 그는 나의 오른팔이 되어주어 크게 위로가 되었다. 중요한 일을 잘하는 다른 사람도 있었지만, 그는 큰 원저우 교회의 목사이기도 하면서, 깊은 영성과 하나님의 말씀에 대한 지식이 있는 귀중한 선생님이었다.

밝고 둥근 얼굴을 지닌 우리의 전도부인 살레 부인을 보면, 과연 부인이 자주 얘기해 주는 자신의 슬픈 이야기가 정말 사실일까 하는 생각이 들곤 했다. 부인의 과거는 슬픔으로 가득 차 있었는데, 지금도 그녀의 밝고 행복한 미소를 설명할 수 있는 일은 부인의 주변에 하나도 없었다. 참으로 부인의 명랑하고 행복한 미소는 세상이 주거나 빼앗을 수 없는 것으로서, 하나님께서 당신 자신의 평화와 기쁨을 주신 것이었다. 그녀는 자기보다 20살 위인 사람과 약혼했을 때 그냥 어린아이였다. 그녀는 남편 집에 맡겨져서 그때부터 완전히 완고하고 친절하지 않은 여인으로 보이는 시어머니의 통제 아래 있게 되었다. 소녀는 머리는 뜨겁고 마음은 따뜻했다. 사랑을 조금만이라도 받았다면 더 좋은 자질을 끌어낼 수 있었을 테지만, 거친 말과 심한 대우를 받으면서 성격이 불순종적이고 무모하게 변해서, 잘못을 지적당할 때 말대꾸를 하게 되었다. 물론 이런 변화는 그녀의 시어머니를 더 불친절하고 쌀쌀하게 할 뿐이었다. 우리의 조그만 여인이 얼마나 절망적인 상황에 있었는지, 야단을 맞고 물리적인 폭행을 당한 후에 비참한 자기의 삶을 끝내기를 얼마나 소원했는지를 들으면 너무 애처로웠다. 실제로 그녀는 목을 매는 것까지 생각을 했었다. 하지만 숨이 막힐 것이 너무 무서워서 행동으로 옮기지는 못했다. 그녀를 막아 주셨으니 얼마나 선하신 하나님이신가! 그녀는 자신이 하나님의 선택된 도구라는 것을 당시에는 몰랐다. 자기처럼 슬픈 사람에게 힘을 주고 기쁨을 주는 역할을 하는 도구가 될 것을 몰랐던 것이다. 하지만 그녀의 경우가 예외적인 것이 아니었다는 사실은 얼마나 슬픈 일인가! 얼마나 많은 어린 며느리들이 노예처럼 살면서 혼나고 매 맞고 있는지 모른다.

약 10년 전, 그녀가 결혼한 지 얼마 되지 않았을 때, 이웃의 젊은 부인이 복음에 관심을 갖게 되었다. 이 여인은 곧 개종했고 열정적으로 다른 사람들에게 복음을 전했다. 기독교인들과 설교자들이 믿음을 갖게 된 그녀를 기쁜 마음으로 방문해서, 그녀가 새로 발견한 보물을 전해주기 소원해서 모은 이웃 사람들에게 그리스도의 사랑을 전파했다. 처음 호기심이 시들해지자 들으려는 사람이 거의 없었는데, 성령에 의해 마음에 준비된 씨앗이 떨어져 뿌리를 내리는 것 같은 사람이 한 명 있었다. 그가 바로 살레사모님이었다. 당시 그녀는 아직은 알지 못하는 힘에 끌려 이웃에 들리는 방문객을 가능할 때마다 찾아가서 이야기를 듣거나 자기의 이웃 친구와 개인적으로 새로운 믿음에 대해서 이야기를 나누었다. 그녀의 남편과 시어머니는 며느리가 그들이 '외국 종교'라고 부르는 교리에 정말로 빠진 것을 알고 시간 낭비라면서 더 이상 듣지 못하게 하려고 바깥출입을 막았다. 그녀의 유일한 기회는 낮에 일이 끝나고 밤에 몰래 나가서 친구 집에 가는 것이었다. 친구의 집에서 조용히 이야기하고 질문하고 기도하는 법을 배웠다. 여러 달 동안 일이 이런 식으로 진행되었는데, 더욱 관심이 생기게 되니, 영적 양식이 갈급해서 주일예배에 참석하고 싶은 마음이 생겨났다. 하지만 그런 말을 꺼냈다가 그녀는 박해의 폭풍을 맞게 되었다. 그런데 그때쯤에는 그녀는 말을 조심해야 하는 것을 차차 배우고 있었다. 이전처럼 바로 대꾸하는 대신, 뒤로 물러서서 주님께 길을 열어달라고 기도했다. 그녀는 성격이 나쁜 시어머니를 잘 대하려고 아주 많은 노력을 했고, 비단 짜는 것도 보통 때보다 더 많이 하려고 노력하며, 토요일 저녁까지 아주 열심히 살았다. 그리고 나서 다음날 두렵고 떨리는 마음으로 주일예배에 가게 해달라고 부탁하자 시어머니가 호의적으로 대답해 놀라고 말았다. 그렇게 매주 애써서 노력하고 근면하게 일하는 방법으로 어린 소녀는 친구랑 함께 주일예배에 참석하는 것을 허락받았다. 그 후, 얼마 되지 않아 그녀는 진정으로 개종하였다. 개종 후에 그녀는 심한 핍박을 참아내야 했는데, 남편은 종종 그녀를 때리고 '믿음' 때문에 그녀를 학대했다. 하지만 그녀의 행동이 변했고, 근면해졌으며 잘 참고 명랑하게 대하자 마침내 남편과 시어머니의 편견을 극복할 수 있었다.

얼마 전에 이웃 사람이 그녀의 남편에게 그가 약해 빠져서 아내가 조상을 숭배하지 않는 것이라고 비웃었지만, 남편은 "사람을 변화시키는 힘이 있어서 내 아내를 더 좋은 사람으로 만드는 종교는 좋은 것이다. 나는 방해하지 않을 것이다."라고 말했다고 한다. 시어머니는 이제 죽었고, 남편은 비록 개종을 하지는 않았지만 그녀가 하고 싶은 대로 하도록 놔두었다. 그녀는 4년 동안 열정적이고 활발한 전도부인이 되어 많은 여성들을 어두움에서 하나님의 사랑의 빛으로 인도하는 역할을 했다. 그녀는 전족을 하지 않아서 사역을 위해서 다녀야 하는 시골길을 더 잘 다닐 수 있었다. 우리가 종종 함께 나갈 때가 있었는데, 나는 낮일이 힘들어서 지쳐있었는데, 나보다 훨씬 일을 많이 한 그녀는 지치지도 않고 자정까지 기독교인들과 관심자들을 가르치곤 했다.

더위가 기승을 부리는 두 달 동안은 오랫동안 밖에 다니기가 불가능했다. 그때가 되면 그녀는 봉급을 받지 않고 집에서 차를 따거나 비단실을 잣는 등 생활을 위해 돈 버는 일을 했다. 그녀는 나이가 겨우 서른 살이어서 중국의 예절로는 바깥에 혼자 나가기에는 좀 어린 편이었다. 그래서 나와 함께 나가거나 아니면 언제나 나이가 더 든 다른 여인과 함께 내보냈다. 하지만 그녀는 아주 현명하고 분별력이 있어서, 말하지 않아도 어떻게 처신해야 하는지 잘 알고 있었다. 여인들은 그녀가 쾌활하게 도와주어 아주 좋아했고, 확고하게 독립적인 태도를 취하기 때문에 모든 사람의 존경을 받았다. 그녀의 말에는 확신이 있었기 때문에, 거친 시골 남자들이라도 조용히 존중하며 그녀의 말을 들었다. 그녀에게 있는 사랑스러운 동정심은 사람들의 마음의 문을 열게 했고, 다른 사람들의 잘못된 행동에 대해 직접적으로 지적을 해도 상대편은 상처를 받지 않았다. 그녀는 공개적으로 척척 말하는 것을 두려워하지 않았다. 상대편이 나쁜 감정을 느낄 수 없는 태도로 말했기 때문이었다. 우리는 그녀를 하나님께서 교회에 보내주신 선물로 여겼다.

우리 교인 중 가장 헌신되고 지성적인 여성은 링디나였는데, 이전에 엄청난 아편 중독자였다. 그녀는 지금 홀몸이지만, 남편이 살아있을 때 치명적인 습관을 시작했고, 남편도 아편의 희생자였다. 그녀는 비단을 짜는 여인이었는데, 계속 앉아서 일하면서 음식도 제대로 먹지 못하고 내적인 갈등도 있어서 아편에서 위안을 찾았다. 이런 이유로 그녀는 아편에 손을 댄 후 즉시 일이나 집안일, 그리고 모든 좋은 것과 진실한 것들을 포기했다, 그리고 그저 아편을 피우고 그 후 찾아오는 환각 상태를 위해서만 살았다. 그녀 자신의 다음과 같은 증언 대로였다. "모든 자만심과 자존심을 잃었다." 아편 중독자는 일하지 않아도 약을 구할 수 있다면 일하지 않는다. 그래서 가난해지면 어떤 것이라도, 심지어 부인과 아이까지라도 팔거나 저당 잡힌다. 아편이 생명보다 더 필요하기 때문이다. 그녀의 남편은 곧 죽었는데, 얼마 후에 결코 밝아 보이지 않았던 그녀의 기독교인 친구가 복음을 들으러 같이 가자고 초청을 했다. 어찌된 것인지 그녀는 그 일을 계기로 꾸준히 예배에 참석했는데, 어느 날 하나뿐이던 그녀의 아들이 죽었다. 그녀는 슬픔 때문에 위로받기를 거절했고 교회는 근처에도 가지 않았다. 그러나 기독교인들은 그녀를 내버려 두지 않았다. 아이를 위해 소규모로 예배를 드렸고, 그녀에게 우리와 함께 지내면서 아편 중독을 치료하자고 설득했다. 그녀는 반쯤 약속했고, 그날 밤 난생처음으로 무릎을 꿇고 기도했다. 그녀는 하나님께 '그들이 하라고 하는 것은 다 하겠는데, 이제 아들이 죽었으니 나는 어떻게 되어도 관계없습니다, 아이를 한 번만 다시 볼 수 있다면 위로가 되겠습니다.'라는 기도를 드렸다. 기독교인들이 그녀에게 아들이 예수님과 함께 하늘나라에 있으니 그녀가 믿으면 머지않아 거기 가서 볼 수 있다고 말해 준 적이 있었다. 그녀는 그것이 사실이라면 아이가 정말로 살아있다는 증거를 보여주시고, 정말로 증거를 보여주신다면 자신은 내일이라도 아편 끊는 약을 먹고 진정한 '예수의 제자'가 될 것이라고 기도하고 잠자리에 들었다. 그런데 그날 밤에 그녀는 놀라운 환상을 보았다. 방에 홍수처럼 빛이 쏟아져 들어오고 연속적으로 스쳐 가는 장면들이 보였다. 그녀가 말한 것을 전부 기억할 수는 없지만, 그중 한 장면에 우리의 여인 둘이 흰옷을 입고 있는 것이 보였다. '오! 저들이 천국에 있네. 그런데 내 아들은 없어.'라고 생각하며 다시 보니 그곳에 아름다운 소년이 있었다. 그녀는 '12세에 예루살렘에서 실종된 예수님이 틀림없어.'라고 생각했다. 그런 다음 그녀는 황금성을 보았다. 그 장면이 너무 밝고 영광스러워서 그녀는 그곳이 천국인 것을 당장 알아보았다. 하지만 그녀의 아들은 어디에서도 볼 수 없었다. 하지만 이윽고 그녀는 황금 길에 앉아 있는 아들을 알아보았다. 예전에 자기 집 흙바닥에 앉아 있곤 하던 그 모습 그대로였다. 그녀의 마음은 큰 기쁨으로 뛰었다. '예, 틀림없이 아들이 거기 있네요. 나는 믿을 거예요. 그래야 얼마 지나지 않아 그를 만날 수 있을 테니까요.'

다음 날 아침 일찍 그녀는 C.I.M 구내에 와서 나쁜 습관을 끊는 약을 달라고 부탁했다. 그 일이 무척 고통스러울 것을 그녀는 알고 있었다. 이 것이 8년 전의 일이었고 그녀는 지금까지 그림자 하나 없이 그리스도인으로 살고 있다. 우리에게 의사가 없을 때, 바즐리 선교사가 고통을 약간 덜 수 있는 가벼운 치료를 사람들에게 해 준 적이 있었다. 이 사랑스러운 여인은 그곳에서 치료를 받으러 온 여인들에게 자원해서 일주일에 두 번씩 오전에 복음을 전했다. 그 일뿐만 아니라 또 다른 방식으로도 그녀는 언제나 기꺼이 복음 전도를 위해 할 수 있는 일을 했다. 전도부인 사역에 잘 맞을 것 같았지만 신체적으로 허약해서 시골로 다니며 많이 사역하기는 어려웠다. 그래도 그녀는 언제나 우리 젊은 여성 사역자들이 가까운 곳에 갈 때면 언제나 즐겨 동행해 주었다.

Chapter 11

"네가 물 가운데로 지날 때에 내가 너와 함께 할 것이라.
강을 건널 때에 물이 너를 침몰하지 못할 것이며"

- 사 43:2 -

1886년 우리에게 신임사역자 3명이 지원을 나왔다. 미스 올리버가 5월에, 그리어슨 씨가 6월에, 세이어 씨가 7월에 왔던 것이다. 남편과 나는 우리가 감당해야 할 사역이 너무 무거워졌다고 느꼈다. 나를 대신해서 학교 사역을 해줄 사람이 필요했고, 남편은 시골 사역을 더 많이 해줄 젊은 사역자가 필요했다. 그해 가을 스토트 선교사는 동링과 빙예 지역의 두 교회를 젊은 형제들에게 넘겼다. 그들은 빙예로 이사 가서, 그 주변에서 사역할 예정이었다. 외곽지역이었던 곳이 이제는 새로운 중심이 되어 주변에 전도소들을 개척하였다. 그때 이후로 원저우 사역은 분리된 사역이 되었다. 세이어 씨는 추저우를 향해 떠났는데, 그곳에서 몇 달밖에 일하지 못했다. 1888년 가을에 본향으로 부르심을 받았기 때문이었다. 그리어슨 선교사는 아직 빙예 사역을 계속 담당하고 있다. 1887년, 스토트 선교사의 건강이 상당히 악화되어 영국으로 돌아가야 했다. 미스 올리버가 여학교를 담당했는데, 그녀는 당시 우리가 없는 동안 원저우 교회를 맡아준 그리어슨 선교사와 약혼하고 있었다. 그들은 1888년에 결혼했고, 내가 돌아오자 다시 빙예로 가서 하던 사역을 계속했다.

우리가 중국을 떠남과 동시에 스토트 선교사의 건강이 악화되어, 영국에 도착할 즈음에는 병세가 아주 좋지 않았다. 비록 나가서 자연의 아름다움을 즐길 수는 있었지만, 폐에 울혈이 생기고 심장 박동이 약해져 숨쉬기가 힘들었다. 눕는 것이 불가능하여 밤낮으로 1년 8개월을 앉아서 몹시 고통스러워했다. 런던에서 사랑하는 친구들과 3달을 보낸 뒤에 우리는 다트머스로 갔다. 겨울부터 1887년 봄과 1888년을 미스 티지와 보냈다. 거기서 스토트 선교사는 넘치는 사랑과 친절에 크게 위로받았다. 그는 당나귀가 모는 마차를 타고 시골을 돌아다녔고, 나는 그 옆에서 걸으면서 이야기를 나눴다. 그 겨울은 그에게 너무도 좋은 추억이 되었고, 소중한 친구들은 그의 마음에 깊은 인상을 남겨주었다.

1888년 여름 스코틀랜드에 있으면서 우리는 고든과 피어슨 박사의 선교여행에 초대받았다. 저명한 내과 의사가 환경을 바꾸는 것이 환자에게 좋을 것이라는 조언을 듣고, 그들과 함께 선교여행에 동참했던 것이다. 우리는 북부에 있는 모든 주요 도시들을 6주간 동안 방문했는데, 고든과 피어슨 박사가 훌륭한 언변으로 하나님께서 이방인 가운데 어떻게 놀라운 일을 행하셨는지를 전하자 많은 사람이 깊이 감동했다. 고든 부인과 나는 가는 곳마다 여성 모임을 인도했다. 나는 저녁 모임에서도 자주 말씀을 전했지만, 나에게는 남편을 대신하여 대중 앞에서 사역을 보고하는 일이 특권으로 여겨졌다. 그가 마음을 같이하여 격려해 주고 기도해 주어 복된 사역을 할 수 있었다. 비록 그는 그런 모임에 참석할 수 없었지만 거룩하면서도 감미로웠던 그의 삶의 영향력은 주위 사람들에게 더 강력한 메시지를 주고 있었다. 가는 곳마다 친절하게 우리를 섬기던 분들은 그가 고통을 잘 참으면서도 명랑한 것에 깊이 감동했다. 남편 덕분에 그때 이래로 내게 따뜻한 친구가 되어

준 사람들이 많았다.

이 여행이 끝날 즈음 박사는 스토트 선교사가 확실히 좋아졌다고 평가하며, 만일 프랑스 남부에서 겨울을 지내면 더 회복될 수 있을 거라고 조언했다. 그래서 우리는 11월에 칸느로 가서 태양이 밝게 비춰는 그곳 요양원에서 몇 달을 보냈다. 그러나 솜씨 좋은 의사들이 최선을 다했지만 스토트 선교사는 1889년 4월 21일 부활절 주일에 주님의 존전에 가장 영광스럽게 들어갔다.

속도는 느렸어도 분명히 악화하고 있었을 때, 나는 의사에게 그곳이 적당할지, 기후를 바꾸면 무슨 소용이 있을지 질문했다. 의사는 대답하기 전에 상담이 필요하다고 대답했다. 왜냐하면 기후 변화가 아무 소용이 없을 것이 두려웠기 때문이었다. 상담 후에 남편은 의사의 얼굴을 보면서 말했다. "내가 중국으로 돌아갈 수 있겠습니까?" 의사는 슬픈 진실을 말하고 싶지 않은 듯 그 질문을 외면했다. 스토트 선교사는 그가 대답을 피하는 것을 보면서 "나에게 최악의 사태가 와도 두려워하지 마세요. 감사하게도 나에게 최악이란 없어요. 나는 중국에서 20년 동안 주님을 섬겼어요. 나는 정말 중국으로 돌아가고 싶어요. 하지만 그분이 안 된다고 하시면 내가 왜 그것을 원하겠어요? 그분의 뜻이라면 나는 기꺼이 여기 더 머물며 고통을 당하겠고, 또 그분의 뜻이라면 기꺼이 중국으로 갈 겁니다." 그리고 밝은 미소를 지으며 덧붙였다. "아니, 나는 기꺼이 중국으로 반쯤 가다가 천국으로 가도 돼요. 만일 그것이 그분의 뜻이라면요." 그 의사는 진지한 얼굴로 그를 바라보며 말했다. "당신이 부럽습니다." 그런 다음에 분명히 그에게 회복될 가망이 없다고 말했다. 하지만 남편의 얼굴에는 어두운 빛이 없었다. 그는 자기 본향이 어디인지 알았고 가고 싶어 했다. 나도 준비가 안 된 것은 아니었다. 하지만 나는 매일 그의 몸이 약해져 가는 것을 보며 그의 힘이 돌아오지 못할 것이 두려웠다. 하나님의 뜻에 복종하는 것이 그보다 내게 더 힘들었다. 그는 언제나 하나님의 뜻이 먼저였다. 그리고 그는 배워야 하는 어려운 교훈도 없었다.

믿으면 치유된다는 생각을 가진 여인이 있었다. 남편이 처음 아팠을 때, 그녀는 그것이 오직 믿음의 문제라고 했다. 그녀는 남편이 믿으면 나을 거라고 했다. 하나님을 믿기만 하면 나을 것이니 아주 쉬운 일이라는 것이었다. 그녀는 물었다. "하나님이 당신을 치유하고 당신이 좋아하는 사역으로 다시 보내실 거라고 생각하지 않습니까?" 남편은 다음과 같이 대답했다. "내 어려움은 그 때문이 아니에요. 나는 그분이 하실 수 있는 걸 알아요. 그렇지만 하나님은 이전에 마음에 소원을 주시면서 영혼에는 메마름을 주셨어요. 나는 그것을 원하지 않습니다. 그분께서 나에게 힘을 주시면 내가 그것을 그분을 섬기는 일에 쓸 것임을 그분은 아십니다. 그리고 약해진다고 해도 나는 그것도 그분을 위해서 짊어질 것입니다. 나는 하나님께서 나의 모든 일을 그분의 뜻대로 하시기 원합니다." 그 여인은 대답할 말이 없었다. 나는 그녀가 나처럼 느꼈어야 한다고 생각한다. 고난받기를 거부하는 것보다 하나님의 손에 맡기고 수동적으로 누워있는 것이 더 나은 것이다.

하지만 나는 그 교훈을 그렇게 빨리 배우지 못했다. 오랫동안 씨름하면서 그를 살려달라고 간청했다. 한동안 나는 남편에게 나의 절망을 숨겼다. 하지만 어느 날 더 이상 견딜 수가 없어서 나는 그를 그냥 보낼 수 없다고 흐느껴 울었다. 그는 조용하게 말했다. "지금은 아녜요, 내 사랑, 아직은 아녜요. 하나님께서 때가 되면 당신이 받아들이도록 하실 거예요." 3일 후 하나님은 그리스도 안에서 승리를 얻도록 하셨다. 내 뜻은 그분의 뜻 안에 삼켜졌고 모든 것은 평화로워졌다. 그날 저녁, 그의 옆에서 무릎 꿇으면서 처음으로 하나님께 조용히, 온유하게, 고통 없이 그를 곧 받아달라고 기도했다. 내가 기도하고 있는 동안 그는 안도의 숨을 쉬었고 "하나님 감사합니다"라고 말했다. 내가 기도를 마치자 그는 말했다. "당신이 한 말들이 나에게 얼마나 좋았는지 당신은 모를 거예요. 나는 하나님께서 나를 데려가시기 전에 당신을 그 자리에까지 올려놓으실 것을 알았다오. 나는 당신이 그와 같은 말을 할 때까지 기다렸을 뿐이오. 나는 더 이상 바랄 것이 없소. 모든 것이 좋아요."

이 일이 있고 나서 6주 동안 우리는 삶과 죽음의 경계에서 함께 시간을 보냈다. 나는 한순간도 그를 되돌려 달라고 원했던 적이 없었다. 우리는 많이 이야기했고 많이 기도했다. 그리고 거의 함께 천국에 있었다. 우리는 함께 나의 장래 계획을 세웠다. 심지어 내가 언제 중국으로 떠나면 좋을지도 함께 이야기했다. 그리고 나는 그가 만든 그런 계획들을, 심지어 편지 보내는 일까지도 실행할 수 있었다. 내가 중국으로 돌아가서 그의 일을 시작한다는 것을 알고, 그가 얼마나 기뻐했는지 모른다. 그가 그렇게 사랑했던 사람들에게 내가 돌아가서 엄마 겸 아빠가 되어준다니 그에게는 너무도 큰 기쁨이었던 것이다. 우리는 완전히 한 몸으로 사역했었기 때문이었다. 내가 해줄 말이 더 있느냐고 물었을 때 그는 말했다. "아니요, 당신은 나만큼이나 그곳 사람들과 사역을 알기 때문에, 내가 했던 것과 똑같이 할 겁니다. 나는 그것에 대해 염려하지 않소. 다만, 현지 그리스도인들에게 나의 사랑을 전해줘요. 그리고 내가 돌아올 수만 있었으면 돌아왔을 것이라고 말해줘요. 그리고 그들을 기다릴 것이라고 말해 주시오. 머지않아 우리는 만나게 될 테니까요."

그가 주님의 임재를 놀랍게 인식하던 방식이 모건과 스콧 출판사가 낸 작은 팜플렛에 '조지 스토트를 기리며'라는 제목으로 실려 있는데, 우리 CIM 총무에게 보낸 편지에서 이것을 인용하였다.

메종 블랑쉐
루트 드 그라세, 칸느
1889년 4월 23일

친애하는 브롬홀 씨

사랑하는 스토트 선교사가 지상에서 보냈던 마지막 밤을 함께 지냈던 것은 나의 특권이었습니다. 그리고 그 마지막 장면에서 몇 가지 특별했던 이야기를 전해도 되겠지요. 그 고통스럽던 몇 주 동안 서서히 지상의 장막이 부서져 가다가 토요일 저녁 약 9:30분 자매 한 분이 그의 고통이 아주 더 심해졌다고 전하며 마지막이 오는 것처럼 보인다고 말했습니다. 나는 그때 막 아타나시우스가 죽음을 맞이한 초기 기독교 순교자들의 승리를 기록한 글(De Incarnation Verbi Dei)을 읽고 있었습니다. 그들은 십자가의 죽음과 부활로 사망을 물리치신 주님을 알았기 때문에 더 이상 죽음을 무서워하지 않고 무시했습니다. 아타나시우스의 말대로 "… 밤이 지나 해가 떠오르면 온 지구가 밝아지듯이, 어디에나 빛을 주고 모든 것을 밝혀 어둠을 물리치는 것은 의심할 여지 없이 태양이다. 그렇게 구세주께서 구원하시러 몸으로 나타나시고 십자가에서 그 생을 마치신 때부터, 죽음은 완전히 아무것도 아닌 것이 되었고 사망은 밟힌 바 되었다. 몸으로 나타나 주셨던 구세주께서 친히 죽음을 무(無)로 만들어 버린 것이 너무도 분명하다. 주님은 날마다 자기 제자들 안에, 죽음을 이긴 전리품을 전시해 오셨다. 왜냐하면 천성적으로는 약한데 죽음을 향해서 뛰어가고, 죽어서 썩는 것이나 지옥에 내려가는 것을 두려워하지 않는 사람들을 볼 때, 또 고문을 겁내지 않으면서 그리스도를 위해서 현재의 삶 대신에 오히려 죽음을 택하고, 오히려 열심히 그것과 싸우는 그들, 또한 그리스도를 믿는 것 때문에, 죽음을 향해 뛰어 달려가는 남자와 여자, 어린아이들, 믿을 수 없이 너무도 단순하게 아무 생각 없이 그렇게 하는 그들을 볼 때, 이렇게 결론을 내지 않을 수 없다. '그리스도께서는 그분을 증거하는 각 사람에게 죽음으로부터의 승리를 주신다. 그분을 믿고 십자가의 흔적을 지닌 사람들에게 죽음을 완전히 아무것도 아닌 것으로 여기게 하신다.'"

1600년 전에도 그러했지만, 이 땅의 모든 복음 사역자들도 "기독교는 시대에 뒤떨어졌다.", "그것은 낡았다."는 말을 나처럼 수없이 들었다는 생각이 들었습니다. 그래서 내가 처음으로 임종 장면을 보러 갔을 때, 제일 먼저 들었던 생각은 이것입니다. '이것은 아타나시우스가 확인했던 사실을 증명하는 것일까? 16세기가 지나도 십자가와 부활의 공로가 조금도 줄어들지 않는 것을 보여주는 것일까?'

방으로 들어가니 사랑하는 형제가 안락의자에 앉아있었고, 그가 사랑하는 아내와 간호사가 그를 부축하고 있었습니다. 그는 너무 고통스러워서 누울 수도 없었습니다. 그래서 그 고통스러운 몇 주 동안 몸을 편히 눕히지도 못하고 겨우 가끔 기대 있거나 머리도 가누지 못한 채 앉아서 지냈습니다. 그 강했던 남자가 구부리고 있는데 불쌍하고 가련한 모습이었습니다. 장막을 지탱했던 지체들은 부서져 가고 있었고, 고통받는 사람의 눌린 신음 소리와 함께 지상의 장막에서 영혼을 묶었던 은줄이 느슨해지면서 끊어지고 있었습니다.

내가 그곳에 있는 것을 알고 그가 함께 있어 주기를 원해서, 나는 너무 기뻤습니다. 후에 그날을 돌이켜 보면, 아무리 생각해도 그 고통과 거룩한 승리의 장면은 놓쳐서는 안 되는 것이었습니다. 죽음이 정말로 패전한 원수여서 그 제국이 멸망했고 그 왕권이 파괴되었다는 사실을 결코 이전에는 알지 못했습니다. 8시간 동안 그 공포의 왕이 가장 못된 짓을 하는 것을 우리는 목격했습니다. 그 투쟁은 격렬해서 한 방 한 방 먹일 때마다 치명적인 고통으로 생명을 찢었습니다. 사멸의 고통이 거기 있었지만, 한순간도 그 영혼은 흔들리지 않았습니다. 고통이 잠시 사그라드는 순간이 올 때마다, 그는 거의 없는 힘을 다 모아서 주께서 가까이 계시니 의심과 두려움은 떠나라고 증거했습니다. "고통받는 것은 가련한 나의 몸일 뿐이오. 나의 영혼은 행복하오."라고 말했습니다. 초저녁에는 이렇게 말했습니다. "30년 전에 귀하신 보혈로 나의 죄를 씻어 주신 하나님을 찬양합니다. 이제는 태양이 구름 한 점 없이 빛나고 있습니다." 그리고 그렇게 흔들리지 않는 믿음과 확고한 소망을 가지고 그는 어둠의 계곡으로 내려갔습니다.

내가 집을 나서기 전날 밤, 매일 묵상집에서 잠시 보았던 부분이 마음속에 떠올랐습니다. 그곳에는 정말로 고속도로가 만들어져 있었습니다. 아름답고 시기적절한 말씀으로 이렇게 시작합니다.

"내니 너는 두려워하지 말라. 네가 물 가운데로 지날 때 내가 너와 함께할 것이라. 강을 건널 때 물이 너를 침몰하지 못할 것이며, 네가 불 가운데로 지날 때 타지도 아니할 것이요, 불꽃이 너를 사르지도 못하리니 나는 너의 구원자 너의 하나님 여호와이기 때문이다. 비록 내가 사망의 음침한 골짜기를 걸을지라도 나는 원수를 두려워하지 않을 것이다. 주가 나와 함께 하기 때문이다. 주의 막대기와 지팡이가 나를 안위하시나이다. 누가 그리스도의 사랑에서 우리를 끊으리오? 고난이나 고통이나 핍박이나 기근이나 적신이나 위험이나 칼이랴?"

나는 사랑하는 스토트 선교사가 은쟁반에 아로새긴 금사과와 같은 말을 지니고 가도록 그렇게 말했습니다. 우리는 그가 죄와 사망과 지옥의 권세를 밟으면서 이 '왕의 길'로 나아가는 것을 보았습니다.

그가 가장 많이 반복해서 한 말은 "주 예수여 오시옵소서. 지금 오시옵소서. 지금 오시옵소서."였습니다. 그는 진정으로 예수님이 가까이 오는 것을 느끼며, 주님을 환영하기 위해 그의 팔을 내밀었습니다. 한두 번은 가장 고통스러운 순간에는 그의 부르짖음이 한껏 올라갔습니다. "오, 주님 도와주시옵소서. 주님 저에게 자비를 베푸소서."라고 외쳤습니다. 주님은 그가 곤고할 때 드리는 기도를 들으셨고 그 무서운 고통에서 그를 강건하게 해주셨습니다. 우리는 그가 어두운 시내를 건널 때 그의 앞에 놓아주려고 디딤돌을 찾았습니다. 우리의 입에서 즉흥적으로 생명의 말씀들이 흘러나왔고 그의 믿음이 그 말씀에 합당한 것을 보는 것은 대단했습니다. 그의 사랑하는 아내가 이제 곧 주인께서 "잘하였다. 착하고 충성된 종아 너의 주님의 기쁨에 참여할지어다."라고 하실 때가 왔다고 그에게 알려주었을 때, 그의 영혼은 매우 기뻐하는 것처럼 보였습니다. "주님의 기쁨에 참여할지어다. 네 주님의 기쁨에." 그는 계속해서 이 말을 반복했습니다. 그러더니 손을 뻗어 그 말씀을 기도로 바꾸었습니다. "지금 들어가게 해주세요. 지금요. 주님의 기쁨 속으로요. 주님의 기쁨 속으로."

그는 자신의 연약함과 고통 때문에 참지 못해서 주님을 영화롭게 하지 못할까 봐 두려워한 적이 있었습니다. 그는 사랑하는 아내에게 본성의 약함을 내려놓게 해달라고 간절히 부탁한 적이 있었답니다. 하지만 그의 아내의 예언대로 주님의 은혜는 충분했습니다. 어떤 불평이나 짜증의 말은 한마디도 그의 입술에서 나오지 않았습니다. 아무리 작은 섬김에 대해서도 깊은 애정과 감사를 표현했고, 그것은 매우 감동적이고 아름다워서 그를 돕는 사람들은 누구나 그 일을 특권으로 여겼습니다.

그렇게 몇 시간을 마지막 싸움을 싸우면서 지냈습니다. 그의 사랑하는 아내는 줄곧 그 많은 고통과 함께하면서 신체적으로 진이

빠져 지쳐있었지만, 영적으로는 훌륭하게 도와주고 있었습니다. 마지막 가쁜 숨을 몰아쉬는 그에게 믿음과 희망의 말씀으로 격려하면서 그가 자유롭게 되는 것을 지켜보았습니다.

영국, 중국 그리고 프랑스에서 그를 지극히 사랑하는 사람들의 많은 기도가 그날 밤 응답이 되고 있었습니다. 그것에 대해서 아무런 의심이 있을 수 없었습니다. 그 광경을 생각하면, 자연스럽게 '마하나임'이라는 단어가 저절로 떠올랐습니다. 당시에 그 임종의 방은 하나님의 군대를 만나던 장소였기 때문이었습니다.

아침 여섯 시였습니다. 바깥의 자연은 아침 햇살의 첫 번째 신선한 기쁨 가운데 깨어나고 있었고, 태양은 구름 한 점 없는 파란 하늘에 떠올라 있었습니다. 새들이 살짝 열린 창문 바로 밖에서 지저귀고 있는 가운데, 부활절의 종소리가 대기에 퍼지고 있었습니다. 안에서 우리는 삶과 죽음의 경계, 그리스도를 통하여 믿음의 선한 싸움을 다 마친 승리자에게 막 열리려고 하는 바로 그 문 가까이에 서 있었습니다. 변화는 다가왔고 그의 위축된 몸과 흐려진 눈이 마지막 투쟁이라고 말해 주고 있었습니다. "그가 가고 있어요." 우리 입에서 급한 목소리가 나왔습니다. 나는 그가 말을 다시 하리라고는 기대하지 않았습니다. 그리고 의식을 잃어감에 따라, 내가 "주님께서 오셔서 선교사님을 부르고 계시네요."라고 하자, 그는 그것을 받아들였고 놀랍게도 마지막 힘을 다해서 나에게 말했습니다. "그러면 나를 좀 일으켜 주세요. 찬양을 한 곡 더 불러드리고 싶어요." 나는 그를 감싸 안으며 부드럽게 앞으로 끌어당겼습니다. 그러자 바로 가쁜 숨을 내쉼과 동시에 그는 그것을 찬양으로 바꾸었습니다. "주님을 찬양하라, 그분의 거룩한 이름을 송축하라." 그는 그 찬양을 계속 반복하고 반복했습니다.

찬양을 들으니 너무도 놀라워서 무릎 꿇고 그의 손을 잡고 앉아 얼굴에 지나가는 죽음의 그림자를 지켜보면서, 가슴이 찢어지는 고통을 억제하며 울고 있는, 그와 삶과 수고를 평생 함께한 동역자, 사랑하는 스토트 부인에게 말하지 않을 수 없었습니다. "이것은 그가 사모님께 남기는 소중한 유산이네요." 그의 입에서 나온 찬양은 바로 죽음의 자리에서 나오는 승리의 말씀과 같았습니다. "여보, 저를 알아보겠어요?" 그녀가 묻자, 스토트 선교사는 "그레이시, 당신을 아냐고요? 내가 당신을 모른다면 이상한 일이지요."라고 대답했습니다. 그러더니 어디서 그런 힘이 났는지 놀랍게도 이런 말을 덧붙였어요. "우리는 그 열매의 접시 주위에 함께 모였어요."(그들은 마지막으로 생명나무의 열매에 대하여 대화를 나눈 적이 있었습니다.) "그때마다 왕께서 그의 모든 아름다우심으로 그곳에 계셨지요. 안녕, 그레이시, 나에게 말을 다시 걸지 말아요. 나는 왕을 만나러 가니까요."

그 시간은 신성한 순간들이었습니다. 아샤르 원장 수녀와 다른 수녀 한 분이 우리와 함께 있었습니다. 그들은 최선을 다해서 정성 껏 부드럽게 그의 몸을 모셨습니다. 남자 도움이 루이스 씨가 나를 도와 그를 붙잡았고, 무릎 꿇은 스토트 부인 앞에서 그녀의 전부였던 사랑하는 이가 떠나고 있었습니다.

왠지 모를 눈물이 우리 눈에서 줄줄 흐르고 있었습니다. 그는 우리가 보지 못하는 것들을 올려다보고 있었고, 우리의 무딘 귀가 듣지 못하는 소리를 듣고 있었습니다. 우리는 그가 낮게 속삭이는 소리를 들었습니다. "오소서, 주 예수님. 주님, 내 영혼을 취하소서." 그런 다음에 그는 "오고 계신다. 오고 계신다. 오소서, 오소서." 이말을 마지막으로 우리의 사랑하는 형제 조지 스토트는 영광 중에 계신 왕을 만나러 갔습니다. 부활절 아침 6시 30분이었습니다.

참았던 슬픔이 짧은 울음과 흐느낌으로 터져 나왔지만, 그것은 행복한 눈물이었습니다. "나는 그를 애도하지 않습니다. 내가 슬퍼서 웁니다. 그는 행복하지요. 이제 안식하고 있으니까요."

그래서 우리는 같이 무릎을 꿇고 그날 밤에 죽음에 가시가 없고 무덤에 승리가 없는 것을 보도록 해 주신 하나님을 찬양했습니다. "이런 일이 사실이기 때문에, 그때처럼 그리스도 안에 있는 신자들은 죽음을 조롱하고 멸시하는 것을 우리 눈으로 볼 수가 있다"고 아타나시우스는 말합니다. 그리스도께서 죽음을 아무 것도 아닌 것으로 만드셨고 썩는 것도 끝내셨음을 완전히 믿도록 합시다. 우리 눈으로 직접 보았기 때문에 우리는 이 간증이 참인 것을 보증할 수 있습니다.

우리는 어제 그를 칸느 공동묘지에 묻었습니다. 민토 목사께서 장례식을 인도하셨습니다. 그리스도인 친구들이 많이 참석했습니다. 그를 알던 이들은 모두 그를 진정한 하나님의 사람이자 하나님의 충성스러운 종으로 알고 사랑했던 사람들이었습니다. 참석한 사람 중에는 그의 평생 친구 버거 씨도 있었는데, 스토트 선교사는 24년 전 바로 그의 집에서 머나먼 중국으로 떠나 일평생 사역을 했던 것이었습니다. 버거 씨는 자기가 그리스도를 위해서 활기 있게 사역하도록 열정과 사랑을 불어넣어 주었던 사람이었다고 추모하며, 몇 마디 안 되는 짧은 말이었지만 아름답고 적절한 말로 스토트 선교사의 사랑과 열정을 기렸습니다. 남아있는 스토트 여사에게 사랑과 동정과 위로의 말도 했고, 우리는 모두 마지막의 날이 다가오기 때문에 밤이 오기 전에 일해야 한다고 말했습니다. 그러고 나서 우리는 그를 영면하도록 안장하고, 무덤 위에서 그리스도인의 작별을 노래했습니다.

사랑하는 이여, 잠드소서. 고이 쉬소서.
구세주의 품에 안기어 머리를 누이소서.
우리는 당신을 매우 사랑하지만, 주님은 당신을 가장 사랑하시니.

안녕히, 안녕히 주무세요!

부활의 영광으로 하늘이 빛날 때까지

예수 그리스도 안에서 죽은 자들이 일어날 때까지

그리고 그분은 오십니다, 그러나 낮은 모습이 아니지요.

그때까지, 안녕!

우리는 거기에 그의 시신을 남겨두어, 부활의 기쁜 소망 가운데 잠자게

하였다, '새벽이 밝아오고 그림자가 물러갈 때까지.'

사랑하는 브룸홀 씨께
그리스도 안에서 당신의 사랑하는 친구
H. 웨버 올림

Chapter 12

"의인을 기념할 때는 칭찬하거니와 …"

- 잠 10:7 -

또 다른 친절한 사람이 스토트 선교사의 죽음을 성도들이 따를 모범으로 칭찬한 간증도 소개해야겠다.

사랑하는 브룸홀 씨, 제가 사랑하는 고 스토트 선교사님을 처음 알게 된 것은 아마 1868년이었던 것 같습니다. 제 처남이 자기 집에서 선교 사역에 관심이 있는 친구들의 모임을 열었습니다. 사람들이 많이 참석했는데, 각 참석자는 외국에서 사역하는 선교사와 서로 소식을 주고받아야 한다는 의견에 모두 동의하였습니다. 그리고 답장이 오면 반드시 다시 모여 같이 편지를 읽기로 했습니다. 제 생각에는 그러한 계획을 더 자주 실행한다면, 멀리 떨어져 있는 우리 선교사들에게 새로운 힘을 불어넣을 뿐 아니라, 본국에 있는 사람들도 상황을 이해하면서 더 분명하게 은혜의 보좌 앞에서 기도할 수 있게 될 것 같았습니다.

저는 거의 마지막 무렵이 되어서야 그 모임에 참석할 수 있었습니다. 그때 내게 신생 CIM 소속으로 원저우에서 사역하고 있고 한 번도 만난 적이 없는 조지 스토트라는 선교사가 배정되었습니다. 당시 저는 CIM에 대해서는 거의 알지 못했습니다. 나는 즉시로 편지를 썼고 적절한 과정을 통해 고맙다는 답장을 받을 수 있어서 감사했습니다. 그 후 두 번째 모임은 다시 없어서 유감이었는데, 내가 아는 한, 처음 편지 다음으로 아무도 연락을 지속한 사람이 없었습니다. 하지만 스토트 선교사와 저는 9년 동안 정기적으로 편지를 주고받았습니다. 그 사이 선교사님이 사모님과 영국을 방문했을 때, 그분들을 개인적으로 알게 된 것은 저의 특권이었습니다. 그 이후에도 우리는 계속 소식을 주고받았고, 18개월 전, 그분들이 중국을 떠나 미국을 거쳐서 우리 집에 도착하셨는데, 우리는 집에 모실 수 있어서 말할 수 없이 기뻤지만, 선교사님은 그때 병이 위중한 상태셨습니다.

이 오랜 우정이 제게 얼마나 큰 축복이 되었는지 모릅니다. 많은 사람들이 친구를 쉽게 사귀고 그 중에는 오래 가는 우정도 있습니다만, 섬기는 즐거움은 다른 사람들에게도 기꺼이 권하고 싶은 일입니다. 사랑하는 스토트 선교사님의 편지들은 자신을 부인하며 인내하는 수고를 저에게 가르쳐 주었고, 통찰력을 갖게 해 주었습니다. 그에게서 배운 교훈들은 제가 결코 잊을 수 없는 것들입니다. 그래서 저는 그가 그리스도를 본받았던 것처럼 나나 그를 알고 사랑하던 모든 사람들이 하나님의 은혜로 그분을 본받게 되기를 간절히 소망합니다 (고전 11:1). 우리의 슬픔은 소망이 없는 것이 아니며, 우리가 잃었다는 상실감보다 선교사님이 얻은 커다란 유익을 생각하는 것이 더 중요한 것 같습니다. 그분은 지금 주님의 기쁨에 참여하도록 부르심을 받았기 때문입니다.

당신의 충성스러운 친구,
존 F. 알렌

브룸홀 씨는 이렇게 덧붙였다. "1865년 스토트 선교사가 중국으로 떠날 때부터 그의 신실한 친구였고, 그의 선교 사역 기간 내내 편지를 주고받았으며, 그의 죽음의 장소에 있었어야 하는 사람이고, 그 무덤 옆에서 간증했어야 하는 사람이며, 스토트 선교사의 충성스러운 사역에 대해서 전체적으로 가장 잘 아는 사람인 버거 씨의 말은 적잖이 주목할 만합니다. 그것은 살아 있는 사람 중에서 버거 씨만이 누렸던 특권이었고, 그렇게 하는 것이 우리를 떠난 형제에게도 특별하고 합당한 명예가 될 것입니다."

버거 씨는 다음과 같이 편지를 썼다.

칸느의 탈봇 빌라에서

1889년 4월 23일

"사랑하는 브룸홀 씨, 한 알의 밀이 땅에 떨어져 죽는 문제를 누가 평가할 수 있겠습니까? 틀림없이 그 결과로 수많은 생명이 거기서부터 시작됩니다. 하나님께서는 당신의 충성스러운 조지 스토트 선교사를 중국 원저우에서 당신께로 데려가는 것을 기뻐하셨습니다. 주께서 하라고 맡기신 일을 그보다 더 헌신적이고 변함없이 해낸 선교사는 찾아보기 힘들 것입니다. 우리는 어제 오후에 그의 유해를 무덤에 묻었습니다. 하나님의 아들이 잠자는 다른 성도와 함께 무덤에서 나오라는 소리를 듣고 일어날 때를 기대하면서 장례식을 치렀습니다. 그들은 변화된 부활한 몸을 입고 함께 끌려 올라가 주님과 영원히 함께 있을 것입니다.

우리는 스토트 선교사가 중국에서 23년간 수고한 사역의 결과가 원저우와 그 인근에 훌륭하게 축복으로 남아있다고 믿을 만한 이유가 있습니다.(내가 알고 있는 대로는, 그는 그곳에서 사역했던 첫 외국인 선교사였습니다.) 그가 시작한 학교들은 물론, 세 군데에 있는 현지 교회에 등록 회원 300명에 출석 인원은 더 많이 있습니다. 이렇게 자세히 말해도 이해해 주시겠지요. 저는 1865년에 스토트 선교사가 중국으로 들어가기 전부터 그와 친하게 지냈습니다. 당시는 CIM이 막 시작된 때로, 그때 5명이 함께 중국으로 파송되어 나갔습니다. 훌륭한 업적이 그를 따라다녔습니다. 이렇게 쓰는 것은 조지 스토트 선교사가 아니라, 그의 종에게 그렇게 해 주신 주님께 영광을 돌리려는 것입니다.

헌신적인 그의 부인에 대해서 쓰는 것은 삼가겠습니다. 하지만 그분을 위해서 하나님께 많이 기도해 주시기를 부탁드립니다. 그녀는 힘이 닿는 대로 남겨두고 온 사역을 지속하기 위해서, 중국으로 돌아가기로 결심한 듯합니다. 스토트 선교사 부부와 23년간 서로 교제했던 시간을 돌아보니 정말 즐거웠고, 그분들의 수고에 조금이라도 동역이 되었다면 그것은 기쁨입니다."

당신의 충성스러운
W.T 버거

요양소에서 겨울을 보낼 때, 스토트 선교사와 알게 된 한 여성은, 자신도 지금은 고인이 되었지만, 이렇게 편지했다.

복음 요양원, 칸느

1889년 4월 25일

"친애하는 선생님, 요양원에서 스토트 선교사와 이번 겨울을 함께 보낸 특권을 누렸던 사람으로서 저는 스토트 선교사가 하나님의 뜻 안에서 얼마나 즐겁게 묵인해 주고 믿음과 인내의 밝은 기억을 갖게 해 주었는지를 한 줄 적어 보내야겠다고 느꼈습니다. 참으로 주님의 뜻은 그것이 행함이든 고난이든 그에게 기쁨이었습니다. 그는 돌아온 직후, 미래의 계획을 말할 때, 만약 주님의 뜻이면 중국이든 하늘나라든 어디로 가도 좋다고 했습니다.

그는 천국에 들어갈 때, 그렇게 힘든 밤을 보내면서도 모든 것을 즐기며, 늘 의자에 앉아있었습니다. 그리고 자신이 그렇게 소중히 여기던 중국에서의 삶과 사역을 상세히 묘사했는데, 그에게는 그것이 아직도 놓지 못하는 흥미의 원천이었습니다. 그는 극도로 약해지고 고통 때문에 말하는 것이 너무 힘들어질 때까지, 여기 있던 우리 적은 일행에게 아주 대단한 사람이었습니다.

제가 아파서 잠시 그분과 교제할 수 없었는데, 다시 볼 수 있었을 때는 병세가 매우 악화되어 있었습니다. 그때 스토트 선교사의 몸이

붓자, 의사들은 회복할 가망이 없고 중국에 돌아갈 수도 없다고 결론을 내렸습니다. 그는 그 결정을 침착하고 유쾌하게 받아드리면서, '여보, 걱정하지 말아요. 아무것도 우리를 해칠 수 없잖아요.'라며 사랑하는 아내를 위로했습니다. 어느 날, 다리가 부어서 불편하시겠다고 하자, 그는 '오, 완전 괜찮아요. 제 마음은 밤낮으로 계속 평안해요. 그리고 내가 알기에 주님이 나를 부르실 때 언제라도 갈 준비가 되어 있다고 말씀드릴 수 있겠어요.'라고 말했습니다.

그가 몇 주 동안 지속된 그 큰 고통과 연약함을 그리스도인의 용기와 인내로 참아 낸 것을 우리는 결코 잊지 못할 것입니다. 요양원의 환자들은 그의 말을 듣고 자신들의 짐을 더 가벼운 마음으로 질 수 있었고, 그를 돌보는 분들이나 하인들은 자신의 병을 견디는 그의 놀라운 방식에 대해서 이야기를 했습니다. 그는 통증이 가장 심한 순간에도 원망의 말이 전혀 없었고, 그의 방으로 들어오는 사람에게 언제나 환영의 말을 했습니다. 누가 부축해 주거나 아무리 적은 일을 도와 줘도 그는 매우 감동적으로 감사를 표현했습니다. 그는 모든 이들에게 사랑을 받았습니다.

그가 죽기 전 금요일에 나는 잠시 그를 보러 갔습니다. 그는 '나는 이제 그분 나라에 매우 가까이 있어요'라고 했는데, 내가 그를 떠날 때, '하나님께서 당신을 축복해 주시기를! 아마 다음에 우리는 영광 중에서 만날 거예요.'라고 말했습니다. 그다음 날 저녁에 우리는 그의 마지막 투쟁이 시작되었음을 알았습니다. 하지만 심지어 토요일 저녁까지도 그는 하나님께 대한 찬양으로 충만했고 신체적 고통을 넘어서 놀라운 방법으로 일어날 수 있었습니다. 그는 지켜보고 있는 사람들에게 '고통을 당하는 것은 가련한 육체뿐이며 나의 마음은 평안과 기쁨으로 가득 차 있어요.'라고 말했습니다.

그는 마지막 호흡도 주님을 찬양했습니다. 그는 의자에서 일으켜 달라고 부탁하고는 다음과 같이 말했습니다. '소리 내어 찬양을 한 곡 더 부르고 싶어요.' 그러더니 이렇게 시작했어요. '내 영혼아, 주님을 찬양하라!' 그리고 잠시 후에 이렇게 말했습니다. '오고 계시네요. 오고 계셔요. 오세요.' 그러고는 예수님 안에서 잠들었습니다.

그 주일 아침, 마치 하늘의 문들이 그들 받아들이기 위해 활짝 열린 것처럼 보였습니다. 우리도 또한 그러한 평안과 기쁨을 미리 맛볼 수 있었습니다. 큰 상실감에 젖어 있는 스토트 여사와 함께 슬퍼합니다. 그리고 주님이 그가 외로울 때 가까이 계셔주기를 기도합니다. 그리고 그분이 그에게 힘을 불어넣어 주셔서 그 두 분이 그분의 임재 안에서 다시 만날 때까지, 그렇게 사랑하는 중국에서 하나님을 위한 사역을 '잠시 잠깐' 동안 수행할 수 있기를 기도합니다. 이 겨울 선교사님들과 함께 있었던 우리는 그분들의 체류 덕분에 시험을 당할 때 강하고 즐겁게 지탱할 수 있는 하나님의 능력을 소중히 기억하게 되었습니다."

당신의 신실한
엘리너 H. 무어

E.R 티지 씨의 글:

"우리의 사랑하는 친구가 안식을 취하고 있는 것을 생각하면 참 복됩니다. 그에게 얼마나 멋진 '부활의 아침'이겠습니까? 그러나 남아있는 사람에게는 그 빈자리가 너무 큽니다. 그는 밝고 잘 참는 성격이어서 알고 있던 모든 사람에게 사랑을 받았습니다. 틀림없이 CIM에서도 사랑하는 스토트 선교사를 잃은 상실감을 많이 느끼실 겁니다. 선교회의 초창기부터 그는 얼마나 충성스럽고 성실한 사역자였던지요? 주님께서 한 지붕 아래 그와 함께하는 영예를 우리에게 허락해 주셔서 대단히 감사합니다. 그는 어린아이 같은 참 믿음을 지닌 행복한 사람의 모델이었습니다. 그가 영국에 돌아온 후 지난 18개월간 그와 함께 머물렀던 사람들에게 얼마나 복된 영향을 끼쳤는지 여러분이 많이 간증했는데, 저도 하나 더 보태고 싶습니다. 밤낮으로 지치고 고통스러운 가운데 숨쉬기가 힘들어서 누울 수도 없었고 밤에 잘 수도 없었습니다. 그런 상태가 거의 2년이나 지속되었지만, 그는 여전히 밝은 심령을 유지했고 자신에 대한 하나님의 모든 뜻을 어린아이처럼 신뢰하여 한순간도 어두울 때가 없었습니다.

그가 깊이 소원하는 것은 자신이 20년 이상 사역했던 사람들에게 돌아가는 것이었습니다. 수많은 현지 그리스도인들도 자신을 구주께로 인도하는 영광스러운 통로가 되었던 그를 매우 그리워할 것입니다. 이제 부르심을 받아 '모든 수고를 그치고 쉬고' 있지만, 그는 참으로 대단한 일을 했습니다. 하나님의 축복 안에서 먼 이방 땅에 세워진 작은 교회가 수년간의 수고로운 인내와 믿음의 시험이 맺은 결실입니다. 그 교회는 그분의 영광을 위해서 '가련하고 약한 도구'(그가 자주 자신을 표현한 단어)를 쓰시는 하나님의 은혜와 사랑의 살아있는 간증으로 서 있습니다.

그는 18살 무렵 사고를 당해서 다리 하나를 절단해야 했습니다. 그리고 그러한 고통의 시간 후 얼마 안 되어 예수님을 구주로 영접하는 기쁨을 누리게 되었습니다. 그때 그는 자신을 하나님의 사역에 드렸습니다. 그리고 CIM(중국내지선교회) 초기에 함께 파송된 선교사들과 함께 중국으로 가서 줄곧 중국인 가운데 살며 열심히 복음 전하는 일을 했습니다. 그의 간증은 끝까지 아주 밝은 내용이었습니다. 비록 날마다 더욱더 고통스럽고 극도로 병약해져 가면서도 그의 영혼은 자신의 구세주 안에서 즐거워하고 있었고, 그의 영은 믿음으로 가득 차 있었습니다. 며칠 전 몇몇 친구들에게 그가 보낸 메시지는 '비록 피곤하나 그분을 좇아가고 있다.' 삿 8:4,5 -역자 의역 는 것이었습니다. 그리고 다시 죽기 겨우 4일 전에 '나는 말할 수 없고, 노래할 수도 없으며, 기도할 수도 없고 거의 생각하지도 못한다. 하지만 예수님은 나의 전부이시다.'라고 했습니다. 그리고 이제 그는 경주를 마치고 주님이 그를 환영하는 부르심을 들었습니다. '주님의 기쁨에 참여할지어

다.' 마지막으로, 그가 좋아하던 찬양, 마지막 순간에 매우 적합한 그 찬양을 보내드립니다.

나의 그리스도가 되소서. 이제부터 사는 것도 그리스도이시기를
내 위에 요단강물이 넘쳐흘러도,
내겐 고통이 없을 것이네, 사나 죽으나
내 영혼에 당신의 평안을 속삭여 주실 것이니.
'내 영혼, 내 영혼, 평안해!'라고.

또 이전에 선교사님이 운영한 학교를 다녔던 두 학생의 편지를 첨부한다. 그 편지들은 내가 쓴 어떤 말보다 그가 얼마나 사랑과 존경을 받았는지를 잘 보여준다.

쭈 디칭의 편지 번역본:

우리 목사님이신 스토트 선교사님은 20년 전에 그리스도의 복음을 전해 주시기 위해 원저우에 오셨습니다. 그 당시는 원저우에 복음이 전해지지 않았었고 하나님의 빛이 사람들에게 비춰지 않았을 때였습니다. 아무도 자신들이 어디에서 왔는지도 몰랐고 죽은 후에 어디로 가는지 아는 사람도 없었습니다. 모든 사람이 어둡고 무지했습

니다. 불교와 도교가 모든 곳에 퍼져 있었고, 사람들은 볼 수 있는 우상에게만 절했습니다.

이것을 보고, 스토트 선교사님의 마음은 칼에 찔린 듯 아팠습니다. 혼자 있을 때는 복음이 원근 각처에 퍼지게 해달라고 기도하는 수고를 했고, 그 일을 위해서 시간이나 돈을 아끼지 않았습니다. 이런 목적으로 그는 학교를 열었습니다. 가난한 가정의 자녀들을 불러서 하나님에 관해서 읽고 배우도록 했습니다. 아침과 저녁에 직접 하나님의 말씀을 가르쳐서, 그들에게 결코 죽지 않는 생명이 있는 것을 알게 했습니다. 또 그들이 죄를 지었고 죄인들은 하늘나라에 들어갈 수 없지만, 하나님이 그들을 사랑하셔서 죄인들을 구원하기 위해 그분의 아들을 세상에 보내셨다는 사실까지 가르쳐 주셨습니다.

그때는 복음을 전하는 것이 쉽지 않았습니다. 스토트 선교사님이 처음 원저우에 오셨을 때는 원저우 말을 몰랐기 때문이었습니다. 집이나 예배당을 빌리는 일을 돕던 통역자도 언어가 다른 닝보 사람이었습니다. 아침에 그는 학교에 모여든 소년들을 가르쳤고 오후에는 예배당에서 설교했습니다. 그는 매일 이렇게 했습니다.

어느 날 아침 일찍 아다라는 난폭한 사람이 문 앞에 와서 돌로 문을 치면서 들어가겠다고 했습니다. 스토트 선교사가 그에게 뭘 원하느냐고 묻자, 그는 '나는 그저 안에서 놀고 싶소.'라고 대답했습니다. 오후에 들어올 수 있다고 하자, 그는 '지금 들어가야겠다.'고 고집을 부렸습니다. 스토트 선교사가 그를 타이르기 위해 나갔는데, 그때 아다가 돌을 던졌고 스토트 선교사가 재빨리 피하지 않았다면 틀림없이 그는 크게 다쳤을 것입니다.

위험도 많았고 그가 겪어야 하는 시련도 많았습니다. 그러나 영혼만 구할 수 있다면 그 모든 것은 기꺼이 참을 수 있었습니다. 학교에서 제가 첫 번째 학생이었는데, 그곳에서 5년 동안 배웠습니다. 그리고 그 후에 하나님의 은혜로 설교자가 되었습니다.

내가 처음 학교에 들어갔을 때는 스토트 여사가 원저우에 오기 전이었습니다. 스토트 선교사는 다리의 신경통으로 그해 겨울을 고통스럽게 보냈습니다. 하지만 그 고통이 사라지자마자, 그는 다시 밖으로 나와서 설교했습니다. 17년 전에 빙예 지역에 예배당을 세웠는데, 문을 열자마자 사람들이 벌떼처럼 몰려와서는, 외국인을 쫓아내는 폭동을 일으키고 설교도 못 하게 했습니다. 그들은 예수님이 승리하실 것을 몰랐던 것입니다. 현재 그곳에는 백 명이 넘는 기독교인들이 있고 원저우 주변에 이제 300명 이상의 개종자들이 있습니다. 스토트 선교사가 원저우에 온 지 약 2년이 지났을 때, 스토트 여사가 도착해서는 어린이를 포함한 여성들 사이에서 사역을 시작했습니다. 개종자들이 생기자마자 그녀는 그들에게 하나님의 말씀을 따라 사는 법을 가르쳤습니다. 그들에게 어떻게 다른 사람들을 돕는지 가르쳤고, 그들이 전도대도 조직하도록 도왔습니다.

6년 전에 원저우 예배당과 집, 학교가 폭동으로 불타버린 때가 기억납니다. 외국인이 모두 도시에서 추방되었고 제자들도 흩어졌습니다. 하지만 몇 주도 지나지 않아 스토트 선교사는 돌아왔고 다시 건물들을 세우기 시작했습니다. 건물들이 완성될 때까지 다섯 달이 걸렸는데, 그동안 우리 목사님이 모든 일에 직접 관여해야 해서 할 일이 지나치게 많았습니다. 그런 다음에 그는 집이 완전히 마르기도 전에 새집에서 살아야 했습니다. 그래서 안타깝게도 폐병에 걸린 것이었습니다.

3년 전에 스토트 선교사 부부는 곧 돌아오기를 바라면서 영국을 향해 떠났습니다. 하지만 우리의 목사님을 하늘나라로 데려간 그 질병은 악화되고 있었습니다. 선교사님은 아무 불평 없이 2년 동안 고생하다가, 하나님께 영광을 돌리면서 기쁨으로 하늘나라로 가셨습니다. 스토트 여사는 양들이 목자 없이 있는 것을 기억하고 원저우로 돌아왔습니다. 그녀는 제자들을 버리거나 떠나지 않았습니다. 그리고 그들 중에 몇 명은 맹인이었고 가난했고 나이가 들었습니다. 그녀는 그들이 도움을 받을 수 없는 상태에서 고통당하지 않도록 그녀의 집을 열어서 그들을 환영했습니다. 스토트 선교사 부부가 그렇게 열심히 하나님의 뜻을 행했고 그분의 계명을 모두 지켰기 때문에 그분들이 장래에 받을 보상은 참으로 클 것입니다.

뤼 시콰이 편지 번역본:

　　나는 우리 목사님이신 스토트 선교사님에 대해 몇 자 적고 싶습니다. 그분은 스코틀랜드에서 태어나 그곳에서 교육을 받았습니다. 그는 CIM 파송으로 중국에 와서 복음을 전했습니다. 그의 기질은 직선적이고 매우 지적이며 의로웠습니다. 그런 점에서 그와 같은 사람은 거의 없었습니다. 그를 바라볼 때 경외감이 들지만, 그를 가까이에서 알면 부드럽고 은혜로웠습니다. 모든 문제에 대해서, 그는 우선 전체적으로 생각했고, 그런 다음에 행동했습니다. 말은 별로 없었지만, 그의 지혜는 대단했습니다. 그는 말한 것은 전부 실천했습니다. 사람들은 모두 그의 능력과 영향력을 느낄 수 있었습니다. 그는 가히 원저우 교회의 기둥이었으며, 사람들은 그와 같이 되기를 원했고 그것을 목표로 삼았습니다. 우리 목사님은 나가서 사람들에게 복음 전하는 것을 너무 좋아했고, 여러 해 동안 혼신을 다하여 가르치고 지도해 주셨습니다. 그는 24년 전에 원저우에 왔는데, 2년 후에 스토트 여사가 합류했습니다. 그들은 함께 하나님이 원하시는 일을 했는데, 그러한 일을 위해서 택하심을 받은 것에 대하여 행복해했습니다. 친구와 친척들과 고향 나라를 떠나, 머나먼 원저우까지 와서는 우리말을 이해하려고 원저우 방언을 배웠습니다. 조직된 교회들을 세웠고, 기숙 학교를 만들어 운영했습니다. 시간이나 돈을 고려하지 않고 고아들과 다른 가난한 아이들을 받아서 성경을 읽고 이해하도록 가르쳤습니다. 고난과 수고를 두려워하지 않고 그는 원근 지역에 나가서 복음을 전파하고 책을 팔았으며, 괴로워하는 사람들을 도왔습니다. 그는 복음이 전해지도록 이러한 일들을 했습니다.

안타깝게도 원저우는 다른 곳들보다 더 많이 우상들에게 굴복하는 지역입니다. 배운 사람이나 못 배운 사람이나 똑같이 우상을 숭배합니다. 이런 상황을 본 스토트 선교사의 마음은 불꽃처럼 타올랐습니다. 그는 슬픔과 괴로움을 느끼면서 하나님께서 굽어살피사 사람들을 불쌍히 여겨달라고 기도했습니다. 곧 하나님이 기도에 응답하셔서, 복음은 다른 지역들로 퍼져 갔습니다. 원저우, 빙예 그리고 동링 지역 이렇게 세 군데에 교회가 세워졌습니다. 우리 목사님은 수고하는 것을 겁내지 않았습니다. 매달 그는 직접 그 교회들을 순회하며 설교하고, 가르치고, 개종자들을 점검했습니다. 이 모든 일을 스토트 여사도 함께 했습니다. 그녀 또한 여성과 소녀들을 가르치고 강의했습니다. 그리고 영혼들이 구원 받으면, 그들에게 다른 사람들을 어떻게 돕는지 가르쳤습니다. 그리고 '현지 여성 선교단'을 만들어 무력한 자, 슬픈 자, 그리고 춥고 배고픈 자들을 도왔습니다. 이 모든 것이 교회와 잘 연합하여 진행되었고, 그들은 열심히 헌신적으로 온 힘을 그 사역에 쏟아부었습니다. 여러 해 동안 그들은 이렇게 사역했고 그것이 교회의 근간이 되었습니다. 이제 300여 명의 개종자들이 있습니다. 좋은 소식이지요?

　1887년 스토트 선교사 부부는 친척들과 친구들을 방문하러 고향 땅으로 돌아갔습니다. 그런데 몇 달이 되지 않아 스토트 선교사님의 폐병이 악화되었습니다. 최고의 명의를 불러서 치료했지만, 선교사님을 본향으로 데려가는 것이 하나님의 뜻이었습니다. 그래서 2년 간 고생하다가 기쁘게 행복의 나라로 들어갔습니다. 원저우에 그가 천국에 갔다는 소식이 전해지자 교회 회원들은 비통한 눈물을 흘렸고, 우리의 마음도 무겁고 슬펐습니다. 하지만 우리 목사님의 덕목들을 묵상하면서 노인이나 젊은이나 자신들을 가르쳤던 그분의 은혜에 감사했습니다. 이 은혜를 받고 알게 된 사람들은 모두 그분과 헤어진 것을 매우 슬퍼하고 있습니다. 우리 사랑하는 목사님의 말과 행동들을 생각하면서도, 그 모든 선하심을 다 표현할 수 없는 채로 이렇게 몇 자 적어 보냅니다. 부족한 제 글을 용서해 주십시오."

위의 글들을 중국 기독교 신문에 보내어 출판하도록 하였다.

Chapter 13

"그가 부르짖는 소리로 말미암아
네게 은혜를 베푸시되 그가 들으실 때에
네게 응답하시리라"

- 사 30:9 -

스토트 선교사는 생애 마지막 몇 주 동안 하나님께 자주 나를 위해서 기도드렸다. 나에게 딸 같은 사람을 붙여주셔서, 나의 외로운 마음이 위로도 받고 동시에 사역할 때도 정말 도움이 되게 해달라는 기도를 했다. 나는 하나님께서 틀림없이 그의 기도를 들어주실 줄 알았기 때문에 그 문제에 대해서는 하나도 걱정하지 않았다. 왜냐하면 하나님께서 때가 되면, 나를 위해서 예비한 사람을 분명히 보내 주실 것을 알고 있었기 때문이다. 나는 11월에 배를 타게 되어 있었는데, 10월까지 그 문제에 관해서 아무런 인도도 받지 못했다. 7월 케직 사경회에서 미스 바슬리를 소개받았는데, 가을에 중국으로 파송되는 젊은 여성이었다. 나는 당시 그녀가 하나님께서 나를 위해 정해 놓은 사람이라고 전혀 생각하지 못했다. 스코틀랜드에서 나는 브룸홀 씨에게 편지를 써서 내가 11월 28일에 떠나게 해달라고 부탁했다. 나와 함께 갈 사람이 없었기 때문에 친구들은 내가 너무 급하게 날짜를 잡았다고 생각했다. 하지만 하나님께서는 "믿는 자는 다급하게 되지 아니하리로다."라고 말씀하시며 나를 편안히 쉬게 하셨다.

나는 10월에 남아 있는 6주간을 사랑하는 브룸홀 부부와 보내기 위해 런던으로 돌아갔다. 그분들은 젊은 후보자들뿐만 아니라 안식년으로 돌아온 선교사들에게 부모님 같은 분이셨다. 그때 다음 주에 떠나는 사람들을 환송하는 파티가 있었는데, 미스 바슬리도 그중 한 사람이었다. 여행을 위한 수속들은 이미 끝나있었다. 항로도 정해졌고 작별 인사도 했기 때문에, 일정을 바꾸자고 제안하기에는 너무 늦은 것처럼 보였다. 그런데 내 느낌에 그녀가 하나님께서 나를 위해 선택한 사람이라는 확신이 들었다. 브룸홀 씨에게 그리고 후에는 테일러 씨에게 그 일을 언급했을 때, 그들도 그렇게 하는 것이 적합할 것 같다고 생각한 모양이다. 그래서 그녀 자리를 다른 사람에게 양도하고 조금 후에 가면 어떻겠느냐고 친절하게 제안해 주었다. 그런데 더 주목할 만한 사실은 내가 미스 바슬리에게 "혹시 친구이자 동료로 나와 함께 갈 수 있겠느냐"고 묻자, 그녀는 망설이지 않고 "예"라고 대답했다. 자신의 어머니와 아버지가 나를 몇 달 전에 만난 적이 있는데, 나와 함께 가서 사역하면 좋겠다고 말했다는 것이었다. 이리하여 모든 면에서 하나님의 뜻이 분명히 드러났다. 그리고 이제 그녀는 6년 동안 남편이 간구했던 모든 기도 제목대로 나의 사랑하는 딸이자 사역을 도와주는 조력자가 되었다.

1889년 11월 28일, 나는 중국으로 3번째 항해를 했다. 처음으로 중국으로 가는 싱글 여성 6명과 함께였다. 유쾌하고 유익한 여행이었다. 우리는 당연히 2등 칸으로 갔는데, 승객이 너무 많아서 항해사 구역 가까이에 있는 1등석 선실에 배치되었다. 바슬리 양과 내가 사용한 선실은 창문이 두 개 있고 침대가 3개 있어서 바람이 잘 통해 시원하고 기분 좋은 방이었다. 우리는 첫날 힘들었던 배멀미가 끝나자마자, 날마다 열 명 가까이 그 방 안에 빽빽이 모여서 독서와 기도의 시간을 가졌다. 선장은 좋고 친절한 사람이었고 1등 항해사도 확실한 기독교인이었다. 하루는 선장이 순찰을 돌다가 우리가 그렇게나 많이 모여 있는 것을 보고 재미있어 했다. 나는 웃으면서 "선장님, 우리가 항상 이렇게 모여있는 건 아녜요. 잠깐 기도하러 모인 것뿐이에요"라고 말했다. 그리고 그에게 우리가 얼마나 잘 지내고 있는지 보아달라고 부탁했다. 그는 함께 따라왔던 선박의 사무장에게 고개를 돌렸다. 그리고 "더 이상 승객을 받지는 않겠지?"라고 물었다. 사무장은 "예, 선장님, 나폴리에서는요."라고 대답했다. 그는 그런 다음에 "여기서는 아니죠. 손님들이 꽉 찼습니다."라고 말했다. 그는 이런 친절한 방식으로, 비록 정원 3명인 선실이었지만, 그곳에서 우리가 지내도록 허락해 주었다.

우리의 승객 중에 있던 벵갈 군대의 기독교인 대령은 우리에게 크게 도움이 되었다. 그는 선장의 허락을 받아 10시 30분에 2등 칸에서 성경 읽기를 시작했는데, 그 모임에 많은 사람이 참석했다. 하루는 그가 내게 물었다. "내가 읽는 성경 말씀 중 몇 구절을 뽑아서 더 말씀해 주실 수 있나요?" 물론 나는 그렇게 하겠다고 약속했다. 그 다음 주일에 기도를 하고 선장이 성경을 읽고 나자, 승객들이 내게 중국 사역 이야기를 듣고 싶다고 요청했다. 선장은 차양으로 예쁘게 정돈해 놓은 갑판에서 사회자 역할을 해 주며 친절하게 나를 소개해 주었다. 약 30여 명 정도가 참석했는데, 그들은 헤어지기 전에 비슷한 모임을 다시 열어달라고 부탁했다. 우리가 시작한 것은 아니었어도 사람들은 이런 작은 봉사를 기쁘게 환영했다. 승객 한 명은 내가 방금 정확히 자신의 이야기를 한 것 같다고 고백하는 일도 있었다. 그는 자신이 거의 복음을 받아들이기 일보 직전까지 간 적이 있는데 '서서히 뒤로 물러났다'면서 매우 관심을 보였다. 우리의 기독교인 대령은 '성막'에 관하여 흥미 있는 연설을 두 번 했는데, 선장과 항해사 한두 명, 그리고 일등 석 승객 중에 많은 사람이 참석했다. 함께 타고 있던 젊은 여성 선교사들은 항해사 모임을 열었고, 두세 명이 개종하겠다는 의사를 표시했다.

우리는 콜롬보에서 좋은 친구들을 떠나게 되어 섭섭했다. 삶이 변한 승객들이 많았기 때문이었다. 춤을 춘다든지 시끄럽게 놀던 일은 없어지고, 영적인 일에 대해서 이야기를 나누려는 사람도 몇 명 있었다. 처음에는 우리를 피하려고 했던 사람들이었다. 선장은 우리가 상하이까지 같이 가지 못해서 유감이라고 했고, 우리도 같은 생각이었다.

크리스마스 날 콜롬보에서 우리는 S.S. 클라이드호로 배를 갈아탔는데, 그곳에서 우리는 생각했던 것보다 4시간을 더 기다려야 했다. 잘 가라는 인사들을 다 나누었는데도 1등 항해사는 돌아와서 우리를 한 번 더 보고 싶은 유혹을 참을 수 없었다며, 우리와의 교제가 너무나 좋았고 도움이 되었다고 말했다. 영국에서 타고 온 배를 지나쳐 갈 때, 우리는 옛 친구들에게 다시 손을 흔들었고, 항해사들은 뱃고동을 세 번 울려 작별해 주었다. 우리는 다시 집을 떠나는 느낌이었다.

싱가포르에서부터 항로가 조금 험했지만, 1890년 1월 13일에 상하이에 도착했다. 거기서 우리는 오랜 친구들의 애정 어린 환영을 받았다. 중국의 여러 지역에서 온 편지가 10통이나 기다리고 있었다. 모두 부드러운 위로로 가득 찬 편지들이었다. 슬픔과 상실감이 나를 무겁게 내리눌렀지만, 그럼에도 나는 주님의 속삭임을 들을 수 있었다, "어미가 위로하듯이 내가 너를 위로하노라." 그래서 그가 살아 있으면 좋았을 걸 하고 소원하지 않고, "제 뜻은 하나님의 뜻입니다."라고 말할 수 있어서 다행이었다. 우리와 함께 왔던 휫포드 양이 가능하다면 원저우에서 우리랑 함께 일하고 싶다고 했다. 주드 양 혼자 여학교를 맡고 있었기 때문에 그 길이 가능한 것처럼 보였다. 스티븐슨 선교사가 기꺼이 동의해서 우리는 그녀와 같이 갔다.

우리는 원저우에 2월 4일 아침에 도착했다. 우리가 내리자마자 감리교 자유 교회의 스토트 여사가 시골에서 마중 나오는 것을 볼 수 있었다. 그런 다음에 우리 선교회의 G씨 부부, 그리고 J양을 만났다. 그렇지만 나를 처음 맞은 사람은 두 명의 충실한 하인이었다. 여러 해 동안 그들은 이 나라에서 볼 수 없는 헌신으로 나를 섬겨주었다. 그리고 잠시 나를 다시 만났다는 즐거움 때문에, 그들은 상실한 사람을 잊은 것처럼 보였다. 길을 따라서 서 있는 성도들이 나에게 인사하느라고 바빴다. 그리고 집에 도착할 즈음, 많은 사람이 모여들었다. 소식은 재빨리 퍼져나갔다. 다음 날 또 몇 명이 그들의 사랑을 보이려고 30여㎞를 걸어서 왔다. 나는 처음 이틀을 어떻게 보냈는지 모른다. 우리가 함께 사랑했던 사람들이 슬퍼할 때, 내 가슴에서는 다시 피가 흘렀다. 그들은 서재로 들어가서 자기들이 그렇게 사랑했던 목사님의 커다란 초상화를 보고 눈물을 흘리며 흐느꼈다. "그분이 맞는데, 우리에게 말을 걸지 못하시네요." "몇 년 만이라도 더 우리에게 돌아와 주셨으면 좋았으련만……." 내 입에서 그런 말이 튀어나왔다. 사람들은 정말로 그를 사랑했다. 그를 너무 많이 그리워했다. 나는 "오, 하나님이시여! 저에게 필요한 지혜와 힘을 주셔서, 이 목자 없는 양과 같은 사람들에게 어머니가 되게 하소서!" 하고 날마다 기도드렸다. 여기에서 바슬리 양의 편지 내용을 인용하는 것이 흥미로울 것 같다.

"우리가 도착하던 순간을 절대 잊지 못할 것입니다. 현지 성도들이 우리가 타고 온 증기선의 고동 소리를 듣고 와서, 금방 스토트 여사를 둘러싸더니, 우리가 집에 도착한 지 몇 분 후에는 방에 사람들이 가득 앉아 있었습니다. 사람들은 스토트 여사를 중앙에 두고 비통하게 흐느껴 울었습니다. 그녀의 손을 잡고 우는데 너무 가슴이 아팠습니다. 일주일 내내 계속된 일이었고, 마음이 찢어지는 한 주간이었습니다. 현지 성도들이 각지에서 왔는데, 대부분 20~30㎞ 되는 거리를 걸어서 왔습니다. 그들은 모두 스토트 선교사의 초상화가 걸려 있는 서재로 들어갔고, 그곳에 그를 보자 눈물을 터뜨렸습니다. 그들이 스토트 여사를 얼마나 사랑하고 존경하는지 여러분은 결코 알지 못할 것입니다. 그리고 그들은 참으로 친절한 사람들입니다. 그들의 얼굴을 보면 그들이 기독교인인 것을 알아볼 수 있습니다."

우리가 도착하고 이틀이 지나서 G씨 부부는 남쪽으로 50여㎞ 떨어져 있는 임지 빙예 지역으로 떠났다. 목공과 벽돌공들을 불러 흰개미가 갉아먹은 바닥도 고치고, 집도 전체적으로 청소하니, 3주 후에는 다 정돈이 되었다. 신자들은 모두 내가 그들을 방문해 주기를 원하고 있었다. 그래서 우선 원저우에서 10여㎞ 떨어져있고 수년 동안 믿는 사람이 단 한 명 있던 마을부터 시작했다. 지금은 개종자가 10명이나 되고 관심자도 비슷하게 많이 있어서 얼마나 기뻤는지 모른다. 저녁 후에 20여 명이 성경과 찬송가를 들고 모여서 저녁 예배를 드렸다. 내가 요한복음 3장 말씀으로 "하나님의 사랑"을 전한 후, 개종자 두 명이 간증했는데, 어떻게 은혜 안에서 성장했는지를 잘 보여주었다. 이제는 그 마을에 제자가 20명 있고, 매주 목요일 오후에 한 여성이 성경 읽기를 인도하고 있다. 편도 2시간, 왕복 4시간 걸리는 거리를 와서 수고하고 있었다. 그것은 보람 있는 수고였다. 여러 해 동안 혼자 기독교인이었던 사람이 있었는데 그가 참아내야 했던 핍박은 적은 것이 아니었다. 그러나 마침내 아내, 장모, 네 자녀, 처제 둘, 그리고 조카 한 명이 모두 교회로 인도되는 기쁨을 누릴 수 있었다. 비록 처음 개종자와 마지막 개종자 사이에 많은 시간이 흐르기는 했지만, 정말 지금 있는 우리 사역에서 가장 격려되는 부분 중 하나는 그렇게 많은 가족이 모두 예수 그리스도 안에 하나가 되는 것이다. 나에게도 믿은 후 지금까지 충성스럽게 쓰임 받는 전도 부인이 있다. 그녀는 많은 다른 사람들처럼 우리가 없는 동안 주께로 온 사람이었다.

다음 토요일 바슬리 양과 나는 동링으로 갔다. 그곳 성도들은 나에게 긴급히 와달라고 했다. 왜냐하면 많은 사람이 도시로 나올 수 없었기 때문이었다. 우리는 저녁 6시 즈음에 도착했다. 30여㎞ 되는 거리였는데도 6시간이나 걸렸다. 빙예 지역의 G씨 부부가 우리와 합류했다. 내가 온다는 것을 사람들이 알고 있었기 때문에, 그들은 힘으로 밀치고 들어왔다. 예배당은 끝에서 끝까지 사람들로 꽉 차 있었고 밖에 서 있는 사람도 많았다. 이것은 1884년 폭동으로 불에 타 없어진 교회를 대신해서 새로 건축한 예배당이었다. 약 100명을 수용하는 예배당에 두 번 모였는데 150명씩 참석했다. 나는 오후 예배를 인도하면서, 그들이 사랑하는 목사님의 마지막 메시지를 눈물로 전했다. 그들 모두 깊이 영향을 받았다.

내가 맹인 남자들과 연로한 과부들을 위한 쉼터 사역을 시작한 것은 바로 이때였다. 우리 교회에 혼자 힘으로 일할 수 없는 맹인이 7, 8명 있었는데, 그들은 돌보아 줄 자녀도 없었다. 매주 사람들이 그들을 예배당으로 인도하여 들이는 것을 볼 때마다 내 마음은 무거웠고, 하나님께서 분명 나를 시켜서 그들을 편안하게 해줄 무엇인가를 해주시려는 것 같았다. 80세가량 된 사랑하는 노인 성도가 있었는데, 맹인은 아니었지만 특별히 신경이 많이 쓰였다. 그들을 받아들일 작은 집이 준비되었을 때, 이 노인은 제공되는 음식을 충분히 드시려고 하지 않았다. "내가 하루 전에는 두 끼도 먹을 수 없었는데, 왜 내가 지금이라고 세 끼를 먹겠습니까?"라고 대답했다. 비슷한 상황에 있는 과부 몇 명도 같이 우리 숙소에 머무를 수 있게 되었다. 주님께서는 다른 사역에서처럼 이 사역에도 넉넉하게 공급해 주셨다. 중국에서는 영국만큼 돈이 많이 들지 않는다. 1년에 한 사람을 후원하기 위해서 4파운드면 충분했다.

이런저런 이유로 남편이 만들었던 자원봉사 설교자 그룹이 해체되었다. 한 명은 죽었고 두 명은 설교자가 되었으며, 다른 사람들은 그만두었다. 그래서 이 그룹을 재조직해야 했다. 마을마다 설교자들을 보내 달라고 아우성치고 있었는데, 보낼 사람이 없었다. 우리는 "하나님이 보낸 사람"이라고 판단할 수 없는 한, 설교자를 고용하지 않았다. 교회 구성원들에게 영혼들에 대한 책임감을 강조하면서, 하나님께서 그들에게 복음을 전해주셨던 방식대로 "돈 없이 값없이" 다른 사람들에게 복음을 전하는 것은 의무이자 특권이라고 강력히 권고했다. 나는 복음 사역을 위해 토요일 반나절을 포기하고 주일 전체를 포기한 사람들에게 여행비를 지불하겠다고 약속했다. 처음 요청에 네 명이 반응을 보였다. 그들을 한 반으로 만들어 지역을 할당해 주었다. 한 달에 한 번 기도 모임을 하여 보고하게 하고 흥미로운 사건이 있으면 발표하게 했다. 다른 마을에서도 교사들을 보내달라는 요청들이 있었고, 설교자들도 계속 나왔다. 이제까지 14명이 주일에 무상으로 자신들의 시간을 주님께 드렸다. 그들은 주중에는 자기 상점과 농장에서 일을 해야 하는 사람들이었다.

우리는 이런 사람들을 가르치기 위해 무엇인가를 해야 한다고 생각했다. 왜냐하면 그들은 주일예배를 빠지고 있었고, 몇 명은 거의 읽지도 못했으며, 자신들을 위하여 스스로 생명의 물을 길어 먹어야만 했다. 그들에게 우물은 깊었다. 많이 생각하고 기도한 끝에 우리는 한 달 동안 하는 성경공부 모임을 열기로 했다. 그 시간 동안 나는 그들을 대접했지만, 보수는 주지 않았다. 그들은 그 초대에 기쁘게 응했다. 그 한 달 동안 나는 전적으로 그들에게 헌신했고, 그들은 두 번 운영하는 성경공부반이 유익했다면서 아주 고맙게 여겼다. 또한 중간중간 시간이 있을 때면 더 잘 읽는 법도 배웠다.

처음 1, 2년이 지났을 때, 이 사람들이 어떻게 설교하는지 걱정되어서 그 일에 오후 시간을 쓰자고 제안했다. 즉, 그들이 모인 사람들에게 하듯이 설교를 하고, 현지 목사님과 내가 비평하도록 허락해 달라고 요청했다. 그렇게 하는 목적은 생명의 말씀을 그들이 더 잘 이해하고 다루는 것을 돕기 위한 것이라고 설명했다. 그들은 처음에는 불안해했지만, 수업이 끝나기 전에 그렇게 도움이 되는 가르침을 가을에 한 주 더 해 달라고 부탁했다. 그래서 우리는 이제 1년에 5주를 전적으로 그들을 가르치는 일에 사용하고 있다. 흥미로운 그들의 설교 몇 편을 소개한다.

2월 18일: 아침에 찌에가 마태복음 4:18-22절 말씀을 전했다. 이 네 명의 어부가 그리스도를 따르기 위해서 모든 것을 버렸다. 우리는 새신자들에게 모든 육체의 소욕을 버려야 한다고 가르치지만, 우리 같이 오래 믿은 신자에게는 다르게 가르친다. 물고기를 잡을 때는 그물을 사용하지만, 사람을 낚을 때는 우리의 그물, 우리 자신만의 방법, 지혜를 버려야만 한다. 그래도 우리에게는 다른 그물이 있어야 하는데, 그것은 복음이다. 사람을 낚으면 영광, 영원한 영광이 주어진다. 어부들은 때때로 할 일이 없다 그래서 가서 다른 일을 하기도 한다. 그리스도는 우리가 항상 사람을 낚는 어부가 되라고 부르셨다.(딤후 4:1-2) 우리는 이 제자 중 세 명이 죽기까지 충성한 증거를 가지고 있다. 우리는 올해 설교하러 가지 않는 사람들을 위해 기도해야만 한다(두 명이 방금 그만두었다). 베드로는 흔들리다가 이전으로 돌아갔다. 하지만 단지 반시간 정도뿐이었다. 우리가 진정으로 하나님의 택하신 자이고, 그분에게서 직임을 받았다면, 이전으로 돌아가지 않도록 조심해야 한다. 사람을 낚는 것은 물고기를 낚는 것보다 더 어렵다. 낚시할 때 우리는 추위와 노출을 두려워한다. 사람을 낚을 때는 우리는 마음이 찬

(냉랭한) 것을 두려워해야 한다. 제자들은 사람을 낚을 때 추위, 배고픔, 핍박 등을 함께 받도록 부르심을 받았는지도 모른다. 베드로, 야고보 그리고 요한은 그리스도를 가장 가까이서 따랐고 가장 사랑을 받았다. 그러나 그들은 고난도 가장 많이 겪었다. 그들의 한 가지 소원은 '사람을 낚는 것'이었다. 눈, 비, 추위, 그 어떤 것도 그들을 막을 수 없었다. 만일 주인이 하인에게 나가서 고기를 잡아 오라고 했다면, 돌아왔을 때 첫 번째 질문은 아마도 "고기를 얼마나 잡았니?"일 것이다. 몇 마리 못 잡았더라도 꾸짖지는 않을지라도, 그 아들이나 종은 부끄러울 것이다. 사람을 낚기가 제일 어렵다. 왜냐하면 그들의 속마음까지 얻어야 하기 때문이다.

오징 알리가 마태복음 5:1-7절을 가지고 말씀을 전했다. 처음에 그는 매우 긴장했다. 하지만 나중에 더 자신감을 갖게 되었다. '심령이 가난한 자'는 중국어로 '슈샹'인데 슈는 텅 비었다는 뜻이다. 그래서 이것은 우리가 하나님 앞에 나올 때, 우리에게 아무런 선이나 공로가 없음을 깨닫고 거지 같은 마음으로 나오면 그분께서 받아 주시고 우리를 축복해 주신다는 의미이다. 바리새인과 세리를 예로 들 수 있다.

'애통하는 자'는 자신의 죄, 친척과 친구와 믿지 않는 사람들의 죄를 슬퍼한다. 예를 들면 주님의 발 앞에서 울던 마리아가 자신의 죄로 인해 슬퍼했을 때, 주님이 마리아를 어떻게 위로해 주셨는가.

'온유한 자'는 자기 친구를 잘 대접할 뿐 아니라, 잘못 대접받을 때도 불평하거나 화내지 않는 사람이다. 그들은 복 있는 사람이다. 예를 들면, 아브라함과 롯의 목자들 사이에 다툼이 있었을 때, 아브라함은 롯에게 먼저 땅을 선택할 권리를 주었다. 그것은 참된 온유함이었다. 아브라함의 자손들은 가나안 땅을 받았다. 하지만 우리는 썩지 않는 유산을 받을 것이다. 산을 넘어가는 먼 여행 후에 마시는 물맛은 얼마나 좋겠으며, 그때 먹는 음식은 또 얼마나 맛있겠는가! 우리는 그러한 목마름으로 하나님의 말씀을 들어야 하고, 그러한 배고픔으로 의로움을 추구해야 한다. 하나님은 채워 주겠다고 약속하셨다.

2월 25일: 충찌가 선한 사마리아인의 이야기를 비유와 상징을 사용하여 설교했는데, 그런 일은 유감스럽기는 하지만 중국인들이 생활 속에서 잘 적용할 수 있는 말씀이었다. 예루살렘은 하늘, 여리고는 지상. 우리의 영혼은 본래 하늘로부터 왔다. 우리가 이 땅에 태어날 때 우리는 영혼의 대적인 죄, 도둑질 등으로 고통을 당한다. 옷은 우리의 선한 행동. 제사장은 유대교 제사장, 또는 유교, 도교를 믿는 사람들, 채식주의자들 등, 또는 요즘에는 죄를 용서해 준다는 천주교, 그러나 우리의 영혼은 치유할 수 없다. 레위인은 율법을 가르치는 사람들. 우리의 영혼을 구원할 수 없다. 사마리아인은 그리스도로, 우리가 당한 상처를 보고 죄로 인해 반쯤 죽은 우리를 불쌍히 여기시는 분. 기름은 성령, 우리가 그분을 모셔들여 우리의 마음을 여시도록 하지 않으면 우리는 하나님이나 그리스도를 알아보지 못할 것이다. 포도주는 그리스도의 피. 나귀(상처 입은 자를 태웠던)는 그리스도의 은혜, 만약 우리가 이것이 없다면 우리는 하늘나라의 길을 잘 갈 수 없을 것이다. 여관은 예배당, 거기서 음식을 얻고 여러 가지 면에서 도움을 얻는다. 여관 주인은 목사님.

찌 목사가 위의 방식에 대해 논평했다. 우리가 비유를 해석할 때는 그리스도께서 원래 가르치려고 하셨던 요점을 잘 유지해야 하는데, 어떤 방식으로 그렇게 할 것인가에 대해서 말했다. 예를 들면, 여기 그리스도께서 얘기하신 비유는 "누가 내 이웃입니까?"라고 묻는 서기관의 질문에 대한 대답이었다. 이 의미 이외에도 우리는 충찌가 말한 것 같은 다른 의미도 생각해 볼 수 있다. 예수님은 우리의 양심, 만일 우리가 모두 양심대로 행동한다면 어려움이나 위험을 만나지 않을 것이다. 우리 양심을 버리면 우리는 타락한다. 사마리아인은 의식이 없는 채로 왔다. 그리스도께서 우리를 구원하셨을 때 우리도 마찬가지였다.

2월 26일: 찡콰이가 마태복음 15:21-29절로 말씀을 전했다. 설교가 좋았고 요점이 있었다. 믿음, 중단 없는 기도, 겸손 등에 대한 교훈이었다. 오후에 콰이(응가위의 남편)는 히브리서 5:2절에서 멜기세덱 제사장(히12:3)에 대해서, 하나님만이 아버지가 없으시다(12절). 실습생은 3년 정도를 배운 후 정식 일꾼이 된다. 처음에는 쉬운 일이 주어진다. 짧은 설교였지만 요점이 있었고 전체적으로 좋았다. 그는 틀림없이 자기 아내의 성경 지식에서 도움을 받고 있었다.

다른 날, 아마 5일: 찌 목사가 그리스도와 사도들을 예로 들어가면서 어떻게 하면 복음서 설교를 가장 잘할 수 있는지 가르쳤다. 그리스도는 그의 설교를 듣는 청중들의 상태에 맞는 설교를 했다. 물 길러 온 사마리아 여인에게는 그에 맞게 설교했다. 설교를 들으러 온 시골 사람들에게는 씨 뿌리는 것과 겨자씨의 비유로 이야기했다. 바리새인들에게는 구약과 율법을 사용했고(눅4:16-22), 제자들에게는 하나님의 말씀과 천국의 신비를 설교했다.

찌 목사는 분명히 가르치는 은사가 있고 철저히 비판적인 안목이 있었다. 이런 모임들이 분명 현지인뿐 아니라 우리 외국인들에게도 도움이 되었다. 그리고 종종 토론과 꽤 깊은 사고를 요하는 주제들을 만들어냈다.

우리는 올해(1890) 내내 우리 오징에서 온 가난하고 핍박받는 사람들을 구내에서 먹이고 돌보았다. 관리들이 사건이 아직 끝나지 않았다고 돌아가지 못하게 했다. 한 가족은 아버지와 어머니, 두 아들과 아내, 그리고 큰아들의 아기가 모두 함께 있었다. (차남의 약혼자가 친정으로 돌아갔었는데 그녀의 부모가 자기들도 그 일에 연루될까봐 딸을 돌려보냈다. 그래서 그녀도 도시로 가서 즉시 결혼했다.) 이 가족 중 세 명은 이전에 구도자였는데 이번 기회에 결심하고 주님 편으로 나왔다. 몇 달의 시험 기간을 거친 후에 세례를 받았다. 가엾은 아기는 병에 걸려 죽었다. 주님의 손이 그들에게 너무 가혹하게 느껴졌지만 하나님께 영광을 돌리면서 믿음을 잃지 않았다. 그들은 그해 성경 지식을 많이 얻었다. 정말 그들의 진보는 대단했다. 매일 아침 드리는 기도회 때마다 그들의 얼굴은 상당히 빛이 났다. 주님은 이 오랜 기다림 속에서 다른 이들을 가르치는 교사로 그들을 준비시키셔서 점점 더 자기 마을을 위해서 섬길 수 있도록 해주셨다. 둘째 아들은 이제 가장 헌신적인 무급 설교자이다. 매 주일 아침 그는 새벽 4:00에 일어나서 그의 집에서 16㎞ 떨어져 있는 한 마을로 설교하러 간다. 거기서 그는 두 번의 예배를 드리고 저녁에 돌아온다.

기다리느라고 지쳐서 사람들은 많이 낙심하고 실망했다. 관리들을 설득하여 정착지를 받을 힘이 우리에게 없는 것에 낙담한 것이었다. 우리의 소망과 도움은 하나님 밖에 없었다. 그래서 우리는 3일 아침을 기도하는데 보내기로 결심했다. 바슬리 양이 친구들에게 보낸 편지에 그 기도회의 모습 일부가 묘사되어 있다.

"1890년 6월 24일: 6월 21일에 토요일, 일요일 그리고 월요일 오전에 만나기로 결정되었습니다. 한 달에 한 번 주님의 죽음을 기억하기 위해 여러 지방에서 성도들이 방문했는데, 그들에게 정해진 날짜에 방문하도록 전했습니다. 며칠 동안 끊임없이 비가 내려서 토요일 무렵에는 홍수로 길들이 잠겨 버렸습니다. 그래서 많은 사람이 참석할 수는 없었습니다. 토요일 오전 10시가 첫 번째 모임이었는데, 약 30명 정도 참석했습니다. 시작 기도 후에 목사님이 불의한 재판관 비유를 읽고 다음과 같은 말씀을 전했습니다. 하나님께서 기도에 응답해 주시는 것은 단순히 기도를 그만하라는 뜻은 아닙니다. 왜냐하면 그분은 기도하는 사람에게 좋은 것을 주고 싶어 하시기 때문입니다. 그 후 목사님은 구약과 신약에 하나님은 기도를 들으시고 응답하시는 분임을 증명하는 경우가 많이 있다고 했습니다. 그런 후에 그들에게 물었습니다. '여러분은 기도 응답의 경험이 있습니까?' 그러자 즉시 한 맹인이 대답했습니다. '3, 4년 전, 내가 믿은 지 얼마 되지 않았을 때, 나는 하나님을 잘 몰랐습니다. 당시 나는 아들 때문에 아주 힘든 상태였습니다. 내 아들 습관이 안 좋고 게을렀으며 일도 하지 않았는데, 내가 무슨 말을 해도 듣지 않았습니다. 나는 그 문제를 하나님께 가지고 갔습니다. 그분에게 내가 무력하고 무식해서 어떻게 기도해야 하는지도 모른다고 말씀드렸습니다. 나는 그분에게 내 아들이 얼마나 거역하는지를 고백하면서 아들의 마음에 역사하셔서 다시 일하러 가도록 해 달라고 기도했습니다. 기도한 다음 아침에 아들이 밖으로 나갔는데, 나는 그가 어디로 갔는지 몰랐습니다. 그런데 내가 기도하고 난 바로 후에 이웃 사람이 와서 나에게 아들이 일하러 갔다고 전해 주었습니다. 주님은 그렇게 기도를 들으시고 내가 기도하는 동안에 응답해 주셨습니다.

목사님은 누가 또 더 말하고 싶은 사람이 없느냐고 물었습니다. 그러자 다른 맹인이 이야기를 시작했습니다. '모두 아시다시피 나는 예수님을 믿기 전에 아편쟁이였습니다. 나는 아편을 피우는 사람이 그리스도를 따를 수 없다는 것을 알고 하나님께 그것을 끊을 수 있는 힘을 달라고 기도했습니다. 그것은 힘든 투쟁이었습니다. 왜냐하면 12~14년 동안 아편을 피워왔기 때문이었습니다. 첫날 아침, 아편을 피우고 싶었습니다. 나는 어떤 약도 먹지 않고 주님을 신뢰하기로 결정하고 무릎을 꿇고 기도했습니다. 나는 주님께 말씀드렸습니다. 내가 얼마나 힘든지, 아편 피우고 싶은 욕망이 얼마나 나를 고통스럽게 하는지, 그러면서 내가 얼마나 무력하고 연약한지를 고백했습니다. 내가 기도하면 아편 피우고 싶은 마음이 없어졌지만, 정오에 다시 욕망이 찾아왔습니다. 기도에 의지하면, 괜찮았는데, 3일 동안 계속 하루에 3번 그 욕망은 다시 찾아왔습니다. 그리고 그때마다 기도로만 편안해졌습니다. 그런 다음에 나는 최종적으로 승리를 얻었고, 그때부터 마약을 흡입하고 싶은 욕망이 완전히 사라졌습니다.'

그 설교자는 그런 다음에 자기 경험을 나누었습니다. 그리고 정말로 놀랄만한 이야기를 했습니다. '몇 년 전, 빙예 전도소에서 집회를 하는데, 좁은 예배당 안은 사람들로 붐비고 있었습니다. 청중 중에 한 사람이 쉬지 않고 시끄럽게 떠들어서 내가 사람들의 주목을 끌 수 없는 지경이었습니다. 나는 그에게 조용히 해달라고 했습니다. 하지만 사람들이 대답하기를, "그에게 얘기해봐야 소용없어요. 몇 년 동안 미쳐 있거든요." 그 남자는 계속해서 시끄럽게 했습니다. 그래서 무엇을 할지도 모르겠고, 그를 쫓아내기도 두려워서, 나는 주님께 힘을 달라고 기도했습니다. 그리고 손가락으로 그를 가리키면서 큰 소리로 명령했습니다. "나사렛 예수 그리스도의 이름으로 말하노니, 그에게서 나오라!" 그 남자는 조용히 앉더니 마치 잠든 것처럼 눈을 감았습니다. 그리고 나는 설교를 계속했습니다. 곧 나는 사람들에게 내가 하늘의 하나님께 기도할 것이라고 말하며, 나와 함께 무릎을 꿇자고 그들에게 요청했습니다. 그 정신이 나갔던 그 남자도 그들과 함께 무릎을 꿇었습니다. 그리고 기도 후에 나에게 다가와 조용한 소리로, "정말 감사합니다. 정말 감사합니다. 나는 10년 동안 제정신이 아니었습니다. 이제는 괜찮은 것 같습니다."라고 말했습니다. 나는 지금 그가 어디 있는지 모릅니다. 그는 예배당에 오지도 않고 그리스도인이 되지도 않았습니다. 그런데 몇 달 후가 지났을 때도 그가 아직 제정신인 상태이고 일도 하고 있다고 들었습니다.'라고 얘기했습니다. 그는 아직 예수님의 이름에 어떤 권능이 있는지 보여주기 위해서 이 이야기를 했습니다. 그 모임은 6, 7명이 더 간증한 후에 끝났습니다.

두 번째 모임은 오후 3시에 열렸습니다. 성경 본문은 감옥에 갇

힌 베드로로, 교회가 요한의 집에서 베드로가 기적적으로 풀려나기를 위해 밤새도록 기도하는 대목이었습니다. 본문을 읽고 난 후에 목사님이 응답된 기도에 대한 간증이 더 없느냐고 물었습니다. 잔인하게 맞고 학대받아서 집에서 쫓겨난 오징의 할머니 한 분이, '내가 할 말이 있습니다."라며 일어섰습니다. 얼굴이 빛나는 것을 보니 할머니에게도 간증이 있는 것처럼 보였습니다. 그녀의 표정은 아름답습니다. 아침마다 스토트 여사가 성경을 설명하고 있을 때, 말씀의 성찬을 먹고 있는 그 표정을 여러분이 볼 수 있으면 좋겠습니다. 나는 그 할머니를 보는 것이 너무도 좋습니다. 주님을 그렇게 사랑하며 그분을 위해서 그렇게 많이 고통을 당했으니, 밝은 환영의 미소와 '잘하였다, 착한 종아.' 하며 기다리시는 주님을 생각만 해도 좋습니다. 할머니는 이런 말을 했습니다. '작년 초에야 우리 마을에 복음이 전해졌습니다. 그리고 내가 믿게 되자, 이웃들도 주 예수 그리스도의 사랑을 알수 있도록 주일날에 설교가 있기를 원했습니다. 우리 집은 아주 작은데, 우리 마을에 설교하기에 딱 좋다고 생각되는 크고 좋은 방이 있는집이 있었습니다. 나는 하나님께서 그 가정을 구원하셔서 손님 방이설교하는 방으로 변하도록 기도하기 시작했습니다. 두 달 동안 기도했는데, 거의 끝날 즈음, 그 집 식구들 모두가 주님께로 인도되었습니다(할머니는 그 가족이 몇 명이었는지는 말하지 않았습니다). 그리고그 방은 설교하는 방으로 헌납이 되었습니다.' 이 여인이 핍박하는 사람들 이름을 불러가며 기도하는 것을 듣는 것은 매우 감동적이었습니다. 그리고 눈물을 흘리면서 그들이 모두 예수님을 따르는 사람들이 되게 해달라고 간청했습니다. 이런 모임에서는 남자뿐만 아니라 여성들도 기도에 참여했습니다. 시간 때문에, 이런 모임에서 어떻게 기도하는지 상세히 설명할 수는 없지만, 눈물을 많이 흘리면서 사람들이 연이어 자기 마음을 하나님께 활짝 열고 기도하던 그 모임은 매우 축복된 시간이었습니다. 하나님께서는 그런 모임이 장래에 축복의 도구가 되도록 허락하셨습니다. 비록 관리도 그 장소에 있었지만, 핍박 사건은 아직 해결되지 않았습니다. 그리고 우리는 곧 무슨 일이 일어나기를 바라고 있습니다.

목사님은 이제 맹인 홈(Blind Men's Home)에 있는 거리 예배당(Street Chapel)에서 매일 저녁 설교를 하는데, 청중이 많았습니다. 그러나 새로운 내용이 점점 없어지자, 청중 숫자도 줄었지만 진심으로 진리에 관심이 있는 사람들은 빠지지 않고 계속 참석했습니다. 많은 사람이 그 방에서 '사망에서 생명으로' 들어가도록, 그래서 하나님의 이름이 영광을 받으시도록 함께 기도해 주시지 않겠습니까?"

Chapter 14

"예수와 제자들도
그 혼례에 청함을 받았더니"

- 요 2:2 -

이 무렵, 우리 학교에 다니는 소녀 한 명이 결혼을 했다. 그들은 내가 도착하기를 기다리고 있었다. 바슬리 양에게는 중국에서 처음 본 기독교 결혼식이었기 때문에, 다음과 같이 흥미 있게 묘사했다.

"평소에 보던 것보다 매우 흥미로운 결혼식이 어제 이곳에서 있었습니다. 왜냐하면 중국에서는 흔하지 않은 진정한 사랑의 이야기였기 때문입니다. 여기 규칙에 따르면, 젊은이들은 결혼식 때까지 서로 만날 수 없게 되어 있습니다. 약혼은 아이들이 어릴 때 부모 사이에서 이루어집니다. 불쌍한 신부는 자기 결혼에 대하여 아무 말도 하지 못합니다. 신부는 결혼식 날 아마도 이전에 만나 보지 못한 남편의 부모님에게 인계됩니다. 신부는 학교 소녀로 아름답고 부지런한 그리스도인이었습니다. 신랑은 큰형과 함께 스토트 선교사의 학교에서 성장했습니다. 그리고 충분히 성장하자 스토트 선교사는 그들을 재단사에게 보내어 그 일을 배우게 했습니다. 그들 형제는 모두 부지런히 일하여 사업도 잘하고 좋은 집도 있었기 때문에, 신부는 친정으로 가지 않아도 편안할 것이었습니다. 왜냐하면 남편의 어머니, 두 형제, 그리고 그들의 아내가 거기 살기 때문입니다. 하지만 그것이 이 땅의 관습이어서 그들은 우리만큼 신경 쓰지 않을 것입니다.

이 젊은이는 5년 전에 스토트 여사에게 와서 봉 양(현 신부)과의 결혼을 주선해 달라고 부탁했습니다 스토트 여사는 그에게 그녀가 너무 어리니 결혼을 생각할 수 없다고 말했습니다. 실은 봉 양과 달리 그가 기독교인이 아닌 것이, 커다란 장벽이었습니다. 하지만 여사는 반대하는 이유를 그것 때문이라고 하지는 않았습니다. 그렇게 하면 거짓으로 곧 기독교인이 될 수도 있었고, 그것은 그녀가 피하고 싶은 것이었습니다. 영국에는 명목상의 기독교인이 훨씬 더 많아서 그녀는 이곳에서까지 그런 모습을 보고 싶지는 않았던 상황이었기 때문입니다. 약 2년 후, 그는 스토트 여사에게 또 와서 자기 동생이 결혼하기를 너무도 소원하고 있다고 했습니다. 그리고 여사가 그에게 봉 양을 준다고 약속만 해주어도 자기는 그녀를 기다릴 것이고 동생은 만족할 것이라고 말했습니다. 그녀는 그에게 비록 봉 양을 주겠다고 약속하지 않겠지만, 자기가 안식년을 보내고 돌아왔을 때, 그에 대한 사람들의 평가가 좋으면 아내를 주선해 주겠다고 약속했습니다.

이런 일이 있기 전에 그는 이 소녀와 연락할 방법을 찾아서 그녀에게 자기가 그녀를 기다리겠으니 다른 사람과는 절대로 결혼하지 말라는 말을 전한 상태였습니다. 우리 학교 여학생들은 다른 모든 중국 아가씨들보다 훨씬 더 유리한 점이 있었는데, 그것은 어떤 젊은이가 한 소녀에게 마음이 있으면 그 이야기를 항상 스토트 여사에게 했다는 것입니다. 그러면 여사는 그 여학생에게 그와 결혼하고 싶은지 아닌지를 스스로 결정하게 했습니다. 스토트 여사가 없는 동안 그 젊은이는 담대히 주님 편으로 나왔고, 그리어슨 선교사에게 세례를 받앉습니다. 그래서 그가 다시 아내를 요청했을 때, 우리는 거절하지 않았고 그들이 행복하기를 바라며 모두가 기뻐했습니다. 그러고 나서 며칠간 결혼 준비를 했는데, 결혼식이 여기서 열리기 때문에 나는 그 진행 상황을 지켜볼 수가 있었습니다.

결혼식이 진행되는 방에는 결혼식 색깔인 붉은 색 휘장을 늘어뜨려 놓고 천정은 온갖 종류의 모양이 다른 등으로 장식되어 있었는데, 불이 켜지자 아주 예뻤습니다. 의자 몇 개는 분홍색 커버로 씌웠고 금색으로 아름답게 수놓은 쿠션이 그 위에 놓여있었습니다. 나는 그렇게 아름다운 작품을 이전에 본 적이 없었습니다. 신부와 신랑의 의복과 함께 이 모든 것은 임대한 것이었습니다. 이것이 이곳 관습입니다. 그 옷들은 다른 경우에는 절대로 입을 일이 없기 때문입니다. 우리 요리사는 자신의 방을 신혼부부에게 내주었습니다. 왜냐하면 결혼 후에 그들이 가버리지 않고 여기에 머물렀기 때문이었습니다. 결혼식은 저녁 7시에 시작되었고 수트힐 선교사가 예배 인도를 부탁받았습니다. 우리가 들어가니 친구들이 모여 있었고, 신랑은 분홍색 담요 위에 서서 신부를 기다리고 있었습니다. 그의 의복은 좋은 것은 아니었습니다(나에게는 실내복처럼 보였습니다). 다음 날 아침에 입은 고동색 실크 상의가 훨씬 더 좋아 보였습니다. 그는 중국식 모자를 썼는데 그것은 둥글고 꼭대기에 빨간 장식 끈이 있었습니다.

몇 분 후에 사람들이 약간 웅성거렸습니다. 누군가가 '그녀가 오고 있다'라고 속삭였습니다. 사람들의 시선이 쏠린 쪽을 바라보니 두 여성이 '신부'를 인도하여 오고 있었습니다. 신부는 분명히 그렇게 도와줄 필요가 있어 보였는데, 그것은 신부가 자신이 어디로 가고 있는지조차 볼 수 없었기 때문이었습니다. 신부의 의상을 발부터 묘사해 보면, 신부는 자기 손으로 전체를 아름답게 수놓아 만든 붉은 공단 신발을 신었고, 금색으로 수놓은 밝은 초록빛 공단 치마를 입었습니다. 또 겉에는 견과류와 과일 무늬를 금실로 수놓은 붉은 공단 의상을 걸쳤습니다. 머리에는 아주 크고 무거워 보이는 헬멧 같은 모자를 썼는데, 그 둘레에 온통 초록색 돌과 남녀의 모양으로 장식되어 있었습니다. 머리 양쪽에 날개 같은 것이 튀어나와 돌과 같이 붙어있었고, 그 모든 것이 붉은 은빛 면사포로 덮여 있어서 얼굴이 거의 보이지 않았습니다. 사람이 안에 있다는 것을 절대로 알 수 없는 형태였습니다. 우리가 결혼식 찬송가를 부르는 동안, 두 사람이 신부를 부축하여 붉은 주단 쪽으로 인도하였습니다. 찬송가 가사를 문자 그대로 번역해 드려볼게요. 그렇게 하면 찬송가의 의미와 표현 양식을 볼 수 있을 겁니다. 우리는 그 가사를 찬송가(Duke Street) 음조에 맞추어 노래했습니다.

하나님의 거룩한 명령을 따라서
의롭게 거행하는 결혼 예식에

오늘 모두 기쁘게 모였네.

신랑, 신부, 두 사람이 하나가 되었네.

한 가정, 한 몸, 한 마음, 한 생각을 가지고

일평생 한길을 걸어갑니다.

서로 존중하고, 서로 믿고, 서로 사랑하고, 서로 도우니

하늘 아버지여 끊임없이 보호하시고 평안을 주시옵소서.

재난이나 고통 없이 지치지 않게 해주시고

간절히 간구하오니, 이 가정에 행복을 주시옵소서.

이 부부에게 행복과 기쁨을 주시옵소서.

성령의 은혜를 덧입게 하시고, 구세주를 사랑하게 하시며,

일평생 진심으로 하나님 아버지를 섬기게 하소서.

하나님 아버지께 간절히 기도드립니다. 우리의 기도에 응답해 주소서.

이 남편과 아내에게 늙을 때까지 한 쌍이 되어

행복도 함께 누리고, 고통도 함께 견디게 하소서.

죽은 후에는, 두 사람이 함께 천국에 있게 하옵소서.

이 찬송가를 부른 다음 설교자는 기도했고, 수트힐 선교사가 그들에게 간단한 격려의 말을 했습니다. 그 후 다른 찬송과 기도를 하고 결혼식은 끝났습니다. 신부는 가까이에 있는 자기 방으로 들어갔고 신랑도 신부를 따라갔습니다. 그리고 그날 밤 더 이상 그들은 보이지 않았

습니다. 신랑은 그날 저녁에 남자들에게 축하 잔치를 열어주었습니다. 그리고 다음 날 오후 1시에 여성들의 축하 잔치가 있어서 우리는 모두 거기에 초대를 받았습니다. 식사가 준비되었다고 하여 우리는 먼저 신부를 보러 갔습니다. 그녀는 어제와는 다른 드레스를 입고 멋진 나무 침대에 걸터앉아있었습니다. 신부는 검은 공단으로 단을 댄 붉은 공단 드레스를 입고 있었습니다. 우리는 각각 차를 한 잔씩 (설탕과 우유 없이 진짜 중국 컵에) 마신 후에 잘 차려진 식탁으로 갔습니다. 테이블이 3개였지만 우리 외국인들은 한 테이블에 앉았습니다. 신부는 처음에 우리와 함께 앉았는데 아무것도 먹지 않았습니다. 그녀가 고개를 숙이고 불쌍하게 보이는 것은 관습에 부합하는 적절한 행동이었습니다. 신부의 들러리가 우리와 함께 앉아서, 우리가 제대로 대접 받도록 도와주었습니다. 우리를 위해 준비한 특별한 반찬들이 있었는데, 아주 맛있었습니다. 제가 그 테이블을 묘사해보겠습니다. 우리 식탁에는 7인 분이 차려져 있었습니다. 빨간색 젓가락과 납으로 된 국자, 납 포도주잔 그리고 접시가 있었는데 인형을 위한 사이즈 같이 작았습니다. 반찬을 담은 12개의 접시와 호화로운 고기가 피라미드 형태로 쌓여있었습니다. 식초와 소스를 담은 작은 용기가 4개 있었고, 각 사람 옆에는 구운 땅콩과 구운 수박씨가 있었습니다. 이런 것들을 전부 먹고 나서, 다른 손님들을 돌아보니 우리가 가장 어울리지 않는 자리에 앉아 있었습니다. 왜냐하면 우리만 실랑이 없이 안내 받은 자리로 아주 기꺼이, 그리고 즉시 이동했기 때문입니다. 다른 사람들은 자기 좌석으로 끌려가서 앉아야만 했습니다. 그러면서 꽤나 소란이 발생했지만 그런 소란은 중국에서 적절한 것이었습니다.

마침내 우리가 제 자리에 앉자, 스토트 여사에게 주님의 축복을 빌어 달라고 했습니다. 그 후 첫 음식을 가져와서 식탁의 한 가운데에 놓고 시중드는 사람이 우리에게 먹으라고 했습니다. 우리는 모두 다 이빙하듯이 각자의 젓가락을 넣어 젓가락에 걸린 닭고기 한 조각을 입에 넣었습니다. 매우 재미있었습니다. 우리는 국물을 먹을 때 국자를 사용했습니다. 13가지 요리가 하나씩 차례로 들어왔고, 모든 요리는 같은 방식으로 각자 하나씩 먹어야 했습니다. 마지막 몇 접시는 달콤한 것들이었는데, 그것을 먹고 나자 종이를 접어서 주어 자기 앞을 닦게 하고 작은 물그릇도 하나씩 주어서, 먹은 수저를 씻게 했습니다. 우리 앞에는 아직 먹지 않은 과일 접시 12개가 남아 있었지만, 도저히 먹을 수가 없었습니다. 그 모든 일이 끝난 후에, 밥과 5개나 6개의 반찬들이 또 들어왔는데, 음식이 정말 너무 많아 보였습니다. 그래도 나는 조금 먹었고, 그런 다음에 우리는 자유롭게 그 자리를 떠날 수 있었습니다. 우리는 그곳에 약 2시간 15분 정도 앉아 있었습니다. 식사하는 동안 신랑의 동생이 여러 번 와서 '차린 것이 별로 없습니다'라고 말했습니다. 아마 그렇게 말하는 것이 예절에 어긋나지 않는 행동이었던 것 같습니다. 우리가 떠날 때, 우리에게 각각 케이크 상자와 잔치에서 남긴 음식을 싸서 주었습니다.

신부가 그날 아침 내내 어떻게 하고 있었는지 말해 드려야겠습니다. 곁에 시중드는 사람을 두고 침대에 앉아 있었는데, 결혼 예복을 입고, 보기 싫은 모자와 붉은 베일을 쓴 채 신부를 만나고 싶어 하는 모든 손님을 맞아야 했고 그녀에게 하는 말도 전부 들어줘야 했습니다. 그곳에 간 사람에게는 모두 땅콩과 과일을 주었습니다. 신랑도 우리에게 와서 세 번 낮게 머리 숙여 인사를 했고, 우리도 똑같이 그렇게 인사했습니다. 우리가 '축하해요'라고 하자, 그는 '선교사님을 번거롭게 해드렸네요'라고 대답했습니다.

그날 저녁 7시경, 짧은 예배 후에 신부는 신랑의 집으로 옮겨갔습니다. 신랑이 먼저 가서 기다리고 있었는데, 나는 신랑이 신부를 데리고 갈 것으로 생각했지만, 그런 일은 중국에서는 결코 없다고 했습니다. 남편은 절대로 아내와 함께 외출하지 않습니다. 어머니와 나갈 수는 있어도 아내와는 함께 나가지도 않고 밥도 같이 먹지 않는다고 했습니다. 오, 사랑하는 우리나라 영국과 얼마나 다른지! 중국에서 아내는 이름이 없습니다. 그녀는 결혼하자마자 이름을 잃어버립니다. 항상 누구누구의 아내라고 불리거나 그녀가 아들이 있다면 누구누구의 어머니라고 불립니다.

우리는 오늘 오후에 신부를 방문했습니다. 왜냐하면, 불쌍하게도, 그녀는 결혼식 후 며칠을 잘 차려입고 침대맡에 앉아서 찾아오는 손님을 맞아야 했기 때문입니다. 방이 아주 좋았습니다. 우리는 그 모든 것에 감탄하며 차와 케이크, 설탕물 대접에 떡 조각이 담긴 간식을 먹었습니다. 그것은 밀가루에 물을 넣어 끓인 맛이 났습니다. 그 후에 우리는 차 한 잔을 더 마시고 나서 돌아왔습니다. 나는 그 소녀가 불쌍했습니다. 우리를 보자마자 그녀는 울음을 터뜨리고는 얼굴을 벽으로 돌렸습니다. 남편의 친척들은 자기들이 새색시에게 불친절하게 대한다고 우리가 생각하지 않도록 많이 고민하는 듯 보였습니다. 하지만 그녀는 어려서부터 학교에서 자랐고, 학교는 그녀가 알았던 어떤 곳보다 더 행복한 가정이었습니다. 그곳을 떠나야 한다니 슬펐을 것입니다. 스토트 여사와 최근의 주드 양은 그녀에게 어머니와 같은 존재였습니다. 그녀는 아주 착한 소녀이고 좋은 기독교인입니다. 그녀는 이제 식구 중에서 남편만 주님을 섬기는 집에서 살아야 합니다. 그들을 위해서 기도를 부탁드립니다. 어려움이 많을 겁니다. 하지만 그들이 주님께 가까이 있고 주님께 충성한다면 다른 사람들을 진리로 인도하는 도구가 될 수 있을 겁니다.

사탄이 대단한 힘을 지닌 어두운 땅에서 기독교인이 되는 것은 결코 쉬운 일이 아닙니다. 본국의 기독교인들은 그리스도를 위해서 고난 받는 것이 정말로 어떤 것인지 거의 아는 바가 없습니다. 앞으로 그들을 도울 일이 정말 많이 있습니다. 하지만 여기에서는 사람들을 뒤로 잡아당기고 방해하는 일이 아주 많이 있습니다. 하나님은 그들편이기 때문에, 그분의 능력이 그들을 지킬 수 있습니다. 모든 현지 그리스도인들이 그리스도의 삶을 살아내어, 그리스도가 그들의 삶도 변화시킬 수 있는 분이라는 것을 보여 주도록, 그리고 그들이 구세주의 사랑의 좋은 소식을 자기 민족에게 다가가서 더 많이 전하도록 함께 기도해 주시지 않겠습니까?"

그때 이후로 6년이 지났다. 그리고 그 두 사람 사이의 사랑은 정말 아름답다. 비록 다른 식구들은 아직 개종하지 않았지만, 그들은 함께 어린 자녀와 함께 예배당에 나오고, 두 사람 모두 "우리 주 예수 그리스도의 은혜와 지식"에 성장해 있다.

우리는 "기뻐하는 자들과 함께 기뻐하고 슬퍼하는 자들과 함께 슬퍼하라"는 부르심을 매우 자주 받고 있다. 5월에 주드 양과 나는 선교사 총회에 참석하러 상하이로 갔다. 거기서 우리는 보이드 양을 만났다. 그녀는 모임에도 참석하고 몸도 쉬고 영혼도 재충전하기 위해서 키우차우에 있는 임지에서 방금 도착해 있었다. 하지만 도착하자마자, 그리어슨 부인의 간호가 필요하니 빙예 지역으로 가달라는 요청을 받았다. 보낼 수 있는 사람이 달리 없었고, 보이드 양은 특별히 비이기적인 성격이었기 때문에 가기로 결심하고 즉시 떠났다. 그리어슨 선교사의 중국식 집은 매우 비위생적이었다.

참을 수 없을 정도로 더웠던, 7월 초 어느 날, 우리는 보이드 양과 브리튼 양 그리고 그리어슨 부인이 열이 있다는 편지를 받았다. 횟포드 양은 친절하게도 가서 그들을 도와주겠다고 제안했다. 브리튼 양과 어린 올리브를 여기로 보내고 자기는 남아서 그곳 환자들을 돌보겠다고 했다. 이것은 하나님으로부터 나온 생각이었다. 왜냐하면 횟포드 양이 거기 도착한 날 보이드 양이 몹시 아파서 그날 밤을 넘기지 못할까 봐 두려워했다. 나는 가지고 있던 조그만 간식들을 전부 보냈다. 단 간식들이 요긴하기는 했지만, 보이드 양의 병세는 계속 더 악화되었다. 그들이 거기 머물면 아마 모두 죽을지도 몰라 두려웠다. 그래서 그들은 위험을 무릅쓰고 상하이로 오기로(배로 14시간 걸리는 여행) 했다.

그들이 7월 8일 아침에 도착했다. 스토트 여사가 친절하게 그리어슨 부부를 영접했고, 바슬리 양과 횟필드 양도 여기에 왔다. 보이드 양은 몸이 정말 허약한 상태였는데, 우리는 여기 시원하고 위생적인 집에서 간호도 잘하고 의사가 좋은 기술로 치료하면 나을 것이라는 희망을 가졌다. 하지만, 모든 노력에도 불구하고 밤낮으로 고열로 괴로워했다. 13일째, 고열이 내리면서 며칠 동안 못 잤던 잠을 약간 잤다. 아침에 나는 처음으로 의사에게 호의적인 보고를 할 수 있었다. 하지만 아! 그것은 잠깐뿐이었다. 아침 10시에 다시 열이 났고, 무의식 상태가 되더니 오후 5시에 조용히 예수님 안에서 잠들었다. 몸이 아팠던 다른 사람들은 회복되었다. 그리고 그들이 많이 필요로 하는 요양을 위해 증기선을 타고 치푸로 갔다.

이번 여름과 가을 동안에 우리에게 슬픈 일도 많았고 죽음도 많았다. 한 주에 우리 현지 성도 4명이 죽었다. 그러나 우리는 그들에게서 위로를 받았다. 여학교를 책임지고 있는 주드 양이 자주 아팠는데, 이제는 병이 심각했다. 그래서 영국으로 떠나야 했다. 횟필드 양이 여학교 책임을 맡았다. 비록 그녀가 언어를 잘 배워 빠르게 진보하고는 있었지만, 아직 충분한 상태는 아니었다. 그래서 학교를 실질적으로 내가 다시 맡아야 했다. 그래도 내 감독 하에서 그녀도 일을 하고 있다. 이 박해와 질병, 죽음, 슬픔을 겪던 모든 시간 동안, 나는 날마다 지혜와 힘을 공급받았다. 하나님께서 나를 책임감 있는 그 자리에 놓으셨다. '사역은 그분의 것'이고 '나도 그분의 것'이어서 '모든 것이 잘 되었다.' 그리고 밑에서부터 도와주시는 그분의 손길을 느끼는 것은 정말 달콤한 경험이었고, 그분의 권능은 우리가 연약할 때 완벽한 힘을 공급해 주셨다. 이런 권능이 없으면, 우리 마음과 육체는 자주 실패한다.

우리가 슬픔의 한가운데 있던 바로 그때, 증기선이 무거운 소식을 가지고 왔다. 우리 선교회 소속은 아니지만 내가 알고 사랑했던 선교사 4명이 한 주에 죽었다는 소식이었다. 그리고 우리 CIM 선교사 중에도 6명의 생명이 위험하다는 소식이었다. 이럴 때가 하나님의 권능을 증명할 때이다. 그리고 모든 것이 충분하다고 느낄 때이다. 보통 그러했듯이 기쁨과 슬픔은 섞여 뒤범벅이 되었다. 왜냐하면 우리의 아버지가 기쁨 없이 슬픔만 주시는 분이 아니기 때문이다. 이 시기에 5명이 결정적으로 개종해서 세례를 받았고, 교회로 들어왔다.

이러한 후보들을 점검하면서 몇 가지 메모를 했는데, 그 메모 덕분에 그 사람들에 대해서 뿐만 아니라 어떤 질문을 하고 어떤 대답을 들었는지도 알 수 있다. 그들은 모두 시골 사람들이었다. 여성 3명과 소년 2명이 며칠 일찍 와서 목사님과 내가 그들을 더 잘 알 수 있었다. 여성 중에 가장 나이 어린 사람이 19살이었고 3년 동안 기독교인이었다고 했다. 그녀의 아버지와 오빠들도 믿고 있었다. 그리고 그녀를 아는 사람들은 모두 그녀가 언행이 일치하는 삶을 산다고 칭찬했다. 다른 여성은 각각 68살과 70살이었다. 70세 할머니는 맹인이었는데 주님이 가장 무력한 사람들을 사랑한다고 말하여 감동을 주었다. 그녀는 과부였고 자녀가 없어서 그녀에게 전혀 친절하지 않은 조카와 함께 살고 있었다. 토요일 오후에 나는 그녀와 이야기하려고 잠깐 불렀다. 그녀는 누가 거기 있는지도 모른 채로 방에 들어오자마자 무릎을 꿇고 기도했다. 하나님께서 맹인을 사랑해 주셔서 감사하고, 그것이 자기를 매우 행복하게 해주었다고 했다. 그리고 예수님의 보혈로 자기를 구원해 주신 것도 감사했다. 나는 언제 처음 복음을 들었느냐고 물었다. 그녀는 "작년 8월에요. 나는 아무도 원하지 않는 맹인과 절름발이를 하나님께서는 영접하신다고 들었습니다."라고 답했다. "당신은 죄인입니까?" "나는 많은 죄를 범했습니다. 지금은 모두 없어졌습니다." "어떻게요?" "예수님께서 자신의 피로 깨끗하게 씻어 주셨습니다." "무엇이 자기 피를 흘리도록 했습니까?" "그분이 우리를 사랑했기 때문입니다. 그리고 우리를 하늘나라로 데려가기를 원했기 때문입니다." "만약 하나님께서 당신을 오늘 밤에 부른다면 당신의 영혼은 어디로 가게 됩니까?" "천국으로요." "왜요?" "예수님께서 나를 구원했기 때문에요." "하지만 당신은 세례를 받지 않았어요. 그리고 성경은 '믿고 세례 받는 자는 구원을 받는다'고 말해요." "세례는 물로 받아요. 물은 내 몸을 씻을 수는 있지만 내 영혼은 씻기지 못해요." "그러면 세례는 무슨 소용이 있습니까?" "그것은 하나의 표시입니다." "무엇의 표시입니까?" 여기서 할머니는 무슨 말을 해야 할지 몰랐다. 그래서 내가 세례 의식의 진정한 중요성을 설명했다. 할머니는 저녁에 예배당에서 점검받았는데 여기에 쓸 필요는 없다. 비록 그 대답이 위와 똑같지는 않았어도 그에 못지않게 분명했기 때문이다. 14살과 16살 소년들은 현지인 목사님이 점검했다. 그들은 모두 총명한 아이들이었고, 그들의 대답에 우리는 매우 기뻤다. "언제 처음 믿었니?" "작년 9월에요." "주 예수님은 너에게 어떤 존재니?" "그분은 나의 구세주이십니다." "하나님은 어디에 살고 계시니?" "제 마음 안에요." "또 어디에?" "하늘나라에요." "어떻게 해서 그리스도가 너를 구원했니?" "그분은 십자가에서 나를 위해 죽으셨어요." "그런 다음에 그분은 무엇을 했니?" "3일 만에 부활하셨어요." "주 예수님을 믿는다는 것은 무엇이니?" "그것은 새로운 피조물이 되는 것입니다." "너는 새로운 피조물이니?" "예." "그 증거를 보여 줄 수 있어?" "저는 다른 사람을 저주하고, 욕하고, 다른 아이들과도 싸웠는데, 이제는 그런 것들을 하지 않아요." "네가 오늘 밤 죽는다면 너의 영혼은 어디로 가니?" "천국으로요." "세례가 너를 구원해 줄 수 있니?" "아니오." "그럼 세례가 무슨 소용이 있니?" "내가 구원받은 것을 보여 줘요." "네가 잘한 행동으로 천국에 갈 수 있니?" "저는 잘한 것이 없어요." "너는 어리고 주님을 위해 많은 핍박을 견뎌야 할 수도 있어. 그러면 어떡하지?" "나는 핍박을 견딜 거예요." "하지만 만일 사탄이 와서 너를 유혹해서 잘못된 일을 하게 하고 그리스도를 의지하는 것은 아무 소용이 없다고 하면, 그때는 어떻게 할래?" "나는 기도해서 하나님께서 나를 붙들어 달라고 할래요."

나는 작년까지 복음을 들어보지 못한 14살 아이가 그런 대답을 하는 것이 대단하다고 생각했다. 우리는 이 소년을 몇 주 더 머무르게 해서 성경 심화 교육을 해주기로 했다. 바슬리 양이 다른 사람들에게 구어체 로마서를 가르칠 때, 그 소년도 함께 배우게 했다.(감리교회의 수트힐 선교사가 사복음서와 사도행전을 현지 방언으로 번역했고, 우리의 젊은 여성 선교사들은 많은 사람에게 그 성경을 교재로 사용해서 가르쳤다.)

주일날 아침 예배당은 사람으로 가득 찼다. 시골 기독교인들도 들어와서 주님의 죽으심을 기억했다. 평상시대로 예배를 드리기 전에 5명이 세례를 받았다. 그리고 이 가련한 여인들이 그렇게 오랜 세월을 주님을 무시한 채로 보내다가, 바로 무덤으로 가는 문턱에서 주 예수님을 인정하는 것을 보는 것과 3명의 젊은이가 바로 주님을 섬기기 시작하는 것을 보는 일은 참으로 고무되는 광경이었다. 우리는 '복음이 믿는 자를 구원하는 하나님의 능력'이라는 것을 다시 한번 인식하게 되었다. 어떤 이야기도 십자가의 이야기만큼 사람들에게 감동을 줄 수 있는 것은 없다. '피'와 '번제'와 같은 주제에 대해서 설교하고 있을 때, 우리가 그리스도의 고난을 겪고 있는 관계로 여인들의 눈에서 눈물이 흘러내렸다.

바로 이 시기에 우리는 설교자들의 첫 번째 연합 분기 모임을 시작했고 그 모임은 2년~3년간 지속되었다. S씨와 우리 집에 번갈아 가면서 모였는데, 빙예와 동링 지역 설교자가 없었어도 처음에는 26명이나 모였다. 모이면 기도를 많이 했다. 거의 모두가 20여 년 전을 언급하면서 스토트 선교사가 외로이 홀로 그들에게 와서 사역했을 때, 하나님의 사랑을 아는 사람이 하나도 없었다는 이야기를 했다. 우리가 그 진실한 얼굴들을 보고 그들이 설교자라고 생각하자, 자꾸만 눈물이 나왔다. '하나님이 무슨 일을 행하셨는고.'라는 말이 우리 마음속에 울렸다. S씨가 본문을 읽으면서 '그리고 비유 없이는 그들에게 말씀하지 않으셨다'는 제목의 강의로 모임을 시작했다. 그들에게 단순하고 요점이 있는 설교를 짧게 하라고 간절히 부탁했다. 항상 기도로 신중하게 준비하고, 기도할 시간이 없었던 생각은 말하지 말라고 했다. 그는 또한 고전11:23-33 말씀으로 설교했다. 그 후에 우리는 남자와 여자를 나누어 서로 다른 방에서 만찬을 나눴다. 오후에는 내가 로마서 12:1-2절로 말씀을 전했다. 첫째, 몸을 바쳐라. 둘째, 거룩하게 해서 보내기(요 17:16-18). 셋째, 성찬과 증언(요 15:27; 행 4:13). 넷째, 섬김보다먼저 그리스도를 사랑할 것(요 21:15-17). 다섯째, 빛을 받았으니 빛을 주어라. 더 많이 기도하고 설교자들이 더 많이 이야기한 후에 모두가 좋은 하루였다고 느끼면서 헤어졌다.

원저우와 빙예의 설교자들, 이중 16명은 무급. 왼편 스토트 부인과 우드만, 오른편 그리어슨, 멘지스, 히바드.

Chapter 15

"많은 사람들이 즐겁게 듣더라."

- 막 12:37 -

10월 초에 나는 바슬리 양과 같이 퉁쪼 지역으로 갔다. 아래는 그곳에서 열흘 동안 있었던 일을 바슬리 양이 기록한 것이다.

10월 2일: 우리는 원저우를 떠나 그 계절에 처음으로 시골을 다녀왔다. 우리 일행은 기독교인 뱃사공 2명, 현지 치안관, 진지한 구도자(그는 계속 우리와 동행했다), 젊은 설교자 한 명, 그리고 우리 요리사로 구성되어 있었다. 첫날 저녁은 3㎞ 정도인 강만 건너면 되는 가까운 마을로 갔는데, 그곳은 치안관의 마을로 그리스도인과 구도자가 몇 명 있었다. 배에서 식사를 마치고 예배를 드리러 치안관의 집으로 가는데 동네 사람이 대부분 따라왔다. 우리가 집 밖에 앉으니, 사람들이 즉시 모여들었다. 몇 명은 우리를 더 잘 보려고 거푸집과 의자에 올라서 있었다. 창와라는 젊은 설교자가 먼저 이야기했다. 책과 전도지를 조금 팔려고 가지고 갔기 때문에 그 내용 일부분을 읽고 설명해 주면서 잠깐 소개했다. 그다음에 스토트 여사가 말씀을 전했다. 사람들의 집중도가 매우 좋았는데, 깊이가 있는 질문을 해도 대부분 잘 대답하는 것으로 보아 그들이 그저 들을 뿐 아니라 말하는 내용도 상당 부분 이해하고 있음을 알 수 있었다. 그런 다음에 창와가 다시 말씀을 전했다. 그곳에 왔던 기독교인들은 우리가 그들을 위해서 예배를 인도해 주기를 매우 원했다. 그렇지만 사람들이 밀려와서 그것이 불가능했다. 우리가 집으로 들어가니, 그들 모두가 따라 들어왔다. 중국식 예절로는 그들에게 나가라고 하지 못했다. 그러나 우리는 배로 돌아와서 성도들을 비롯한 구도자들과 성경을 읽을 수가 있었다. 우리는 배에서 잠을 잤다. 아니 자려고 했다고 하는 말이 맞을 것이다. 하지만 쥐들이 자정에 하도 날뛰고 놀아서 잘 수가 없었다. 운이 좋게도 우리가 모기장을 가지고 있었기 때문에 쥐들이 우리를 물지는 못했다. 설교자 한 사람이 2주마다 주일에 이 마을에 가고 있다.

10월 3일, 금요일: 우리는 조수 때문에 뭍으로 다시 갈 수 없었지만, 배에서 또 한 번 성경 읽기 시간을 가졌다. 그런 다음에 다음 장소를 향해서 떠났다. 다음으로 우리를 부른 곳은 성도 몇 명이 있는 오두막이었는데, 그들은 이전에 거지였다. 몇 년 전 개종한 그들에게 스토트 부부는 연장을 몇 개 사주었다. 그랬더니 그들은 언덕 위에 오두막을 지었고 작은 땅을 경작하기 시작했다. 자신들을 위해서 다른 집을 짓고, 그 원래 오두막은 지금 예배당으로 사용하고 있었다. 그들을 방문한 후, 우리는 한쪽에는 산이 있고 다른 쪽에는 강이 있는 넓은 논길을 5, 6㎞가량 즐겁게 걸었다. 눈부시게 아름다운 날이었다. 태양은 너무 뜨겁지도 않았고 바다에서 선선한 바람이 불어왔다. 약 2시경 기독교인 3명이 있는 마을에 도착했다. 예배를 드릴까 하여 그곳에 갔는데, 마을 사람들이 매우 거칠었고 선교사와 설교자가 그들의 관심을 끌려고 했지만 아무도 듣지 않았다. 두 집을 방문한 후, 우리는 다시 배로 돌아갔다. 조류 때문에 우리는 자정까지 그곳에 있어야 했고, 다시 배에서 짧게 드리는 예배로 만족해야 했다.

토요일: 깨어나 보니 수아듀에 도착해 있었다. 이곳이 배로 가는 여행의 종착지였다. 이른 아침 식사를 하고 7시에 퉁쬬로 떠났다. 시간이 지나면 새롭지 않을 것 같아서 나는 지금 우리 일행에 대해서 묘사해보려고 한다. 모든 것이 나에는 새롭고 신기해 보였다. 우리는 언덕과 강을 건너 반나절을 더 가야 했다. 우리에게 인력거가 하나 있었는데 서로 한 시간씩 걷다가 교대로 타기로 해서 스토트 여사가 먼저 올라앉았다. 그런 다음에 솜 요, 양탄자, 베게 같은 우리 침구를 나르는 사람이 있었는데, 그는 그것들을 중국식 보자기에 묶어서 장대의 한쪽 끝에 매달고 장대의 다른 쪽 끝에는 요리사와 남자들의 침구를 매달아서 어깨에 메어 날랐다. 그의 뒤에는 다른 남자가 쌀 가방, 음식 바구니, 닭 3마리를 묶은 꾸러미, 그리고 크기와 모양이 다양한 짐꾸러미들을 들고 따라갔고, 우리 요리사는 그 다음에, 치안관, 설교자, 그리고 내가 그 뒤를 따라갔다. 일행이 집에서 여행하는 것과 아주 다른 모양으로 가는 광경을 보니 매우 재미있었다. 그 광경을 어떻게 묘사해야 할지, 대단하다고밖에 표현할 수 없다. 구름 한 점 없는 짙은 푸른색 하늘과 여러 모양의 산들이 우리를 둘러싸고 있었다. 어떤 산은 민둥산이었고, 다른 산은 아름답고 다양한 녹색 대나무로 덮여 있었으며, 거

의 완전 수직으로 높아서 뾰족한 산도 있었고 다시 둥근 산도 있었다. 그러나 한 마디로 모든 것이 웅장했다. 강도 수정 같이 매우 투명했다. 허리를 굽혀 산에서 흘러 내려오는 신선한 강물을 마시기도 했다. 강은 산등성이를 돌아 구불구불 수십 킬로미터를 흘러왔는데 지름길로 가기 위해서 우리는 네 번이나 강을 건넜다. 가는 길 내내 산으로 완전히 둘러싸여 있어서 과연 나가는 길이 있는지 걱정이 되기도 했다. 계곡을 하나 지나가면 또 금방 다른 계곡이 나타났다. 묘사하기가 불가능한 그 장엄한 경치를 보니 친구들에게도 보여 주고 싶었다.

우리는 12시에 목적지에 도착했다. 피곤하고 배가 고팠다. 하지만 몇 분 안에 우리는 대부분의 마을 사람들에게 둘러싸여 있었다. 외국인 여성을 처음 보는 그들에게 우리는 엄청난 볼거리였다. 너무 더워서 얼른 손과 얼굴을 씻고 싶었다. 그래서 물을 달라고 했더니 뜨거운 물을 대접 바닥이 덮일 정도만 주었다. 그리고 더러운 얼굴 수건도 주었는데 우리 수건이 있어서 정중히 사양했다. 중국식 예절은 자기 수건을 뜨거운 물에 넣었다가 꺼내어 짜서 얼굴과 손을 닦는 것이고, 그 얼굴 수건은 더러워야 적절한 것이란다. 그것이 전부이다. 말릴 필요도 없다. 마른 수건 따위는 중국에서 들어본 적이 없다. 우리는 백여 명 앞에서 그대로 해야 했다. 그런 다음에 자리에 앉아 다시 검사를 받았다. 옷, 구두, 우리의 눈, 머리카락 등이 모두 호기심의 대상이어서 저녁이 준비될 때까지 사람들은 이것들을 만지고 이것에 대해서 얘기했다. 그

때까지 잘 견디다가 침실로 들어가 함께 식사를 했다.

우리가 저녁을 먹고 있는 동안 사람들은 방 안을 들여다보았다. 바닥은 구멍이 여기저기 뚫려있었고, 한쪽 구석에는 천정 높이의 1/3쯤 되는 돌무더기가 쌓여있었다. 그쪽을 널빤지로 가렸는데, 쓰러지지 않도록 돌로 받쳐 놓았다. 쌓은 돌은 손이 들어갈 정도로 성겼고 널빤지도 옆의 것과 제대로 맞는 것이 하나도 없었다. 우리 머리 위에 있는 판자는 방 높이의 반 정도를 가리고 있었는데, 그 위에 짚이 쌓여있었다. 방의 다른 쪽은 열린 밀짚 창고였는데, 거기서는 하늘이 꽤 분명히 보였다. 그곳은 우리가 저녁을 먹을 때, 사람들이 올라가서 우리를 보고 있던 자리였다. 방 어디서나 우리가 내려다보였다. 한쪽 코너에 오래된 트럭이 침대로 쓰일 판자와 함께 서있었고, 짚으로 짠 명석도 있었으며, 그 끝은 말아서 베개로 썼다. 그리고 부서진 의자가 그 방에서 자랑할 만한 유일한 가구였다. 우선 든 생각은 '밤에 쥐들이 신나게 뛰어다니겠군.'이었는데, 경험해 보니 과연 사실이었다. 판자뿐 아니라 집안 어디나 먼지가 쌓여있었다. 다행히 우리는 대야와 젓가락을 사용하고 있었는데, 그렇지 않았다면 사람들은 더 신기해했을 것이다. 저녁 식사 후에 우리는 쉬고 싶었다. 하지만 많은 사람이 우리를 지켜보고 있는 가운데 잠을 청해야 했는데, 그들은 심지어 우리 머리 위의 다락에도 있었다.

다음날 우리는 오후 예배를 드렸다. 스토트 여사, 젊은 설교자 그리고 그 지역의 설교자인 그의 아버지 모두가 말씀을 전했다. 설교 후, 우리는 잠시 조용히 있고 싶어서 언덕으로 피해 갔다. 하지만 꽤 많은 사람이 우리를 따라왔다. 저녁에 또 다른 예배가 있었다. 얼마나 사람들로 붐비던지 아마 마을 사람이 전부 온 듯했다. 또 한 번, 복음이 그 모든 충만함 가운데 전해졌고, 그들은 아주 주의를 기울여서 들었다.

일요일: 또 다른 영광스러운 날. 여기 공기는 아주 깨끗하고 감미롭다. 아침을 먹고 잠시 언덕으로 가서 조용한 시간을 갖고 있을 때, 이 조용한 곳에서 주님의 솜씨를 맛보도록 허락하신 하나님께 찬양과 감사하는 마음이 가득했다. 우리 주위의 풍경은 비교할 수 없이 아름다웠고, 우리 발아래 계곡에는 너무도 평화롭고 그림 같은 마을이 자리하고 있었다. 그러나 오, 얼마나 죄와 불행이 가득한지! 그리고 그 마을에는 아직 영으로 태어나는 것이나, 하나님의 영이 그들 안에 거한다는 것의 의미에 대해서 아는 사람은 몇 명밖에 없었다. 돌아와서 예배를 드렸는데, 스토트 여사가 81세 할머니와 재미있는 대화를 나눴다.

"오, 천국으로 가실 때 저도 데리고 가주시겠어요?"

"그것은 주 예수님만이 하실 수 있는 일이에요. 저는 그분에게 매일 그분의 피로 나를 씻어달라고 부탁드려요."

"그러면 그렇게 해주시던가요?"

"잘 모르지만, 그것이 내가 원하는 한 가지이고 내가 원하고 위해서 기도하는 유일한 것이에요. 할머니도 그분께 그렇게 해달라고 기도만 해보세요. 그분은 기도를 들어주시고 그분을 알게 해주실 거예요."

그날 오후 예배는 오후 1시에 시작했다. 똑같은 사람들이 한 명 한 명 차례로 말씀을 전했고, 예배가 끝나자, 우리는 산으로 피해 가서 거기서 3시간을 함께 보냈다. 모든 소음이 사라지고 나서 즐겁게 안식하는 시간이었다. 우리는 산꼭대기까지 올라갔고 주변의 모든 아름다움을 만끽했다. 거기서 우리끼리 조용히 기도하는 시간을 가졌고 찬송가 '감미로운 예수님 이름'을 불렀다. 주님, 그 귀한 이름이 모든 계곡과 산에 울려 퍼지는 날이 속히 오게 하소서!

사람들은 저녁까지 가지 않고 남아서 스토트 여사의 말씀이 좋았다며 설교를 더 해달라고 했다. 그들은 다 알아들었다. 하지만 그녀는 너무 많이 말을 해서 목소리가 나오지 않았다. 그래서 나이든 설교자 푀 씨가 오래도록 말씀을 전했다. 이리하여 그들은 각각 3명의 다른 사람으로부터 복음을 3번 들었다. '바울은 심고 아볼로는 물을 주지만, 하나님만이 홀로 자라게 하실 수 있다.' 많은 열매가 맺히도록 우리와 함께 기도해 주시길…….

월요일: 내가 이 글을 쓰는 동안 스토트 여사는 세례 후보자를 만나고 있었다. 여성 3명은 모두 예수님을 믿고 있다고 주장했는데, 자기들이 구원을 받았는지 안 받았는지도 모르는 상태였다. 그들은 아직 기

다리면서 더 배워야 했다. 이 불쌍한 사람들은 그렇게 너무 몰라서 모든 것을 배워야 했는데, 우리는 그들의 어두움이 어느 정도인지 알 수가 없었다.

위의 글을 쓰고 나서, 한 시간쯤 산에 다녀와서 아침 11시에 식사하러 내려왔다. 11시 30분에 우리는 모두 여기서 한 시간쯤 걸리는 마을로 갔다. 산 사이에 있는 아름다운 마을이었다. 우리가 그곳 기독교인의 집에 들어가자 사람들이 따라 들어왔다. 그래서 S씨와 두 명의 설교자가 그곳에서 복음을 전했다. 사람들은 문과 창문을 닫고, 응접실 구석구석에 서 있었다. 약 백 명 정도가 참석했는데, 나는 말은 하지 못하고 의자 위에서 서서 볼 수 있었다. 그것은 꽤 새로운 경험이었다. 우리 곁에 있던 여성 5명은 다른 사람들처럼 매우 주의 깊게 들었는데, 그중 많은 사람들은 우리를 구경하느라 바빠서 잘 듣지 못하고 있었다. 그것은 매우 당연했는데, 왜냐하면 우리는 그들이 전에 한 번도 보지 못한 외국인이었기 때문이었다. 우리를 누구라고 생각했는지 모르겠지만, 한 사람은 다른 이에게 우리가 야만인들이라고 했다.

계속 표정이 바뀌며 아주 열심히 듣고 있던 여인 한 명이 우리를 자기 집으로 인도했다. 사람들이 무리 지어 우리를 따라다녔기 때문에 그들은 또다시 복음을 세 번 들었다. 그 후 그 여성은 우리를 마을 소유인 커다란 집회 장소로 데리고 갔다. 우리는 집회를 위한 무대에서 복음을 전하기 시작했다. 그 무렵 거기에 3백여 명이 있었고 대부분 우리 말을 경청했다. 그리고 마지막에는 우리가 가지고 간 책들을 전부 사 갔다. 작은 사건이 하나 있었다. 한 남자가 더러운 양은 주전자에 뜨거운 차를 채워 무대로 올려주었다. 우리는 모두 주전자 주둥이에 입을 대고 차를 마셨다. 그 후 주전자를 모여 있는 사람에게도 주어 몇 사람이 그렇게 마셨다. 우리는 뜨거운 태양과 소음 그리고 흥분 가운데 5시간을 그곳에 있었고 돌아올 때는 다시 산으로 피신했다. 6시에 저녁을 먹으러 돌아왔을 때는 재충전이 되어 저녁 예배를 드릴 준비가 되어 있었다. 내가 원저우에 있을 때, 어린 학생들에게 가르치기 시작했던 로마자를 어린 소년들에게 또 가르쳤다. 그런 다음에 예배를 드렸다. 그 방은 사람들로 가득했지만 모두 조용히 집중해서 잘 들었다. 설교가 끝날 즈음에 설교자들은 모두 목이 쉬었고 지쳐 있었다. 우리는 이 모임들이 분명히 축복이 될 것을 확신했고, 관심을 보이는 사람들은 퇴 설교자에게 더 깊은 내용을 더 배울 수 있었다. 우리가 다 방으로 들어간 뒤에, 기독교인들은 기도 모임을 했다. 기도하는 목소리를 세어보니 12명이었는데, 그중 몇 명은 소년의 목소리였다. 이 지역에 믿는 남자가 9명이 있다고 했다.

화요일: 11시가 지나서 우리는 다른 마을로 출발했다. 1시간 45분을 걸어서 끝 마을까지 갔다가, 가까운 쪽 마을은 올 때 들르기로 했다. 한 번 더 다섯 군데의 다른 지역에서 복음을 선포했다. 그중에서 맨 나

중 지역이 제일 재미있었다. 스토트 여사가 말씀을 전하려고 일어나서, 자기가 야외에서 말을 너무 많이 한 탓에 목소리가 잘 안 나오니 될 수 있는 대로 좀 조용히 해달라고 부탁했다. 그들이 너무 조용하고 너무 재미있어 해서 그녀는 오히려 격려를 받고 복음에 대해서 굉장히 길게 설명해주었다. 우리는 모두 여섯 시간 반 정도 외출해 있었기 때문에 사람들이 저녁 예배를 드리러 왔을 때 거의 저녁 먹을 시간도 없었다. 저녁 예배 후에 현지 기독교인들은 또 더 모여서 기도했다.

수요일: 수아듀에서 우리 배가 기다리고 있었는데, 거기 가는 길에 두세 마을을 더 방문하려고 퉁쪼를 아침 7시반에 떠났다. 돌아오는 여정은 달랐지만 정말 아름다운 시골 길이었다. 처음에 갔던 길은 아주 높은 산길이어서 넓은 지역의 풍경을 볼 수 있었다. 그리고 내려오는 길에 우리가 가려는 집의 여주인을 만났다. 그녀는 그 마을에 있는 유일한 기독교인이었는데 우리와 함께 돌아올 수 없었기 때문에 그 방문을 다음으로 미루기로 하고 다른 구도자의 집으로 향했다. 그곳에 모인 사람들은 아주 조용하고 주의력이 깊었다. 스토트 여사가 오랫동안 말씀을 전했다. 그리고 젊은 설교자가 두 번 말씀을 전했다. 그의 아버지 푀 씨가 그날 밤을 그곳에 묵으면서 사람들을 더 많이 가르치기로 마음을 정했다. 그 어머니는 진리에 관심 있는 유일한 사람처럼 보였지만 깊이 믿지는 않았다. 향을 태우는 단지가 집에 있었고, 안방에는

끔찍하게 생긴 우상이 있었다.(그 방은 우리가 저녁을 먹은 곳이었다.) 오후 1시경, 우리는 다시 떠나서 3시쯤 수아듀에 도착했다. 기독교인 셋이 있는 마을에 저녁 예배 시간에 맞춰 도착하기를 바라면서 뱃사공이 열심히 노를 저어 주었다. 그런데 우리가 도착하기 전에 이미 어두워졌기 때문에 어둠 속에서 우리를 볼 수 없어서 사람들은 흥분할 것이었다. 그래서 우리는 감히 집으로 들어가지 않고 배에 머물렀다.

목요일: 아침 먹고 바로 배에서 내려 기독교인의 집으로 갔다. 들으러 온 사람은 몇 명 되지 않았고, 모인 사람들도 전혀 관심이 없었다. 그곳은 늘 그랬다. 전에도 설교자를 보냈지만 모두 같은 말을 했다. 기독교인들은 저녁에 예배를 드려달라고 부탁했다. 듣고 싶어 하는 사람들이 몇 명 있는데 낮에는 들판에서 일하느라 바쁘다는 것이었다. 스토트 여사는 그렇게 하겠다고 약속해 놓고, 다른 두 마을로 가서 복음을 전했다. 그 마을에서는 사람들이 귀 기울여 잘 들었고 몇 명은 관심이 있는 것처럼 보였다. 저녁에 우리는 죽어가고 있는 노인의 집에 가서 기도했다. 그는 기독교인들로부터 진리를 들어서 복음을 믿고 있었다. 그런 후에 또 다른 예배를 드렸다. 많이들 와서 조용히 잘 들었다. 그렇게 일어난 관심으로 그 마을에 은혜의 사역이 시작될 것으로 믿는다. 저녁 9시에 배를 탄 스토트 여사는 너무 지쳐 있어서 옷도 벗지 못하고 쓰러져 잤다. 그리고 금요일에 콰듀로 가려던 계획을 바꾸어 원

저우로 바로 가도록 지시했다. 더 이상 힘이 남아있지 않았다.

우리는 아침 8시에 집에 도착했다. 하인들이 기도하고 있어서, 뒷문으로 들어갔다. 같이 갔던 현지인들이 멋지고 깨끗한 방에 들어와서는 서로 천국 같다고 하는 말을 들었을 때 느꼈던 기쁨은 절대 잊지 못할 것이다. 내 머릿속에도 같은 말로 가득 차있었다. 편지가 많이 와 있었지만 목욕하고 옷을 전부 갈아입고 나서야 개봉하였다. 여행했던 날들을 돌아보니 하나님께 감사할 일이 많았다. 사람들은 대부분 우리가 하는 말을 잘 들어주었고, 우리가 그들이 처음 만나는 외국인들이라는 것을 고려하면, 행동들도 그리 거칠지 않았다. 우리는 8일 동안 14개 마을을 방문했고, 현지 기독교인들과 매일 성경을 읽은 것을 제외하고도 설교를 23번 했다. 날씨는 상쾌했고 우리는 한 장소에서 다른 장소로 이동할 때 많이 걸을 수 있었다.

퉁쪼에 믿는 소년이 9명 있었는데, 그들을 잘 훈련하고 싶은 마음이 굴뚝같다. 때가 되면 그들을 겨울에 여기로 데리고 와서 2개월이나 3개월을 데리고 있고 싶다. 그렇지만 주님께서 공급해 주신다면 2년이면 더 좋겠다. 왜냐하면 그들이 이제부터 평생 다른 사람들을 가르치는 일로 쓰임을 받으려면 최소 2년 정도는 필요하기 때문이다. 만일 2년 이상이 되면 일자리를 얻거나 다시 돌아가서 그들과 융화하기가 다소 어려울 수 있을 것이다. 우리가 원하는 것은 그들이 다른 사람들을 도울 수 있도록 하는 것이지, 월급을 받으며 가르치는 사람이 되도록 하고 싶지는 않다. 이것이 우리 마음에 무겁게 안고 있는 문제인데, 아직 그것을 어떻게 실행해야 할지 그 방법을 알지 못한다. 이 문제에 대해서, 그리고 또 이 여행 동안 행한 사역으로부터 열매가 맺히도록 기도를 부탁한다.

'보니코너' 우리 선교관에서 걸어서 3분 거리

Chapter 16

"너는 아침에 씨를 뿌리고 저녁에도 손을 놓지 말라
이것이 잘될는지 저것이 잘 될는지
혹 둘이 다 잘될는지 알지 못함이라."

- 전 11:6 -

비록 이제는 그리어슨 선교사의 담당 지역이었지만, 10월 20일에 우리는 오래도록 믿어왔던 성도들을 심방하러 동령을 다녀왔다. 왜냐하면 그 성도들이 내가 그들의 집을 방문해야 만족했기 때문이었다. 오랜 친구들이 많이 있었는데, 그들을 다시 보니 정말 기뻤다. 처음으로 시골 여행을 하게 된 횟필드 양이 거기서 며칠 동안의 경험을 아래와 같이 묘사했다. 나는 너무 익숙해져서 독자의 관심을 끌 만한 것들이, 내게는 보이지 않는데, 여행 때마다 이렇게 기록해서 상세히 남길 수 있게 해준 사역자들에게 감사한다.

10월 21일, 화요일: 스토트 여사와 나는 아침 9시에 동령으로 출발했다. 높은 산비탈에 잘 익어 수확을 기다리는 곡식들이 가득 펼쳐져 있었고, 푸르게 우거진 곳, 나무 하나 없이 거친 곳, 등도 있었지만, 전체적으로는 매우 아름다웠다. 그 사잇길로 3시간 반을 올라가서, 우리가 오늘 밤 머무려는 집에 도착했다. 주변의 시골 풍경은 너무 아름다워서 묘사할 시도조차 할 수 없었다. 산에 올라서 보니 아래로 비옥한 평야가 보였고, 산비탈에서 경작하고 있는 계단식 논의 벼는 어떤 것은 다 익었고 어떤 것은 아직 푸르렀다. 차밭이 듬성듬성 흩어져 있었는데, 고구마가 아름다운 잎사귀와 함께 언덕 위로 뻗어나가는 곳도 있었다. 농부들은 옥수수를 따자마자 매우 원시적인 기계에 넣어 탈곡하고 있었다. 또한 그들은 식물 잎사귀를 벗겨 커다란 통에 며칠 동안 담가두었다. 깨끗한 물을 짜내고 푸른색 염료를 바닥에 두껍게 남겨 쪽 염색을 하는 것이었다. 그들은 언덕에 구멍을 파서, 겨울에 감자도 저장하고, 다른 것도 모두 거기에 저장했다. 구멍을 흙으로 덮어놓고 입구에 돌을 하나 갖다 놓으면, 다음 해까지 달콤한 맛을 유지한다. 산에 사는 이 사람들은 쌀이나 이런 감자 말고는 거의 먹을 것이 없었다. 가끔 작은 물고기 몇 마리를 진흙 속에서 발견하기도 하고, 아니면 누군가 작은 고기를 소금에 절여 가지고 와서 팔기도 한다.

우리가 머무는 집의 주인은 우리 우유 배달부의 삼촌이었다. 그 부부는 기독교인이었고 자녀가 많았다. 이날 오후에 우리는 산을 돌아 한 작은 마을로 갔는데, 한 집에 들어가니 사람들이 몰려왔다. 스토트 여사가 말씀을 몇 마디 전했는데, 그들은 말씀보다 우리에게 더 관심이 많아서 잘 듣지 않았다. 한 남자가 관심을 보이며 소책자를 사기는 했는데, 교리는 '좋지만, 지키기 힘들다.'고 생각했다. 그런 다음에 우리는 돌아와서 얼굴을 씻은 후, 그 작은 집 앞에 앉았다.(이 글을 쓰고 있는데 한 노인이 내 옆에 앉아서 내가 하는 일을 열심히 보면서 가끔씩 담배 연기를 내 얼굴에 내뿜는다. 내가 다섯 장을 단번에 쓰자 그는 매우 놀랐다.) 가까이에 한 여인이 앉아서 맷돌을 갈고 있었다. 예수님이 비유로 말씀하셨던 장면이었다. 쌀을 돌 위에 있는 구멍에 넣고 돌리면 아래에 큰 물통이 있어서 떨어지는 가루를 받을 수 있었다.

동링 수요일 저녁: 우리가 저녁을 마쳤을 때 상당수의 이웃이 기도하

기 위해 모여들었다. 우리는 '모든 사람 위에 뛰어난 분 계시네'라는 찬송가를 부른 다음에 스토트 여사가 잃어버린 양에 관한 말씀을 전했고 기도했다. 다음에는 그 집의 주인이 말씀을 전했다. 이전에 복음을 들어보지 못한 사람들이 몇 명 있었다. 한 사람이 관심을 보이며 질문했다, 그리고 그들은 우리가 잠자리에 든 뒤에도 오랫동안 이야기를 계속했다. 어렵지만 우리의 침실을 한번 묘사해보겠다. 바닥은 흙이었고 일부는 널빤지, 일부는 바구니들로 칸막이가 되어 있었다. 말이 칸막이지 틈이 많아 통풍도 되고 누구나 원하면 집안을 감시할 수도 있었다. 붉은 촛불이 가장 원시적인 지지대에 꽂혀 우리를 비춰주고 있었다. 우리 침대는 다소 딱딱했고, 모기가 왱왱대고 쥐들이 부스럭거렸지만 나는 꽤 잘 잤다. 그런데 사람들이 늦게까지 이야기하고 아기들도 울어대는 중에 스토트 여사는 잘 주무셨는지 모르겠다.

아침을 일찍 먹고 사람들과 기도를 한 후에 스토트 여사는 니고데모 이야기로 말씀을 전했다. 우리는 여기서 25리 정도를 걸어서 다른 마을에 가서 몇 사람에게 말씀을 전하고, 다시 우리 동료 집으로 가서 저녁을 먹고 잠시 쉰 다음에 다시 출발했다. 여기 도착한 시각이 12시 30분이었는데, 완전 중국식 건물로 외딴 시골 산속에 있기는 했지만, 우리 동료들이 모두 편히 올 수 있는 거리였다. 우리는 아창과 그의 아내(이전 우리 학교 학생), 어머니 그리고 다른 설교자(교회가 부분적으로 후원하는)로부터 따뜻한 환영을 받았다. 그들 모두 여기에 살고 있었다. 그들은 바로 우리에게 가야 할 곳을 물었다. 다음 3일 동안 멀리 떨어져 있는 기지들을 가능한 한 여러 곳 방문하고 싶었기 때문에, 여정을 의논하려는 것이었다. 잠시 쉬고 나서 우리는 저녁을 먹기 전에 조용히 성경을 읽을 곳을 찾아 올라갔다. 아래 펼쳐진 광경은 매우 아름다웠다. 한쪽에 강이 있었고, 다른 쪽에는 수확기를 앞둔 넓은 논이 황금물결을 일렁이고 있었으며, 군데군데 수확하는 사람들도 보였다. 그리고 시선이 닿는 곳마다 사방이 산으로 둘려 있었다.

토요일, 동링 예배당: 3일을 여행한 후에 다시 우리의 작은 방으로 돌아올 수 있어서 기뻤다. 스토트 여사가 쉬시는 동안 우리가 했던 일을 설명해보겠다. 오전 8시 우리는 저녁을 먹기로 되어 있는 동료네 집으로 갔다. 논과 사탕수수밭을 지나 강에서 조금 거리가 있는 길을 걸어갔다. 우리는 여러 마을을 지났는데 기독교인들이 있었다. 멈춰서 여성들과 몇 마디 나누었다. 남자들은 들판에서 옥수수를 거두느라 바빴다. 그런 다음에 진흙투성이인 강을 건넜는데 배가 매우 더러웠다. 배에서 내려 저녁 식사가 예정되어 있는 곳으로 갔는데 밥과 젓가락이 있는 완전 중국식으로 메뉴는 계란 부침과 각종 채소와 볶은 돼지고기였다. 식사를 마치면 그들은 항상 뜨거운 물을 주어서 얼굴과 손을 씻게 한다. 그런 다음에 차를 한 통 준다.

이분들에 대해서 얘기를 좀 하는 것이 좋을 것 같다. 집은 두 형제의 소유였는데, 그중 동생이 도박에 빠져 있다가, 지금은 죽고 없었다. 큰형의 아내는 기독교 집안 출신으로 결혼 전부터 믿는 사람이었다. 가족 중 아무도 믿지 않았고, 시어머니는 특히 심하게 반대했다. 몇 년 동안 예배에 못 가게 했고 심방도 허락하지 않았지만, 그녀는 온유했고 순종적으로 행동하였으며 기회가 있을 때마다 복음을 전했다. 그래서 그들의 마음을 얻었는데, 아직 남편이 세례는 받지 않았지만, 규칙적으로 예배에 참석하고 있다. 연로한 시어머니도 비록 개종은 안 했지만, 핍박과 반대는 멈추었다. 그녀는 우리를 아주 은혜롭게 맞아들였다. 모여든 사람들에게 복음을 전한 후에 우리는 이 젊은 여성의 부모님 댁으로 발걸음을 돌렸다.(거기서 하루 자기로 되어 있었다.) 아마 15km 정도는 걸은 것 같은데, 도착하니 오후 4시경이었다. 잠시 쉰 다음, 스토트 여사가 몇 년 전부터 알고 지냈던 가엾은 할머니를 방문하기 위해서 산길을 올라갔다. 가면서 주위의 조용하고 아름다운 풍경들을 즐기다가, 산속의 깨끗한 시냇물을 마시고, 얼굴도 그 시원한 물에 좀 씻으려고 잠시 멈추기도 했다. 그리고 마침내 80세 되시는 그 할머니의 작은 오두막에 도착했다. 짚으로 엮은 작은 집이었는데, 문에서만 빛이 들어왔고 서 있을 공간도 거의 없었다. 할머니는 낯선 사람을 의심스럽게 바라보더니 소리쳤다. "사모님이시군요. 제 귀가 먹고 눈이 침침해서 알아보지 못했어요. 너무 오랜만에 여기 오셨어요." 하며, 스토트 여사의 손을 잡고 안으로 인도하였다. 얼마나 가련한 노인인가! 그녀는 귀가 너무 안 들려 다른 사람들이 이야기하건 말건 계속해서 말을 했다. 그녀는 누가 말해도 들을 수 없었고 거의 볼 수도 없었다. 그녀는 복음을 여러 번 들었지만, 그것을 받아들이지 않았다. 이게 사실이라면 이제 그녀에게는 기회가 없을지도 몰랐다. 왜냐하면 지금은 아무것도 들을 수가 없었기 때문이다. 그녀의 아들은 기독교인이었는데, 작년에 8일간 앓다가 평화롭게 세상을 떠났다고 기독교인인 그의 아내가 말해 주었다.

우리는 다시 산에서 내려와 저녁을 먹었다. 중국식으로 기름진 돼지고기 반찬, 계란 부침, 그리고 토종 감자볶음이었다. 처음 배고플 때는 아주 맛있었는데, 밥을 반 그릇 정도 먹자 더 먹고 싶지 않았다. 우리와 같이 온 두 사역자는 우리를 보려고 밀려드는 군중들에게 최대한 유용하게 시간을 사용했다. 그래서 우리가 모두 저녁 기도할 준비가 되었을 때는 상당한 숫자가 모여서 다시 한번 복음을 전했다. 그 후 각자의 위치로 쉬러 돌아갔지만, 현지 사역자들은 늦게까지 설교했고, 또 아침에도 우리가 일어나기 전부터 설교를 시작했다. 할머니 할아버지는 두 분 다 믿고 있었다. 그 아들도 아내와 두 아들과 함께 거기 살았다. 어머니는 아주 사랑스런 할머니로 밝고 행복한 얼굴을 하고 계셨다.

사람들이 일출 무렵부터 떠들썩해서, 5시 이후에는 잠을 잘 잘 수가 없었다. 8시 정각에 우리는 다시 출발할 준비가 되었다. 다음에 초대된 장소는 이들의 둘째 딸 집으로 사위는 믿고 있었다. 그러나 딸은 자녀가 셋이어서 지금은 예배에 자주 나오지 않았다. 그곳에는 사람들이 모이지 않아 우리는 계속 걸어가서 강을 건넜다. 반대쪽 둑에는 양옆으로 8㎞ 정도 내지까지 모래가 꽤 쌓여있었다. 왜 그렇게 되었느냐고 물으니, 작년에는 전부 경작지였지만 강이 범람해서 이 모래가 남게 되었고, 그 결과 농사를 못 지어 사람들이 굶주리게 되었다고 했다.

우리는 곧 꽤 큰 마을에 도착했다. 그곳은 복음이 전해진 적이 없는 지역이었다. 모여든 사람들에게 말씀을 전하자 관심을 보였고 책과 전도지를 사 갔다. 우리는 이웃 마을에 관심자가 있어서 그곳으로 갔다. 저녁을 먹는데, 거기 있는 사람들이 너무 시끄럽고 소란을 피워서 거의 먹을 수가 없을 정도였다. 우리 모습을 잘 볼 수가 없자 몰려든 사람들이 문을 거의 부술 태세였다. 그러나 조금 조용해졌을 때, 스토트 여사와 설교자들은 다시 구원의 메시지를 전했다. 우리가 우상이 있는 절로 자리를 옮겼는데, 사람들이 말씀을 전해 달라고 부탁했다. 가장 소름이 돋는 우상들에 둘러싸인 연단에서 다시 한번 기쁜 소식을 선포했다. 우리는 다시 떠나 이곳저곳을 다니다가 듣고 싶어 하는 사람이 있으면 어디서든지 멈추어 얘기를 나누면서, 다른 구도자가 있는 집으로 갔다. 그 집은 아름다운 계곡 구석에 가장 아름다운 초목으로 둘러싸여 있었는데, 거기서 밤을 지내게 되어 있었다. 이곳 사람들은 꽤 달랐다. 그들은 이전에 외국인을 본 적이 없었음에도 다른 사람들처럼 밀쳐대지 않았고, 복음에 매우 관심이 있는 것처럼 보였다. 우리는 잠깐 쉬다가 곧 다시 시작했다.

설교자들이 모두 지쳐서, 군중들에게 집으로 가서 저녁을 먹고 오면 다시 말씀을 전하겠다고 했다. 그들 중 많은 숫자가 다시 돌아왔는데, 모두를 수용할 큰 방이 없었기 때문에 야외에서 말씀을 전할 수밖에 없었다. 스토트 여사와 설교자들이 다시 그들에게 생명의 말씀을 전했다. 그 집의 사람들은 나에게 나올 필요 없다고 말해주었지만, 사람들은 들어와서 나를 바라보고 있었다. 그래서 나는 군중 속으로 들어갔다. 앉아서 사람들에게 얼굴을 보여주는 것. 그것이 내가 할 수 있는 전부였다. 아! 나도 얼마나 말씀을 전하고 싶었던지! 얼마나 그들에게 구원의 메시지를 전하고 싶었는지 모른다.

우리가 잠자리에 든 뒤에도 오랫동안 설교는 계속되었다. 그리고 매우 이른 아침 6시 30분에 다른 집에서 아침을 먹으러 오라고 해서, 시원하고 청명한 아침 공기를 마시며 상쾌하게 얼마를 걸었다. 작은 대나무 숲을 지나 다른 관심자의 집에 가서 아침을 먹은 후, 다시 복음을 전했다. 매일 15㎞ 정도씩 걸었었는데 오늘 여정은 이전보다 더 길었다고 그들이 말했다. 길을 떠날 무렵에는 인력거를 준비해서 처음 묵었던 기독교인의 집까지 타고 갔는데, 도착하니 11시밖에 되지 않았지만, 아침을 일찍 먹은 탓에 배가 고파 그곳에서 정찬을 먹었다. 거기서 설교를 했는데, 사람들이 잘 듣지 않았다. 그래서 길게 머무르지 않고 약 12시에 떠나 이곳으로 왔다. 오는 길에 여러 장소에 멈춰서 그들이 듣고자 하면 복음을 전하다가, 조용한 장소가 있으면 쉬기도 하면서 3시 30분경 여기에 도착했다. 한 10km 정도는 걸어온 것 같다.

　내일은 성만찬이 있는 주일이어서 기독교인 여러 명이 이미 도착해 있었고 다른 사람들은 내일 아침에 들어올 예정이었다. 우리는 방금 토요일 저녁 기도 모임을 마쳤고, 현지인 설교자 찌에 씨가(그의 아내도 학교 학생) 무자비한 종의 비유를 가지고 아주 좋은 설교를 했다. 그의 생각 하나가 매우 인상 깊었는데, 만약 종이 주인 가까이에 머물렀더라면 그의 빚이 탕감된 후에 동료 종에게 그렇게 불친절하게 하지 않았을 것이라고 하며, 만약 우리가 지속적으로 그리스도와 교제하지 않으면 우리는 틀림없이 죄에 빠지게 된다고 말했다. 우리는 오늘 밤 다른 사람들을 용서하는 교훈을 실천할 기회가 있었다. 왜냐하면 지난밤에 머문 곳에서 우리 침대를 옮겨 주기로 한 남자가 저녁 10시인데 아직 도착하지 않았기 때문이다. 다행히 여기에 스토트 여사가 사용할 수 있는 침대가 있었고, 나는 두 개의 큰 외투로 버텨낼 생각이다. 그래도 수건, 칫솔 그리고 빗 그리고 다른 필요한 것들이 없었는데, 내 생각에는 그가 강에 너무 늦게 도착하는 바람에 배가 끊겨 건너오지 못하는 것 같았다. 그가 우리의 세면도구를 가지고 제시간에 도착해주기를 바랄 뿐이다.

　일요일: 상상대로 잠자리가 편하지 않아서 우리는 꽤 일찍 일어났다. 우리의 짐들은 새벽에 도착해 있었다. 그래서 지난 3일간 우리의 일거수일투족을 지켜보던 호기심 어린 눈을 피해서 기쁘고 편하게 아

침 단장을 할 수 있었다.

아주 일찍부터 성도들이 예배를 드리기 위해 각지에서 도착하기 시작했다. 그리고 아침을 먹은 후에 여러 곳에서 온 그룹들이 한 지점으로 모이는 것을 보니, 매우 재미있었다. 22명이 한 팀인 조가 강을 건너오는데, 길이 너무 좁아서 두 사람도 나란히 서지 못하고 일렬로 꽤 긴 행렬을 이루어서 오기도 했다. 그렇게 도착한 사람들이 10시 예배가 시작될 때 120~130명쯤 되었다. 스토트 여사가 그들에게 열 처녀의 비유에 관해서 설교했는데, 질문에 맞게 잘 대답하는 것을 보니 청중이 주의 깊게 들은 것을 알 수 있었다. 찌에 씨가 진지하게 말을 하고 나서 성찬식이 진행되었다. 그 후에 점심에 관해서 이야기를 나누었다. 각자가 자기가 먹을 쌀은 가져오고 반찬값으로 5원을 내어 먹기로 했다. 전체 인원 식사를 함께 준비하는데 기독교인 가정들이 교대로 이 일을 맡았다. 오후 4시경 모두 각자 집으로 흩어졌다.

화요일, 원저우: 어제 아침 일찍 밥을 먹고 7시 30분에 예배당을 떠나 원저우로 가는 배를 타러 운하로 갔다. 약 14㎞ 거리였다. 대부분 어제 집으로 돌아갔는데, 한두 명 남아서 떠나기 전에 함께 기도했다. 우리가 방문하지 못한 사람들은 우리가 그들을 만나지 못하고 그렇게 빨리 떠나는 것에 많이 실망하고, 자기 집에 와서 시간을 보내지 못한 것에 대해서도 아쉬워했다. 하지만 그들이 멀리 떨어져서 살고 있어서 모두를 가서 만나려면 한 주가 더 필요했다. 스토트 여사는 여기서 돌아가야 했는데, 오징 사건도 아직 미해결 상태였기 때문이었다. 우리는 지난주 수요일과 같이 평야를 지나서 돌아왔는데, 약 절반쯤 와서는 새로운 길로 방향을 돌렸다. 그 길은 이전 경치보다 더 웅장하고 아름다웠다. 산들이 더 가까이에 있었고 계곡은 더 좁았다. 경작지 없이 대부분 어린 전나무로 덮여 있었다.

우리는 완만한 동링산을 올라갔는데, 그 옆에는 산의 깨끗한 시냇물이 돌에 부딪혀 부서지면서 작은 폭포가 되어 깊은 연못이 있는 저 아래 골짜기로 떨어졌다. 우리는 꼭대기에서 경치를 즐기면서 쉬었다. 반대편 가파른 길로 쉽게 내려가서 금방 집으로 가는 배를 탈 수 있었다. 깨끗지 않은 불편한 장소에서 지내다가 우리 집에 오니 얼마나 좋았던지! 바슬리 양이 아주 밝은 것을 보니 모든 것이 잘 되어 가고 있는 것 같았다. 사랑하는 친근한 얼굴들을 다시 보니 좋았다. 남자인지 여자인지 궁금해하며 의심스러운 눈초리로 우리를 똑바로 바라보는 상황에서 해방된 것이었다. 나는 완전히 즐겁게 여행했고 변화가 있는 삶도 매우 좋아했지만 이렇게 다시 일상으로 돌아와 우리 여학생들과 지내게 되어 아주 기뻤다. 아마 다음 여행 때는 나도 사역에 조금은 동참할 수 있게 될 것이다. 끊임없이 설교하는 일은 틀림없이 매우 지치는 일일 것이다.

여행하고 돌아와 보니, 우리가 없는 동안 꽤 많은 일들이 있었다. 우리의 가엾은 여인이 죽었고, 설교자 세 명은 너무 아파서 일상적인 주일예배도 드리지 못하고 있었다. 하지만 예기치 않게 빙예에서 사람이 와서 그 빈자리를 채웠다. 필요한 순간마다 도와주시는 우리 하나님은 얼마나 신실하신가! "너는 내일 일을 자랑하지 말라, 왜냐하면 너는 그날에 무슨 일이 일어날지 모르기 때문이다." 나는 친구에게 내가 강하다고 자랑하는 편지를 보낼 수 없었다. 그 유명했던 독감에 걸려 누워있으면서 '나는 어떤 종류의 사역에도 딱 적합한 사람이야.'라고 할 수 없었다. 그 때문에 결국 지구상에 가장 외진 이곳까지 오게 된 것이었다. 일주일 동안 아프면서 그렇게 짧은 시간 안에 그렇게 약해보기는 처음이었다. 그 독감은 상하이와 닝보에서는 훨씬 더 심하다고 들었다. 그래서 두 번째 시골 여행은 일정이 3일간으로 대폭 축소되었다. 이번에 방문한 새로운 지역에서는 사람들이 아주 거칠고 군중들이 아주 많아서 우리는 소음 때문에 말씀을 제대로 전할 수 없었다. 비교적 가까운 수십 개의 마을에 아직 복음이 전해지지 않고 있었다. 이것을 생각하면 지칠 때가 많다. 그렇지만 우리가 할 수 있는 일은 전부 한다. 언제쯤 모든 읍, 마을, 도시 그리고 작은 부락에 그리스도의 증인이 있게 될까?

주님은 무엇이라도 결코 나의 유익을 위해 구하게 하지 않으신다. 내가 필요할 때면 그분은 항상 그것을 주시거나 아니면 다른 것도 함께 주신다. 올해 1890년도 말에 나의 계정을 보니 거의 우리 사역의 모든 부분에 부족한 금액이 조금씩 있었다. 나는 그 문제를 주님께 가지고 갔다. 그리고 그 해의 마지막 증기선을 통해 나에게 두 친구의 선물이 도착했다. 그것은 충분하고도 남을 정도의 기부금으로, 우리는 그것으로 새해에 우리가 훈련하기를 원하는 소년들을 위해 예산을 세울 수 있었다. "내 영혼아, 주님을 송축하라!" "내 평생에 주의 선하심과 인자하심이 정녕 나를 따른다."고 고백할 수 있다.

Chapter 17

"너희는 근심하겠으나
너희 근심이 도리어 기쁨이 되리라."

- 요 16:20 -

올해는 검은 구름으로 시작되었다. 아마도 그 당시에 쓴 편지가 우리의 상태를 가장 잘 설명해 줄 것이다. "지난 몇 달 동안은 기쁨과 슬픔으로 가득했고, 손실과 유익이 거의 반반이었습니다. 올해 초 가장 훌륭하고 가장 유능한 복음 전도자가 죽었습니다. 10년 전에 주님께 돌아온 후, 8년 동안 폭넓게 은혜의 복음을 설교해온 사람이었습니다. 현지인 교회의 후원을 받으면서 그는 처음에는 동링에서, 최근에는 퉁쪼 지역에서 사역했습니다. 동링에서 그는 주님께 많이 쓰임을 받았는데, 사람들을 주목하여 듣도록 하려고 보다 새로운 방식으로 말씀을 전했어요. 그는 한 군데 정하여 서서는 문명화된 인간이라면 누구나 겁을 먹을 정도로 큰 목소리로 찬송가를 부르곤 했습니다. 일반적으로 잘 알고 있는 곡조였는데도 사람들은 잘 알아차리지 못했는데, 왜냐하면 그가 그 곡을 너무도 장엄하게 불렀기 때문이었습니다. 그 곡 이름을 바꾸어 '순교자'라고 불러야 할 정도였습니다. 사람들이 그 이상한 소리를 듣고 몰려와 어느 정도 모였다고 생각되면 설교를 시작했습니다. 그가 이 계획을 잘 적용해서 '오늘 네 명을 낚았습니다.'라고 얼굴을 빛내며 우리에게 얘기해 주던 일을 잘 기억하고 있습니다. 그는 진정 사람을 낚는 어부였습니다. 그가 가르쳤던 사람들은 구원의 계획을 멋지고 분명하게 알고 있었고, 그리스도의 죽음과 사망에 관한 어떤 질문에도 대부분 훌륭히 대답했습니다. 그를 통해서 많은 사람이 주님께 돌아왔는데, 특히 퉁쪼에서는 많은 어른이 개종했을 뿐 아니라, 14살에서 19살까지의 어린 청년들도 주님께 돌아왔습니다. 그들은 글자를 읽지 못했는데도, 그에게서 수많은 성경 말씀과 찬송을 배웠습니다. 정말로, 그들의 학습 능력은 매우 탁월해서 그들이 유용한 설교자가 될 것이니 도시로 데려와서 2년간 교육과 성경공부를 하라는 권유까지 받을 정도였습니다.

쾨 씨는 죽기 2주 전에 도시로 와서 우리와 함께 성만찬을 했습니다. 그리고 예배 마지막에 진지하게 교회의 성도들이 와서 도와줘야 한다고 말했습니다. 사역의 문이 사방으로 열려있었지만 자기 혼자 전부 감당하기는 불가능했습니다. '누군가 와주실 자원자가 없을까요?' 1891년 1월 15일에 그가 임지에서 돌아왔는데, 기관지염을 앓고 있었습니다. 그러나 심각하게 아픈 것처럼 보이지는 않았습니다. 그는 아들을 불러서 사역이 아직 남아 있으니 대신 가라고 했습니다. 그 아들은 며칠 후에 가겠다고 하며 아버지를 간호했습니다. 그러자 그는 '아니다. 영혼들이 중요하다. 나는 괜찮다. 다른 동생들이 여기 남아서 나를 돌보고 있으니, 너는 즉시 가서 주님의 일을 해라.'라고 말했습니다. 다음 날 아들은 아버지의 말에 따라 출발했습니다. 그런데 몇 시간이 지나지 않았는데, 교대해서 간병하고 있던 아들이 아버지 얼굴이 변하는 것을 보고. '아버지, 주님이 부르셔요?'라고 물었습니다. '그래, 주님이 나를 부르고 계신다. 나는 곧 본향에 가 있을 것이다. 너는 진심 어린 열정으로 일하지 않았다. 주님께 더 가까이 달라붙어 있어야 한다.' 그 후 잠시 멈추더니 '찬송가를 하나 불러라.'라고 말했습니다. 그 찬송가를 다 불렀을 무렵, 우리의 형제는 그의 구세주의 임재 안으로 들어 갔습니다.

월급을 받는 복음 전도자가 한 사람밖에 남지 않았음에도, 2주 후에 그를 그만두게 했습니다. 죄 때문이었습니다. 이 일로 인한 타격이 너무 심해서 우리는 처음에 어떻게 그 자리를 채워야 할지를 몰랐습니다. 나는 지난해 자원봉사 설교자 그룹을 만들었습니다. 모두 7명이었는데 매주 토요일 오후에 나가 여러 지역에서 예배를 드렸습니다. 그리고 여행 비용으로 그들에게 한 달에 550위안을 주었습니다. 우리는 두 자리를 메우기 위해 자연스럽게 이 그룹에 의지했습니다. 현지 교회는 월급 줄 설교자 한 명을 선택해야 했고, 다른 한 명의 선택은 나에게 맡겨졌습니다. 7명 중 가장 열심 있는 두 사람이 선택되었는데, 바로 같은 날 우리 자원봉사 팀에 두 명이 들어왔습니다. 그래서 우리는 시험의 한가운데서도 매우 즐거워할 수 있었습니다.

여성 사역은 가장 격려가 되었습니다. 한 해 동안 사람들이 너무 많이 늘어서 집회 장소를 넓혀야 했고 그들은 또 자발적으로 전도를 시작했습니다. 우리 기독교인 여성 몇 명이 사는 남문 밖에는 작은 부락들이 많이 있었습니다. 그들은 매주 수요일 오후에 모여서 기도를 했습니다. 그 기도 모임의 결과로 그들은 일주일에 한 번씩 돌아가면서 한 명씩 지명하여 각 부락 여성들에게 가서 복음을 전하도록 했습니다. 다른 사람들은 가는 사람의 배 삯을 보태주었습니다. 그들은 이미 전도부인을 지원하고 있었는데 더 헌신하는 것이었습니다. 이것은 작지만 그들 스스로 계획을 세운 것이었고, 나는 그들이 전부 준비하기까지 알지도 못했습니다. 설날이 시작될 때, 나는 병자와 결석한 성도들을 맡아서 방문할 사람이 필요한데 누군가 해줄 수 있겠느냐고 물었습니다. 그랬더니 모두 너무도 다정히 응답해서, 그해 매달 두 명을 심방 책임자로 정할 수 있었습니다. 모든 병자와 결석한 사람들을 방문하는 것이 그들의 임무였습니다. 최근에 꽤 주목할 만한 경우가 있었는데, 여기에 소개할 가치가 있어 보입니다.

가을 동안 나는 마을을 다니며 그리스도인들을 심방하는 일에 시간을 많이 들였습니다. 융코지에라는 마을에 갔는데, 영적으로 너무 메말라 있어서 고통스러웠습니다. 그 지역에 우리 성도가 10명쯤 있었는데, 108군데 마을 중에 구원의 초청에 응답한 마을은 열 몇 군데도 되지 않았다고 들었습니다. 여행에서 돌아오면서 나는 현지 자매들에게 이 장소에 대해 기도해 달라고 부탁했고, 몇 주가 지나서 전도자 두 명을 그곳에 보내어 열흘 동안 가능한 대로 많은 마을에 다니며 복음을 전하라고 했습니다. 그런데 전도자가 방문한 마을 중에 복음에 관해 무엇인가 아는 듯이 보이는 여성이 있다는 소개를 받고 그 여성을 방문했다고 합니다. 가서 얘기해 보니, 그녀는 여러 해 전부터 진리를 알고 있던 것처럼 대답하는 것이 아니겠습니까. 그래서 전도자가 기독교인을 만나 본 적이 없다면서 어떻게 이런 것들을 알았느냐고 묻자, 그녀는 한 영이 밤에 와서 많은 것에 대해서 얘기해 주었다고 대답했답니다. 그 영은 하얀 옷을 입고 있었는데, 그녀에게 우상숭배를 포기하고, 채식주의자의 맹세를 깨며, 아편 피우는 것을 중단하고, 하얀 옷을 입어야 한다고 했답니다. 그리고 그가 그녀가 구원을 받으려면 어떻게 해야 할지 말해 줄 교사를 보내 주겠다고 했다고 합니다.

그녀는 전도자에게 다시 오겠다고 하면서 만약 이 교리가 정말로 바른 것이라면 지난번 왔던 영이 그날 저녁에 말해줄 것이라고 했습니다. 전도자는 작은 책과 요한복음을 남겨 놓았습니다. 그녀는 벌써 채식주의를 포기했고, 하얀 속옷을 입고 있었으며 2주간 아편을 끊었습니다. 하지만 그녀의 아들은 엄마가 미칠까 봐 두려워서 아편을 피우는 담뱃대를 다시 가져다 놓았다고 합니다. 그리고 아편을 다시 시작하라고 권하기까지 했습니다. 아들은 어머니를 아주 좋아하는 것처럼 보였는데, 어머니가 외국 종교의 영향을 받을까 봐 두려워하면서 책을 이웃 기독교인에게 주었습니다. 그러고는 그 기독교인에게 원저우에서 누가 와도 그의 어머니를 찾아오지 못하게 해달라고 부탁했다고 합니다. 어머니가 예수의 종교와 관련된 것을 갖지 않도록 하고 싶었기 때문이었습니다. 전도자가 두 번째 방문했을 때, 그녀는 많이 고통스러워했습니다. 그녀는 그 영이 다시 자기에게 말해 주었는데, 그 책을 포기한 것은 잘못이었다고 하며(그녀는 꽤 잘 읽을 수 있었고, 읽기 쉬운 환경에 있었습니다.) 원저우로 가서 외국인 여자 선생님을 만나야 하는데, 그분이 그녀를 위해서 기도해 줄 것이라고 말했답니다. 그녀가 와서 나를 만나겠다는 결심을 토로하자, 아들은 매우 고통스러웠지만, 어머니를 반대하는 것을 두려워했습니다. 그녀는 토요일 오후에 도착해서 나와 길게 대화했는데, 그녀는 성경을 읽고 있었기 때문에 지적으로 잘 이해하고 있어서 나는 많이 놀랐습니다. 그녀는 하나님께서 그녀에게 새로운 이름을 주었다고 말했습니다.

일요일이 지난 후에, 나는 그녀가 아편을 끊고 싶으면 나랑 2주 정도 머물면 내가 그녀를 도와주겠다고 말했습니다. 그녀는 생각할 시간을 달라고 요청했고, 저녁 식사 후에 많이 떨면서, 자기의 아편 접시를 나에게 가지고 왔습니다. 10년을 피워 왔던 아편을 끊는 일은 힘든 투쟁이어서 매우 가엾은 일이었습니다. 우리도 기도했고 현지 기독교인들도 그녀를 위해 많이 기도했기 때문에 우리는 승리를 기대했습니다. 나는 그녀에게 기분이 좋지 않을 때마다 내 방으로 오라고 했습니다. 그리고 우리는 같이 놀고 노래하고 기도했습니다. 그녀는 거의 새벽두 시까지 참아냈습니다. 그때 사람들이 나를 불렀습니다. 당시 그녀가 너무 아파서 아편을 조금 피우게 허락해야만 했습니다. 다음 날 새벽 3시경 다시 많이 아프기 시작했고 나는 그녀 옆에 오랫동안 앉아서 손발에 통증이 오면 비비고 위로하며 내가 할 수 있는 모든 일을 했습니다. 저녁에는 모르핀 가루를 주어 밤에 조용히 쉴 수 있게 했습니다. 그렇게 3일간을 지속하니 고통이 거의 사라졌습니다. 그런데 그녀의 남

동생과 아들이 편지를 보내, 어서 집으로 돌아오고 아편도 끊지 말라는 말을 전했습니다. 나는 그녀에게 일주일 더 머물라고 권했지만, 그녀는 다음 날 아침 집으로 돌아갔습니다. 그녀는 그 끔찍한 욕구를 더이상 견딜 수 없었고, 그녀는 아편을 시작하게 한 병이 도질까 봐 두려워했습니다. 우리는 무거운 마음으로 작별했습니다. 그녀가 끔찍한 악덕의 가루로부터 도망쳐 나올 때처럼 다시 원래대로 돌아가는 것을 보니 비통했습니다. 집으로 돌아가는 것은 아편을 다시 피운다는 것을 의미했기 때문이었습니다. 그녀는 그때 이후로 나와서 예배드리고, 구원의 주님을 믿는다고 고백하지만, 아편은 계속 피우고 있습니다. 이 두려운 결박에 묶여 있는 사람들의 슬픔 때문에, 우리는 울 수 있었습니다. 하나님께 감사합니다. 힘센 자들에게서 자주 먹이를 낚아채어 구해내기 때문입니다. 우리는 많은 사람을 악한 자의 손아귀에서 구원해내었습니다.

한 사랑스러운 여성이 이웃에게 복음을 듣고, 구원과 아편이 함께할 수 없다는 것을 알고 아편을 끊기로 결심했습니다. 그녀는 아편 약을 몇 개 샀는데, 아편을 피우고 싶은 욕구가 생길 때마다 기도해서 승리를 얻을 때까지 그 투쟁을 계속했습니다. 그녀는 거의 2년 동안 일관성 있게 신앙을 지켜왔습니다. 딸과 사위도 둘 다 아편을 피웠는데, 사위는 그녀의 영향으로 아편을 끊었고, 대신에 술을 마셨습니다. 이런 여성의 경우와 같이 옛 복음의 능력을 잃어버리지 않은 경우를 많이 보지 않습니까. 하지만 오! 이 악마가 이 땅에서 다 휩쓸려 나가 없어질 때까지 기도하고 쉬지 말아야 하지 않겠습니까? 아! 불쌍한 중국이여! 중국의 슬픔을 생각할 때 사람들의 마음은 가라앉습니다."

올여름에 도시의 절반을 놀라게 했던 재미있는 사건이 있었다. 그런데 하나님은 그 일을 사용하셔서 여학생들을 몇 명 구원하셨다. 어느 날 저녁 기도회 후에 거실에서 한 사람은 크게 책을 읽고, 다른 이는 일을 하고 있었는데, 갑자기 위층에서 공포에 질려 외치는 소리가 들렸다. "사모님! 사모님!" 나는 무슨 일이 일어난 것인지 궁금해하며 서둘러 소리가 나는 위층으로 뛰어갔다. 우리 요리사가 나를 보더니 하늘을 가리키며 숨을 헐떡이며 외쳤다. "보세요. 하늘을 보세요!" 가리키는 방향을 보니 전등 빛이 구름에 아주 밝게 반사되고 있었는데, 그것이 어디서 비추는 것인지 우리는 알 수 없었다. 학교 소녀들이 두려워하며 무릎을 꿇고 기도하고 있어서 나는 그 현상을 설명해 주었다. 그러자 하인 한 명이 "저는 주님의 날이 온 줄 알았습니다."라며 안도의 한숨을 내쉬었다. 다음날 그 사건은 영국 군함이 강으로 올라오며 일어난 일이었음이 밝혀지며 그 신비가 풀렸다. 하지만 여학생 몇 명은 그 사건 때문에 정말로 걱정했고, 다음과 같은 질문이 가슴에 사무치게 되었다. '정말로 주님의 날이었다면 어쩔 뻔했어? 나는 준비가 되었나?'

다음 주일 자려고 방으로 들어가는데, 소녀들이 흥분하며 이야기하는 소리가 들렸다. 바슬리 양이 그들에게 가서 조용히 하고 가서 자라고 하니, 그들은 흥분해서 다음과 같이 말했다. "조용할 수가 없어요. 마음이 너무 충만한 걸요, 세 명이 오늘 밤 구원을 받았어요. 사모님에게 우리와 함께 하나님께 감사드리자고 말해 주세요." 그런 후, 그 세 명이 누구인지 듣고는, 우리도 무릎을 꿇고 하나님께 감사기도를 드렸다. 다음 날 6시 전에 우리는 모두 함께 "예수께서 내 죄 씻은 행복한 날"이라는 찬송가를 불렀다. 아침 기도회 후에 그들을 하나씩 하나씩 내 공부방으로 데리고 갔다. 그리고 거기서 그들의 이야기를 간단히 들었다. 한 아이는 울고 있었다. 무슨 일이냐고 물으니, "나는 엄청난 죄인입니다."라고 대답했다. 다른 여학생 두 명은 불안해하고 있어서 더 나이가 든 언니들이 인도해 주었다. 최근에 영적으로 많이 은혜받고 평안과 용서를 경험한 언니들이었다. 다음 목요일에 늘 모이던 모임에서 기도하는 우리 여성들에게 이 기쁜 소식을 전했다. 그러면서 이 일에 감사함과 동시에 아직 구원받지 못한 두 명의 소녀를 기억해 달라고 부탁했다. 저녁 기도회는 보통 내가 인도하지 않았는데, 이런 경우에는 직접 인도했다. 그리고 그날 오후에 기도했던 그 두 명 중 하나가 구원받았다. 이틀 후에는 또 다른 한 명도 구원을 받았다. 우리는 그들이 진정으로 구원받은 것을 볼 수 있었다. 다섯 명 중 두 명은 성미가 좀 고약했었는데, 그래서 그들의 변화가 가장 눈에 띄었다.

9월 5일: 토요일은 바쁜 날이었다. 오후부터 저녁 내내 우리는 세례 받을 사람들을 점검하고 있었다. 나는 각 사람과 내 서재에서 이야기를 나눴다. 저녁에 그들은 또 백 명이 넘는 성도들 앞에서 다시 점검받았다. 12명 중 10명이 통과하여 다음 날 세례를 받았다. 그 주일은 정말로 행복했다. 아침 예배는 3시간 20분 동안 지속되었는데, 아무도 피곤해 보이지 않았다. 보통 때처럼 예배드리고 떡을 뗀 후에, 은세공사가 바지에에서 했던 사역을 주님께서 축복하셔서 개종자가 새로 3명 생겼고, 그곳에 예배당이 필요하다고 했다. 그는 자기가 받은 돈의 액수를 말해 주면서 아직 얼마가 더 필요한지도 말했다. 성도들은 훌륭하게 반응했고, 즉시 27위안을 헌금하겠다고 약속했다. 자신들의 복음 전도자를 위해 헌금하고 난 후에 드린 약속이었다. 나중에 다른 헌금들이 더 들어왔고, 본인의 헌금까지 합해서 현지 성도들이 드린 헌금만 모두 55위안이었다.

우리의 기쁨은 얼마 가지 않아서 슬픔으로 변했다. 다시 질병과 사망이 찾아왔던 것이다. 9월 6일 바로 그 주일날 G여사의 편지를 받았다. 그녀가 아픈데, 만약 좋아지지 않으면 의사에게 진찰을 받으러 원저우로 오고 싶다는 내용이었다. 그녀가 얼마나 심각하게 아픈지는 거의 생각하지 못하고, 즉시 편지를 써서 어쨌든 오라고 했다. 그들은 수요일 일찍 도착하기로 되어 있었다. 화요일 오후, 최근에 우리에게 들어온 휫포드(Whitford) 양과 태너(Tanner) 양이 늘 다니던 길로 산책

하러 갔다. 그런데 얼마 지나지 않아 한 남자가 뛰어와서는 그 둘 중 한 명이 6m 높이의 성벽에서 바닥에 떨어졌다고 알렸다. 그녀를 몇 분 내로 옮기자 로리(Lowry) 박사가 친절하게도 즉시 와주었다. 오른 팔꿈치가 문자 그대로 찌부러졌고, 의사는 가능한 대로 상처를 치료했다. 다음 날 아침 6시에 그리어슨 선교사가 도착했다. 당시 바슬리 (Bardsley) 양이 쓴 편지를 인용한다.

5일 토요일: 시골 기독교인들이 예배를 준비하기 위해 모여들었습니다. 그들 가운데는 여성 4명과 남성 8명 이렇게 12명이 세례를 받으려 하고 있었습니다. 스토트 여사와 목사님은 그들을 모두 오후에 만나 각 사람과 이야기를 나누었습니다. 나도 그 자리에 같이 있었는데, 어떤 대답들은 매우 재미있었습니다. 모두 선명하고 명석하게 대답했습니다. 두 명은 아직 복음에 대한 이해가 충분치 않아 몇 달을 더 기다리라고 했습니다. 다른 10명은 저녁 기도회 후에 약 100명이 넘는 성도들 앞에서 점검받았습니다. 무급 설교자 한 분이 어떤 여성의 신앙에 관하여 멋진 간증을 했습니다. 그녀가 믿기 전에는 자기가 빚쟁이라는 교리를 믿었는데, 기독교인이 되니 그 빚을 다 갚고 아주 자유롭게 되었다고 했습니다. 다음 날 아침 9시에 세례식이 진행되었습니다. 세례받는 사람 중에 3명은 바지에서 왔는데, 그곳은 은세공인 아오밍이 훌륭히 사역하고 있는 새로운 곳이었습니다. 작년 초 그는 아내와 함께, 원저우에서 그곳으로 이사 가서 바로 예배처를 열었습니다. 그 이후로 그는 정기적으로 예배를 드렸고 사역에 관한 모든 비용을 자기가 부담했습니다. 그리고 현재 거기에는 꽤 많은 숫자의 관심자들이 있습니다. 그리고 이 세 사람이 교회의 교제권 안으로 들어온 것이었습니다. 세례 후에 헌금하는 시간이 있었습니다(교회는 퉁쪼 지역 복음 전도자들을 후원합니다). 그런 다음에 예배가 있었고 예배를 마친 후에 우리는 우리를 위한 주님의 죽으심을 기념했습니다.

그런 다음에 아오밍이 자청해서 몇 마디 했습니다. 그는 사람들에게 아직 도시에 복음이 전해지지 않았을 때, 스토트 선교사가 그곳에 와서, 어떻게 노력해서 복음을 전 지역에 전파하여 오늘의 결과를 가지고 왔는지를 상기시켰습니다. 그들은 모든 것을 아무 대가도 지불하지 않고 무료로 받았습니다. 지금 앉아있는 예배당은 그들이 1위안도 지불하지 않은 것이었습니다. 그리고 그들을 스토트 선교사가 도착해서 뿌리를 내린 포도나무에 비유했습니다. 그 포도나무는 가지들이 퍼져서 주변 지역들로 퍼져 갔고 마지막 가지가 그가 있는 바지에 지역이라고 했습니다. 그는 이제 주님께서 축복하셔서 그가 임대해서 쓰고 있는 예배당이 성도들을 전부 수용하지 못할 정도로 작아졌다고 하며, 몇 명 안 되는 성도들이 더 큰 건물을 임대하기는 역부족이라고 했습니다. 그래서 그는 부모가 막 태어난 아이들에게 방을 제공하듯 그들을 의지한다고 말했습니다. 아오밍의 연설에 대한 반응은 훌륭했고 그 자리에서 27위안을 약속했는데, 나중에 아오밍 자신의 헌금을 포함해서 현지 기독교인들만의 헌금이 55위안이나 되었습니다.

집에 도착해서 보니 우리가 3시간 15분 동안이나 예배를 드린 것을 알게 되었습니다. 예배 전에 성도들이 한 기도 모임을 제외한 시간이었습니다. 설교자들은 매월 정기모임 때 딱 한 번 저녁을 같이 먹습니다. 그들은 흥미 있는 경우나 때때로 지역에 변화가 있을 때 그것을 보고하고, 그런 다음에 즉시 기도 시간을 갖습니다. 그것이 다 끝나면 각각 교실로 들어가 오후 수업을 합니다. 수업 후에 대부분 집으로 돌아가는데, 그렇게 하여 주님을 위하여 온종일 예배를 드리는 행복한 하루가 끝납니다.

10월 14일: 위 편지 중 일부를 바로 부치려고 썼는데 갑자기 질병과 죽음으로 인한 슬픔에 빠져서 편지가 늦어졌습니다. 병실 간호가 많이 필요했기 때문입니다. 9월 8일 화요일 태너 양이 약 6m 높이의 성벽에서 땅바닥으로 떨어졌습니다. 그녀의 팔꿈치가 부서졌고 오른쪽 아래는 심하게 멍이 들었습니다. 다음 날 아침 6시에 그리어슨 선교사 부부가 그녀의 작은 딸과 함께 빙예에서 왔습니다. 그리어슨 사모는 이질에 걸려 매우 안 좋은 상태였습니다. 아주 친절하신 로리 박사님이 그녀의 병이 아주 심해서 회복하지 못할까 두렵다고 했습니다. 우리는 그녀를 위해 할 수 있는 모든 것을 했지만 그녀는 점점 더 가라앉았고 목요일 저녁 5시 5분에 주 예수님의 품으로 들어갔습니다. 이곳에 온지 겨우 36시간이 지나서였습니다. 그녀는 회복될 것이라고 확신하며 남아있는 생명에 대해 여러 번 주님께 감사했으며, 전적으로 주님의 영광을 위해 더 살기를 원한다고 간절히 기도했습니다. 목요일 날 의식이 없는 가운데서도 그녀는 어떤 질문에 대해서든 대답했습니다. 그녀는 하루 중.상당한 시간을 빙예에 있는 사역자들을 위해 간절히 기도하며 보냈습니다. 그녀는 자신이 테일러 씨와 함께 상하이에 있다고 생각했는데, 그녀는 그 문제가 그날 오후에는 풀리기를 반복해서 요청했습니다. 한번은 "이제 사랑하는 테일러 선교사님, 기도해 주시겠습니까?"라고 말하기도 했습니다. 오후에 나는 태너 양이 그리어슨 사모에게 보낸 문장을 반복해서 말해 주었습니다. 그녀가 그 의미를 알아듣지 못해서, 나는 "그것은 예수님을 의미해요."라고 말해 주었습니다. 그러자 "오, 그래요? 그렇다면 그것은 모든 것을 의미하네요, 그렇지 않아요?"라고 그녀는 응답했습니다. 그녀는 즉시 눈을 감고 아주 아름답게 기도했습니다. 그녀의 기도를 여기에 옮겨 봅니다. "하나님, 우리는 오늘 그 소중하고 소중한 예수님 이름으로 당신 앞에 왔습니다. 우리는 그 이름의 의미에 대해서 아는 것이 거의 없습니다. 그리고 그것을 가지고 무엇을 할 수 있는지도 모릅니다. 우리가 그 이름을 잘 사용했었더라면……. 오늘부터 시작하게 하소서. 그 이름의 권능으로 새로워지게 하소서. 우리가 그 이름 안에 살고 그 이름으로 행동하고 그 이름으로 움직이고 그 소중한, 소중한 이름 안에서 사역하게 하소서." 그녀의 주제는 단 하나 예수님이었습니다. "소중한, 소중한 이름" 그것을 여러 번 반복해서 말했습니다. 그녀가 스토트 여사에게 고개를 돌리며 "주님은 내가 그분을 위해 무엇을 하기 원한다고 생각하십니까?"라고 물었습니다. 스토트 여사가 "그분은 아마 부인을 천국으로 부르기 원하시는 것 같아요."라고 하니, "아, 그렇게 생각하시는군요. 그렇게 생각할 수만 있다면 참 좋겠네요."라고 말했습니다.

나는 그녀가 자신이 죽는 것을 모르고 있었다고 생각합니다. 왜냐하면 그녀는 좋아질 것이라고 너무나 확신하고 있었으니까요. 그 일 후에 바로 그녀는 완전히 의식을 잃었고 말을 할 수 없었습니다. 우리는 그녀를 확실히 영광스러운 부활의 날을 기대하면서 도시 성벽 밖의 작은 공동묘지, 작년에 잃은 아들 근처에 묻었습니다. 그곳은 작년에 죽은 보이드 양이 묻힌 근처이기도 했습니다. "잠시 잠깐 후면 오실 이가 오시리니, 지체하지 않을 것이다." 일주일 후에 그리어슨 선교사와 그의 3살 난 엄마 없는 아기가 상하이로 떠났습니다. 그리고 뒤이어 온 편지를 받고 우리는 너무 놀라고 슬퍼할 수밖에 없었습니다. 어린 올리브가 콜레라로 3일 동안 아프다가 죽었던 것이었습니다. 너무 끔찍하게 느껴졌습니다. 이 현실을 거의 사실로 받아들일 수가 없었습니다. 진정으로 하나님의 방법은 우리의 방법과는 다르고 하나님의 생각은 우리의 생각과 달랐습니다. '자기 아들을 아끼지 않는 사랑'이 이런 일을 행하셨습니다. 우리는 다만 고개를 숙이고 말씀드립니다. "행하시는 분은 주님이시오니, 주님이 좋으신 대로 하시옵소서." 모든 위로의 하나님께서 시험당하고 슬퍼하는 종을 위로하시고 견디게 하소서. 왜냐하면 그렇게 상처를 입어보셨던 분만이 치유하실 수 있기 때문입니다.

태너 양의 이야기로 돌아옵니다. 우리는 많이 흔들리고 상처를 입었습니다. 그녀는 시험의 시간을 가졌습니다. 그 팔들은 상처가 너무 심해서 부목도 댈 수 없었습니다. 그리고 팔 전제가 많이 부어올랐습니다. 한 달 동안 근심하면서 등뼈도 다쳤을까 봐 두려워했습니다. 열이 아주 높았는데, 지난 며칠 동안 조금 일어날 수 있었습니다. 이제 서서히 좋아질 것이라고 믿습니다. 그녀는 몇 주 동안 밤낮 끊임없이 관심을 기울여야 했습니다. 그녀가 떨어진 곳을 본 사람들은 모두 그녀가 죽지 않은 것이 기적이라고 했습니다. 우리는 그렇게 그녀가 그렇게 조금 밖에 다치지 않은 것 때문에, 그리고 주님이 그녀에게 주신 은혜와 인내 때문에 주님을 찬양했습니다.

10월 4일에 11명이 더 세례를 받았습니다. 다섯 명은 학교 소녀들이었고, 4명은 4달 전에 개종하여 이미 '그리스도 안에서 새로운 피조물'이라는 것을 결정적으로 보여준 사람들이었습니다. 오징 출신의 77세 노인은 아주 분명히 간증했습니다. 나는 그가 "소중한 피"라고 해서 놀랐습니다. '당신은 지옥에 자리가 마련되어 있습니까?' "아니요, 한때는 그랬지만 지금은 천국에 내 자리가 있소." "어떻게 그렇게 되었습니까?" 그의 얼굴은 빛났고 그는 힘 있게 두 팔을 활짝 펴고, 크게 외쳤습니다. "소중한 피로 그렇게 됐습니다." 아오밍의 사역지인 바지에의 설교자가 아오밍 부부를 빼고도 이제 4명이 되었습니다. 그 나머지는 원저우 출신이고 원저우 근교에 살던 사람입니다. 그리하여 지난 2개월 동안 21명이 세례를 받았습니다.

그다음 화요일에 설교자 모임이 있었습니다. 우리는 멋진 날을 보냈고 주님은 성령의 권능으로 임재하셨습니다. 쭈 목사님이 아침 모임에서 권세 있는 말씀을 전했고, 그 후 진지한 기도 시간이 있었습니다. 6주 동안 우리는 태너 양을 밤낮으로 간호했습니다. 6주가 끝날 즈음에 의사는 그녀를 상하이로 보내어 더 심도 있는 진찰을 하라고 충고했습니다. 그녀는 거기서 거의 두 달을 보내다가 예수님 안에서 잠들었습니다.

Chapter 18

"여호와여 주께서 지으신
모든 것들이 주께 감사하며
주의 성도들이주를 송축하리이다."

- 시 145:10 -

올 11월에 나는 오징을 처음 방문했는데, 당시의 일을 다음과 같이 기록해 두었다.

이 지역을 여행하면서 보았던 말할 수 없이 아름다운 경치는 결코 잊을 수 없을 것이다. 아마 그 장엄하고 아름다운 모습을 그대로 묘사하기는 어려운 일이겠지만 한번 시도해 보겠다. 높은 산으로 둘러싸인 산길을 이틀 동안 걷는데, 맑고 투명한 시냇물을 중간중간 건너야 했다. 그 시냇물은 오랜 세월 깎여 서 있는 절벽에서 커다란 암벽 아래로, 끊임없이 음악 소리를 내며 떨어지고 있는 폭포수가 굽이굽이 돌아 흘러가면서 만들고 있는 것들이었다. 이런 시내를 건널 때면 숨을 멈추며 긴장해야 한다. 인력거를 멘 사람들은 무릎까지 물에 빠지면서 시내를 건너는데 자칫 잘못 디디면 추운 날씨에 물에 빠질 수도 있고 아니면 더 심각한 결과가 생길 수도 있기 때문이다. 산은 흔히 북쪽에서 보았던 것 같은 민둥산이 아니었다. 높은 능선마다 경작지가 있어서, 방금 몇 주 전에 풍성하게 수확이 끝난 모습이었다. 더 높고 험한 산에는 짙은 전나무의 완벽한 영광이 있고, 연두색의 우아한 대나무들이 여기저기에 무리를 이루고 있었다. 언덕과 산울타리 아래에는 야생차와 비보 꽃들이 만발해 있으면서 공기를 달콤한 향기로 가득 채웠고, 금잔화를 닮기도 하고 데이지 같기도 한 옅은 노랑 꽃들이 영광스러운 광경에 한몫하고 있었다. 지금이 11월인 것을 잊게 만드는 진홍빛 진달래가 여기저기 피어 있었다. 다양한 양치류가 풍성했고, 때때로 화려한 폭포를 마주쳤다. 폭포의 물은 아래에 무엇이 있든지 상관없이 하얀 거품을 뿜어내며 아래로 곤두박질치며 내려갔다.

모든 것들이 합하여 보통 사람은 영감을 받고 시인과 예술가들은 황홀경에 빠지게 하는 경치였다. 그런데 이 모든 아름다움의 한가운데 가난, 더러움, 죄 그리고 비참함이 넘쳐났다. 우리는 이 외진 산골 지역에 흩어져 있는 마을에서 그분의 은혜의 복음을 듣고 하나님의 사랑을 받는 사람들이 많이 있다는 사실에 깊이 감사했다.

이곳에 있는 작은 교회는 불로 세례를 받았다. 그리스도를 위해 고난을 많이 당한 성도도 몇 명 있었다. 하지만 그들은 시험을 통해서 더 강하고 좋아졌다. 하나님께서 작은 씨앗이 강한 나무로 성장하도록 허락하셔서 가지들이 사방으로 퍼져나가게 하셨다.

17일, 화요일: 나와 바슬리 양, 복음 전도자 그리고 요리사는 윈저우를 수요일(11일) 저녁 10시 즈음에 떠났다. 다음 날 새벽에는 배에서 내리게 되어 있었다. 그런데 강풍과 아편을 피우는 뱃사공들 때문에 목적을 이루지 못하고, 새벽에 도시에서 약 10㎞ 남겨둔 거리에 있었다. 우리는 겨우 인력거를 얻을 수 있었는데, 아침 9시에 떠나 그날 여행의 절반 정도를 간다는 목표로 출발했다. 오후 2시에 한 관심자의 집에 도착해서 정성스런 환영을 받았다. 그날 밤을 거기서 보내고 마을 사람들에게 복음을 전해달라고 초대를 한 것이었다. 사실 우리가 머무르려던 숙소에서 1시간을 더 가야 하는 거리였지만 우리는 관심자의 초대를 받아들였다. 우리가 앉자마자 호기심 가득한 군중이 우리 주위에 모여들었다. 이곳은 외국인 여성이 한 번도 와보지 않은 지역이었다. 나는 한두 번 복음을 전하려고 시도했지만, 그들은 너무 흥분해서 들으려고 하지 않았다. 그래서 그들에게 집으로 가서 저녁을 먹고 아기들을 재우고 나서 다시 돌아오라고 했다. 우리가 초대를 하기는 했는데, 그들의 반응에 우리는 전혀 준비되어 있지 않았다. 왜냐하면 우리가 차를 다 마시기도 전에, 남녀, 어린이 할 것 없이 큰 무리가 모여들었기 때문이었다. 그 방은 너무 꽉 차서 위험스러울 정도였고, 사람들이 너무 가까이 서로 밀치고 있어서 걱정스러웠다. 등불은 희미했고 바깥쪽 가장자리에 있는 사람들은 우리를 보려고 기를 쓰고 있었다. 소음이 귀를 먹게 할 정도로 커서, 나는 세 번이나 들으라고 해보았지만 결국 물러나기로 했다. 설교자가 그들에게 조용히 구세주의 사랑을 말해 줄 기회를 얻기를 바랄 뿐이었다. 방에 도착해서는 즉시 불을 꺼야 했다. 여자들이 따라오고 있었기 때문이었다. 설교자는 청중의 관심을 얻으려고 애를 썼지만, 그들이 조용해지는 데는 한두 시간 더 걸렸다. 그들은 횃불을 켜서 들고 들어오려고 했지만 잘 설득할 수 있었고, 우리는 잠을 잘 수 있었다. 다음 날 아침 출발하기 전에 아주 조용하고 질서정연한 예배를 드렸다.

6시간 반 정도를 더 가서 우리 여행의 목적지에 도착했다. 그들이 얼마나 기쁘게 환영해 주었는지! 기독교인들이 우리가 온다는 소식을 어떻게 듣고는 길가로 마중 나와 빛나는 얼굴로 환영해 주었다. 그분들은 즉시로 계단을 올라가서 그들이 구별하여 쓰고 있는 예배당으로 우리를 안내해 주었다. 우리는 그것을 보고 정말 기뻤다. 한쪽 끝에 테이블 하나, 45명이 앉을 수 있는 의자가 3줄 세 줄. 그리고 벽에는 성경 말씀이 쓰인 두루마리들이 걸려있었다. 요한복음 1장 전체, 산상수훈 그리고 다른 말씀들이 있었다. 그것은 정말로 참신하고 힘을 북돋워 주는 광경이었다. 그곳은 작년에 마귀가 제멋대로 일을 저지른 것처럼 보이던 장소였기 때문이었다.

우리는 여기서 정말 멋진 시간을 보냈다. 조용히 성경을 읽으며 묵상하는 시간을 아침저녁으로 30명이 넘는 사람들과 함께 가졌다. 주일에 3번 드렸던 예배는 내가 중국에서 본 여느 예배처럼 조용하고 질서정연했다. 맹인 한 사람을 교회원으로 받아들이자는 제안이 있었다. 성도들은 모두 그의 삶이 변화되었다고 간증했다. 그리스도 안에서 그의 믿음이 선명하고 밝기 때문에, 그는 만장일치로 받아들여졌다. 그래서 바로 근처의 깨끗한 산 시냇물에서 세례를 받았다.

어제 우리는 11㎞ 떨어져 있는 곳을 찾아갔다. 최근에 복음에 대한 관심이 생겨난 곳이었다. 우리가 머물고 있던 가정의 막내아들과 열심 있는 한 기독교인 여성이 매주 그들에게 가서 복음을 전했다. 그곳에서 7, 8명이 진리에 관심 있다고 해서 기뻤다. 그런데 그곳에 도착했을 때, 이 기독교 일꾼들은 씁쓸한 실망감을 맛보아야 했다. 81세 된 할머니 댁에서 예배를 드리고 있었는데, 갑자기 우상숭배로 되돌아간 것이었다. 그리고 더 이상, 자기 집에서 예배드리지 못한다고 선언했다. 장남이 2년 동안 집을 떠나있었는데, 돌아와서 어머니가 외국 종교를 받아들인 것을 보고 화를 냈다는 것이었다. 할머니는 아들을 기쁘게 하려고 전부 포기했다. 얼마나 불쌍한 노인인지! 무덤의 경계에서 자신의 영혼이 구원받지 못하다니 너무 슬픈 일이었다. 이웃에 사는 가정이 자기 집에서 모이자고 하여 모임은 계속할 수 있었다. 그래도 나는 이 지역에서 복음이 퍼져 갈 것을 의심하지 않는다. 그리고 많은 사람이 우리 주님이시고 구세주이신 분께 엎드려 절하게 될 것이다.

오늘 오후에 우리는 약간 색다른 경험을 했다. 작년에 가장 많이 박해한 사람의 아내가 우리를 초청했다. 작년에 그 남편은 귀신 들린 것처럼 보였고, 그곳에서 기독교를 쫓아내려고 결심했던 사람이었다. 물론 우리는 이런 기회가 주어져서 기뻤다. 물론 우리는 대접을 아주 잘 받았다. 옛날의 불만을 얘기는 했지만 쓴 감정은 없었다. 그 할머니는 우리를 보고 대단히 기뻐했다. 우리의 손을 어루만지며 차와 땅콩을 주었고, 언덕으로 데리고 가서 바깥 풍경의 아름다움도 보여주었다. 우리의 방문이 선한 결과를 맺어서 불쌍하고 멸시받는 기독교인들에게 더 친절한 감정을 갖게 될 것이라고 확신한다. 모든 가정이 우리를 거리낌 없이 환영해 주었다.

11월 21일, 윈저우: 우리가 떠나기 전날 저녁, 그 마을에서 처음으로 기독교인 결혼식을 올렸다. 매우 거칠고 시끄러운 시간이었다. 거의 온 마을 사람이 왔는데, 그 결혼식 잔치를 먹는 우리를 보려고 온 사람도 전부 해서 백 명은 되었을 것이다.

다음날, 18일: 우리는 집으로 돌아오기 위해 오후 1시경 출발해서 중간에 있는 마을에서 하룻밤을 쉬었다. 저녁에 우리는 외국인을 구경하고 외국인의 말을 들으려는 큰 청중을 만났다. 겨우 조용히 시켜서 우리 메시지를 전달했다. 다음 날 오전 7시에 다시 길을 떠나 집에 오후 5시에 도착했다. 편안한 집으로 돌아오니 참 좋았다. 우리가 없는 동안 아무 탈 없이 모든 일이 다 돌아가서 다행이었다. 우리의 오징 사역이 더 번창해 가도록 기도를 부탁드린다.

매달 모이는 모든 설교자(2명은 월급을 받고 11명은 자원봉사) 성경 공부 모임에서 나는 다음 달에 구약 성경의 역사에 있는 매일의 성경 교훈을 가르쳐 준다고 약속했다. 모든 기독교인과 특별히 설교자들이 다른 사람들을 잘 가르치는 지혜로운 교사가 되도록 말씀을 잘 배워야 할 필요가 있음을 절실히 느꼈다.

친절하게도 몰번과 다트머스에 있는 친구들이 크리스마스 트리를 보내주어 우리 남녀 학생에게뿐 아니라 남녀 어른들에게도 나누어 줄 수 있었다. 우리가 트리를 장식하는 것이 이번이 처음은 아니었어도 이전에는 아쉬운 점들이 있었다. 이전에는 적은 돈으로 유용하고 예쁜 선물을 사다 보니, 트리를 창조적으로 장식할 여유가 거의 없었다. 올해는 모든 것이 변했다. 생전에 그렇게 예쁜 인형과 장난감은 본 적이 없었다. 모든 것이 교훈하기에 알맞은 것이었고 우리 어린 친구들을 기쁘게 해주는 선물이었다. 그래서 선물 상자를 여는 일이 현지인들에게만이 아니라 우리에게도 엄청나게 흥분되는 일이었다. 친절한 친구들이 우리에게도 개인적인 선물들을 보냈다. 우리는 늘 선물 상자들을 크리스마스 아침까지 열지 않고 당일 선물 교환 때까지 놓아두었다. 우리는 풍부함에 용감해져서 우리와 함께 즐거운 시간을 갖도록 외국인들을(선교사 포함해서 20명이 넘지 않았음) 모두 초대했다. 기꺼이 몇 사람이 왔는데, 그 행복한 장면을 보고 매우 즐거워했다. 모든 어린이가 선물을 전부 받은 후에도, 아직 커다란 가방에 선물이 많이 남아서, 여성들이 손을 넣어 자신이 꺼낸 것을 갖고 가도록 하여 행복한 과정을 맛보도록 했다.

올해의 마지막 날은 집에서 늘 즐거이 하던 대로. 기도 시간도 갖고 철야 예배로 한 해를 마무리했다.

Chapter 19

"하나님의 나라가
너희에게 가까이 왔다 하라."

- 눅 10:9 -

2월에 나는 음력 정월(2월) 복음 사역을 위해서 주어진 호의적인 기회가 있어서 매우 감명 깊었다. 그래서 우리 설교자들이 매월 성경 공부를 위해 모였을 때 내 생각을 그들과 나누었다. 그들은 모두 기쁘게 그 제안에 반응하며, 두 명씩 가능한 한 많은 읍과 마을에 가서 복음을 전하기로 했다. 계획을 세우고 지역을 나누어 12명의 남자가 자기 사명을 감당하기 시작했다. 이번 달 비용으로 각 사람에게 3달러씩 주었다. 그들은 방문한 지역에서 모두 예외 없이 관심 있는 청중들을 만났다. 한 곳에서는 이 일이 영구적인 사역으로 정착되어 지금까지 유지되고 있다. 설교자 한 사람이 그달 그 사역을 포기할 수 없다고 느꼈다. 그런데 자기 음식은 제공되는데 자기 아내에게 줄 양식은 없다고 했다. 그래서 우리의 남자들이 서로 의논해서 그 가족에게 충분한 쌀을 보내어 그가 이번 기회를 놓치지 않도록 했다. 물론 그들은 모두 매월 말에는 자신들의 일터로 돌아갔다.

동시에 도시 예배당에서는 복음 전도를 위한 예배를 드렸다. 우리는 특별히 사람들의 관심을 끌도록 작은 오르간을 사용했다. 모든 모임이 사람들로 넘쳐났다. 믿는 여성 중에서도 몇 명이 복음을 전하러 나갔다. 류 여사가 그들이 다녀왔던 한 곳을 몇 달 뒤에 가보니 세 가족이나 깊은 관심을 보이고 있었다. 그녀는 멋진 보고와 함께 19세 된 젊은 부인을 데리고 돌아왔다. 이미 주님을 영접한 것으로 보이는 그 남편이 자기 아내에게 진리를 가르쳐달라는 것이었다. 그녀는 2주간을 우리와 함께 보냈다. 그녀는 많이 진보했고 정말 열심인 것으로 보였다. 6월에 쓴 이 여인에 관한 편지를 인용한다.

> "2주 전에 25세인 그녀의 남편과 22세인 그 동생이 주님을 영접하는 기쁨을 가졌습니다. 그들은 함께 세례를 받았는데, 그들은 이 여성 사역의 첫 번째 열매였습니다. 매 주일 설교자를 보내 달라고 요청하여, 우리 설교자 한 명이 자원봉사자로 헌신했습니다. 그렇게 열린 문으로 들어가게 되었습니다. 이 모든 자비로 인해 나와 함께 주님을 찬양합시다!"

먼 지역에서도 격려되는 일들이 있었다. 한 마을에서 설교자는 6가정이 배우고 싶어 해서 3주 동안 붙잡혀 있었다. 그리고 관심자 한 명이 도시로 와서 성경과 찬송가를 사 갔다. 젊은 아내는 몇 달 후에 세례를 받았고, 이리하여 그때 뿌린 씨앗이 지속적으로 열매를 만들어 냈다.

봄에 우리는 차머스 양을 환영하게 되어 기뻤다. 그녀의 약혼자 멘지스 씨는 한 달 전에 그리어슨 선교사의 빙예 사역을 도왔다. 그녀는 우리와 2년을 함께 살면서 언어를 배웠는데, 그 시기가 끝날 즈음에 결혼했고 남편의 사역에 동참했다. 비록 사역은 함께 할 수 없었지만, 그녀의 애정 어린 동정심과 마음에서 우러나오는 관심이 매우 그립다.

여름에 바슬리 양과 나는 기분 전환이 많이 필요해서 일본에 다녀왔다. 우리의 사역은 현지인 목사님에게 남겨두고 학교는 휏포드 양과 차머스 양에 맡기고 갔다. 여기 인용하는 바슬리 양의 편지에 우리가 한 일과 방문한 장소가 잘 설명되어 있고, 돌아오는 길에 내가 썼던 편지도 함께 첨부한다.

고베 근처 아리마에서

"8월 21일에 원저우를 떠나 닝보에 월요일에 도착했습니다. 거기서 친구들을 몇 시간 만나고 오후에 배를 타서 다음 날 아침 상하이에 도착했습니다. 선교관에는 거주자들만 있었는데 그 친구들은 모두 잘 있었습니다. 3일 동안 쇼핑하고 방문하느라고 바쁘게 지냈습니다. 직접 다시 쇼핑을 하다니 정말 특별한 기분이었습니다. 왜냐하면 원저우에서는 모든 쇼핑을 하인이 하기 때문입니다. 금요일 요코하마 마루라는 배를 타고 일본으로 갔습니다. 이 배는 크고 아름답게 만들어진 훌륭한 증기선이었습니다. 항해는 즐거웠습니다. 바다는 내내 저수지같이 잔잔했고 날씨는 너무 따뜻해서 트인 바다에서도 원피스를 입고 있을 정도였습니다. 동료 승객들도 멋지고 유쾌한 사람들이었고 선교사도 몇 명 있었습니다. 상하이에 사는 미국인 S박사와 내내 함께 갔는데, 그분과의 교제가 많이 즐거웠습니다. 중국을 떠난 이래로 계속 미국인들 사이에서 지냈습니다.

우리는 일요일 아침에 나가사키에 도착했습니다. 만으로 들어가는 길이 아름다웠습니다. 세계에서 6위 내에 드는 좋은 만입니다. 산으로 둘러싸여 있어서 입구가 어디인지 보이지 않습니다. 산의 경사면 나무 사이에 세워져 있는 영국 집들이 영사관의 다양한 국기들과 함께 아주 예쁘고 즐겁게 보였습니다. 증기선이 많이 있었고, 영국, 독일, 미국 그리고 일본 소속의 군함들이 있었습니다. 오랜 친구 레드폴이 바로 우리를 맞으러 와주어 참 반가웠습니다. 다음 날 아침 배에 탔던 사람 중에서 두 명이 우리를 만나러 왔습니다. 원저우를 떠난 지 얼마 되지 않아서 6명이 우리 선교사를 통해서 개종했다는 것이었습니다. 그들은 밝고 찬양으로 가득 차 있었습니다. 그들이 그리스도의 권능과 그것을 실제로 유지하는 것에 대해 말하는데, 너무 듣기 좋았습니다. 그들은 배를 타면 견뎌야 할 것이 많을 것입니다. 오후에 선장, 의사, 그리고 중위가 우리를 찾아왔습니다. 그들은 몇 달 안에 영국으로 갈 예정이었기 때문에 우리는 다시 만나지 못할 수도 있었습니다.

나가사키에서 선교사 몇 명을 방문하려고 했었는데, 날씨가 너무 더워서 아침에 교회만 가고, 월요일 아침에는 시장에 가서 그곳에서 유명한 거북이 머리핀을 사는 것으로 만족했습니다. 귀갓길에 사역의 모습도 조금 보았으면 합니다.

우리는 월요일에 나가사키를 떠나 망망대해를 몇 시간 갔는데, 다음 날 완전히 육지로 둘러싸인 것 같은 섬 사이를 계속해서 지나가는데 정말로 아름다운 경치였습니다.

수요일 아침 일찍 고베에 도착해서, 발라드 여사의 집으로 갔습니다. 마을과 만이 전부 보이는 언덕 위의 아름다운 집이었는데, 여사는 우리를 위해 가장 좋은 방을 마련해 주었습니다. 그래서 그렇게 빨리 떠나게 되어 너무 유감이었지만, 날씨가 너무 더워서 아리마에 오는 것이 가장 좋겠다고 생각했습니다. 우리는 아리마에 오기 위해 다음 날 아침 5시 30분에 출발해서 기차를 타고 여행을 했는데 즐거웠습니다. 거기서부터 나머지 여행은 대나무 커버로 된 낮은 의자에 앉아서 갔습니다. 그 캉고라는 의자에 바로 앉는 방법은 의자 좌석 아래에 무릎을 굽혀서 넣어야 합니다. 그렇게 할 수 없으면 의자가 너무 낮아서 다리들을 어디엔가 집어넣어야만 합니다. 시골 풍경은 아주 예뻤습니다. 3시간 반 동안 산을 올랐고 그런 다음에 한 시간 동안 내려왔습니다. 아리마는 아주 좁은 계곡에 완전히 언덕으로 둘러싸여 있습니다. 그곳은 아름다운 장소이고 꽃들과 온갖 양치류가 풍성했습니다.

우리는 일본 호텔에 머물렀는데, 예스럽고 깨끗하여 중국 여관과는 너무 달랐습니다. S박사가 우리랑 함께 있습니다. 좋은 방이 두 개 있는데 산에서 나오는 온천수로 목욕할 수 있었고 훌륭한 음식을 먹고 친절한 대우를 받을 수 있었습니다. 우리는 하루에 1달러를 지불했습니다. 음식은 아주 좋았고, 충분히 먹었는데도 그 이상의 코스를 서비스해 주었습니다. 한 소녀가 영어를 몇 마디 했는데, 우리 이야기를 알아듣게 하는 일이 매우 재미있었습니다. 그녀는 우리가 하는 말을 열심히 일본어로 가르쳐주었는데, 우리가 배운 대로 바로 기억해서 원하는 것을 일본어로 말하자 말할 수 없이 기뻐했습니다. 사람들이 매우 깨끗하고 정중합니다. 그들은 명랑했고 우리와 마음을 나누며 함께 웃었습니다. 여기에는 좋은 선교사들이 이전부터 많이 있었습니다.

월요일: 어제는 아주 행복하고 새로워지는 날이었습니다. 중국에서 온 P씨와 아침 예배를 드렸는데, 시편으로 아름다운 설교를 했습니다. 1. 부흥의 필요성 2. 성령을 확인하기 3. 이기적인 즐거움 때문이 아니라 예배의 목적으로 구원의 즐거움을 유지하기. 4시 30분에 주님의 죽으심을 기념하기 위해 모두 함께 만났는데, 주님의 임재가 크게 드러나는 아주 소중한 시간을 가졌습니다. 7시 30분에 개회 모임을 하고 기도도 많이 했습니다. 올해 아리마에 대단한 축복이 있었습니다.

아리마 방문은 즐거웠습니다. 더 오래 머물수록 떠나는 것이 더 섭섭했습니다. 광천수 목욕이 가장 즐거웠습니다. 15일에 고베로 왔고 19일에 고대의 수도인 교토로 갔습니다. 다시 하는 기차 여행은 아주 특별했습니다. 객차는 우리 영국의 것과 비슷했지만, 속도는 느렸습니다.

우리는 교토의 배리 박사 부부께 우리를 소개하는 편지를 가지고 있었습니다. 그들은 아주 친절하게도 일본에서 가장 크고 처음 설립된 도지샤 대학을 우리에게 구경시켜 주었습니다. 일본인 니시마가 세운 그 대학에는 대여섯 개의 건물이 있었고 한 건물은 맨체스터 고등학교 건물만큼 컸는데, 현재 학생이 6백 명이 넘습니다. 모든 학문을 다 가르치고 있고, 미국에 있는 대학만큼이나 좋은 교육들이 이루어지고 있었습니다. 또한 큰 여학교도 있고, 병원과 연계해서 진료소가 있었습니다. 우리는 월요일 오후 내내 건물들을 둘러보았습니다. 그리고 저녁은 배리 박사 부부와 함께 보냈습니다. 다음날 그들은 친절하게 인력거를 주선해 주어 하루 동안 볼 수 있는 것들을 안내해 주었습니다. 아름다운 사원을 다섯 군데 보았는데, 한 사원 안에는 20m 가까이 되는 높은 불상이 있었고, 33,000개의 우상이 있는 사원도 있었습니다. 모두 아름답고 깨끗했고 청동과 사랑스럽게 수놓은 것들이 보통 중국의 사원들보다 훨씬 더 아름답게 보였습니다. 다른 사원에서는 불교도 수백 명이 설법을 들으면서 유럽 청중처럼 조용히 앉아있었습니다. 이렇게 모든 것이 문명화된 일본에서 아직도 그렇게 우상에 가까이 묶여있는 것을 보니 매우 슬펐습니다. 다음에 우리는 도기 공장으로 갔습니다. 도기를 아주 정교하게 색칠하여 만들어내고 있었습니다. 다음에는 비단 공장을 방문했는데, 예쁘기는 했지만, 중국처럼 썩 좋거나 싸지 않았습니다. 교토는 아주 훌륭한 도시입니다. 거리는 아주 넓고 평평했고 높은 언덕으로 둘러싸여 있었습니다. 우리가 묵은 호텔은 큰 도시 호텔만큼 컸고, 또 전기도 들어왔습니다.

다음에 간 곳은, 일본의 상업 수도인 오사카였습니다. 그곳에는 자연적인 아름다움은 별로 찾아볼 수 없었습니다. 상업이 매우 활발했고, 훌륭한 다리가 몇 개 있었습니다. 역과 매점 가까이에 들어오는 전깃불이 도시를 환하게 비췄습니다. 우리는 아리마에서 만난 D 박사 부부 댁에 머물렀는데, 그분들은 미국 선교사였습니다. 오사카에서 너무 짧게 머물러서 사역은 볼 수 없었습니다. 일본에 있는 선교사들은 거의 교육과 관계된 사역을 합니다. 사역지나 하고 싶은 사역을 자기가 정할 자유가 없습니다. 일본인들은 외국인 없이 일하고 싶어 합니다. 심지어 기독교인들조차도 '우리에게 돈을 주고 너희는 집으로 돌아가라, 우리 일은 우리가 처리할 수 있다.'라고 말합니다. 정부 기관에는 외국인이 한 명도 없습니다. 그들은 중국인보다 더 외국인들을 경멸하는 것 같습니다. 그들은 일본인이 외국인 여성과 결혼하는 것을 좋아하지 않습니다. 그들은 "우리나라 남자는 너무 좋아서 당신네 나라 여자에게는 아깝고, 우리나라 여자들도 뛰어나서 당신네 나라 남자들에게 분에 넘칠 것이다."라고 말합니다.

우리 사역지가 중국에 있어서 아주 감사합니다. 우리에게는 그들에게 없는 시험과 어려움이 있지만, 여기에도 우리가 전혀 모르는 어려움이 있기 때문입니다. 일본 사람들은 활기 있고, 친절하고, 총명한 사람들입니다. 그리고 아름답고 깨끗하고 여러 면에서 사랑스럽습니다. 하지만 그들은 깊이가 없습니다. 빨리 기독교로 개종했다가 많은 사람이 서둘러 다시 돌아갑니다. 그들은 종종 기분이 상해서 한 교회를 떠나 다른 교회로 옮겨 다닙니다. 반면에 중국 사람들은 조용하고 진지합니다. 습관은 좀 더럽고 생각을 흡수하거나 받아들이는 것이 느리지만, 일단 받아들이면 어떤 것도 그들을 움직일 수 없습니다. 중국 사람 한 명이 진실로 하나님께 개종하면 그는 어떤 핍박이 있어도 견고하게 섭니다.

집으로 돌아와서 다음과 같이 기록했다.

"원저우, 1892년 10월 28일 목요일 마침내 집으로 돌아왔다. 다시 돌아오니 무척 기뻤다. 그렇게 흥분한 모습을 모르는 사람들이 보았다면 마치 우리가 일 년 정도 떠났다 온 것이라고 생각했을 수도 있었을 것이다. 우리의 사랑하는 현지인들 모두가 둥글게 모여들어서 환영 인사를 했다. 우리는 아기들을 포함해서 모두에게 인사말을 한마디씩 해야 했다. 그래서 몇 분이 지나서야 휏포드 양과 차머스 양을 알아차릴 수 있었다. 차머스 양은 아주 많이 아파서, 2, 3일 동안 의사는 그녀가 살지 못할까 봐 두려워했다. 살이 조금 빠진 것처럼 보였을 뿐 그녀가 거의 다시 건강해진 것을 보고 너무 감사했다.

우리가 돌아온 다음 날, 시골 기독교인들과 세례 후보자들이 도착했다. 다섯 명이 점검을 받았는데, 두 명만 세례를 받았다. 주일은 아주 멋있었다. 목사님은 고린도전서 말씀을 인용해서 성전을 깨끗하게 하시는 그리스도에 관해 힘 있게 설교했다. "너희는 성령의 전이다."

그는 몇 가지 질문을 던졌다. "우리의 마음은 지난날 동안 어떠했는가? 하나님의 성전이었는가 아니면 도적의 굴이었는가?" 나는 모두가 그 시간에 말씀의 능력을 느꼈다고 확신한다. 그리고 우리는 그의 충성스러운 간증에 하나님께 감사한다."

우리는 가능한 한 빨리 가을 시골 사역을 다시 시작했다. 첫 번째 장소는 오징이었다. 횟포드 양은 그곳과 퉁쪼의 방문에 대해 자세히 일기장에 기록했다. 그 일기가 내가 말하는 것보다 더 흥미로울 것이다.

11월 10일, 목요일: 이달 2일 오후 스토트 여사와 바슬리 양은 외부 집회 지역 중의 하나인 오징으로 여행을 떠났다. 배 타는 곳까지 갔는데, 너무 늦게 도착해서 그날 밤 강을 건널 수가 없었다. 그래서 그들이 있는 곳에서 하룻밤 쉬기로 했다. 아침 일찍 출발할 준비가 되어 있었지만, 인력거꾼을 부르기가 어려워서 그들은 여덟 시가 지나서야 출발할 수 있었다. 하지만 그 남자들은 일을 제대로 하지 못했다. 얼마 안 가서 불평하기 시작했고 더 이상 못 가겠다고 떼를 썼다. 12시간의 여행이었기 때문에 다소 불길한 징조였다. 약 절반 정도를 같이 갔지만 더 이상 갈 수 없었다. 그때 바슬리 양의 인력거꾼이 못 가겠다며 그녀를 내려놓았다. 스토트 여사는 강력하게 얘기해서 남자들을 보내 그녀를 데리고 오게 했다. 그들은 횃불을 들고 나가

축제 때의 시가 행렬처럼 그녀를 데려왔고, 그들이 오징에서 받은 진심 어린 환영은 길의 모든 어려움을 보상해 주었다. 경치는 아주 예쁘고 아름다웠지만, 발한걸음 떼기가 너무 피곤하고 불편해서 그 아름다움의 진가가 제대로 평가되지 못했다.

저녁 식사 후에 그들은 저녁 기도회를 설교자에게 맡기고 하루 종일 쌓인 피곤으로 인한 단잠을 기대하면서 잠자리에 들었다! 하지만 가엽게도 그들이 막 잠들었을 때, 쥐들의 통치가 시작되었다. 쥐들은 아주 가까운 거리에서 기어 다니고 찍찍거렸다. 일어나서 최소한 침대로는 접근하지 못하도록 모기장을 쳤다. 그런 후에 다시 마음 편히 잠을 청했지만, 오래 못 가고 똑같은 소음 때문에 깰 수밖에 없었다. 그들이 촛불을 밤새 켜놓는 특단의 조치를 취하고 나서야 침략자들은 멀리 쫓겨가는 것처럼 보였다. 하지만 쥐들은 이 방에서 쫓겨나자 옆방을 방문했는데, 그 방에는 의자를 나르는 사람들과 설교자들이 시끄러운 것도 모르고 곯아떨어져 있었다. 다음 날 아침 설교자의 스타킹 한 짝이 없어졌다. 쥐들이 자기 둥지로 가지고 가버렸기 때문이었다.

다음 날 아침: 바슬리 양은 작은 구급상자를 가지고 가서 환자들을 보고, 나쁜 눈을 검사하고 다친 다리를 밴드로 묶어주었다. 나머지 시간은 근처에 있는 기독교인들과 관심자들을 방문했다. 한 곳은 2년 전 제일 핍박하던 사람의 아내 집이었는데, 그녀는 작년에 맺은 친분

을 새롭게 하게 되어 기뻐하는 것처럼 보였다.

토요일: 방문한 곳은 10여㎞ 떨어져 있는 두 마을이었다. 거기서 복음을 전하고 몇몇 관심자들을 방문했다. 한 마을에는 7명이 살았는데, 그중 네 명이 아주 열심이었고, 진실로 개종한 증거를 보여주었다. 다른 마을에는 2명뿐이었다.

주일: 비가 왔는데도, 34명의 기독교인과 관심자들이 나타났고, 3번의 정성 어린 예배를 드렸다. 스토트 여사가 매일 아침, 저녁 기도회뿐만 아니라 이 모든 예배를 직접 인도했다. 그녀는 기독교인들이 가능한 한 성경을 많이 읽는 것이 얼마나 중요한지를 이 방문 동안 느꼈다. 그들이 가질 수 있는 유일한 기회가 성경을 읽는 것이기 때문이었다. 그녀는 특별히 이 번 방문을 하는 동안 그들의 관심을 보고 만족해했고, 그들이 드린 예배에서 보여준 분명한 기쁨과 총명함 때문에 또한 기뻐했다.

월요일: 비가 왔다. 그래서 아침에는 환자들을 보면서 시간을 보냈다. 그리고 오후에는 편지를 썼다. 저녁에는 아주 훌륭한 청중들이 있었고, 꽤 많은 숫자의 낯선 사람들이 조용히 앉아서 내내 주의 깊게 말씀을 들었다. 설교의 일부분은 낯선 사람들을 위한 것이었고 일부

분은 기독교인들을 위한 것이었다.

화요일 아침: 바슬리 양이 4시에 원저우로 가기로 되어 있었다. 무슨 다른 할 일이 있으면 하려고 늘 대기하고 있는 요리사가 먼저 1시에 사람들을 깨웠다. 1시이니 아직 이르다는 말을 듣고 그는 잠시 다시 잠자리에 들어갔다. 하지만 2시 30분에 모든 사람을 깨웠다. 그전에 여주인은 아침 식사를 준비하여 준비가 끝난 상태였다. 곧 출발이 시작되었고 바슬리 양과 요리사가 원저우로 떠나는데, 그 집의 두 아들이 횃불을 들고 필요한 곳까지 그들을 따라갔다. 그들이 간 후에 스토트 여사는 짐 싸는 것을 마치고 가족들을 모아 기도를 드렸다. 그녀 또한 새벽 6시경 시골을 거쳐서 또 다른 집회 장소인 퉁쪼로 긴 여정을 떠났다. 그날 정오에 감리교 자유 교회의 S씨가 임대한 예배당에서 멈춰서, 그날 밤은 그 교회의 한 관심자의 집에서 보냈다. 스토트 여사가 그 집에 도착했을 때는 어두워서 그 집 문이 닫혀 있었다. 그러나 그들은 여행자들을 친절히 맞이해 주었다. 가져간 재료로 음식을 만들어 저녁으로 내놓았다.

다음 날: 그들은 다시 출발하여 비가 와서 힘든 여정 끝에 오후 3시에 퉁쪼에 도착했다. 나는 이미 도착해 있었다.

"나는 돌아가야겠어요." 스토트 여사가 원저우를 떠나고 난 월요일에 한 동안 병상에 있던 할머니 한 분이 조용히 소천하셨다. 며칠 전에 여성 성경 교사가 그녀를 방문해서 주님이 부르고 계시냐고 물었더니 "며칠 내로……."라고 대답했다. "갈 준비가 되셨어요?" "그럼, 왕관과 긴 하얀 옷이 나를 위해 준비된 것을 보고 있어요." "예수님이 함께 계세요?" "예, 나와 함께 계십니다." "뭔가 걱정되는 게 있으세요?" "아뇨, 저는 완전 행복합니다." 이 할머니의 딸은 스토트 여사의 사역 초창기에 열심히 믿었던 여성이었는데, 약 4년 전에 죽었다. 죽기 전, 남편과 어머니가 구원되기를 진심으로 기도했고, 그들 모두가 교회 안의 교제권으로 들어올 때까지 기도하는 것을 절대로 쉬지 않았다.

화요일: 5:30분에 나는 원저우를 떠나 퉁쪼로 향했다. 여정의 첫 부분은 배에서 시작되었다. 여성 성경 교사와 하인들이 따라왔다. 내가 그날 밤 자려고 할 때 숄 하나를 커튼으로 써서 뱃사공으로부터 나를 가리려고 했지만, 그들은 교대로 노를 젓기 때문에 밤새 내내 나를 지나가야 했다. 물론 나는 옷을 벗지는 않았지만, 아침에 손과 얼굴을 씻었다. 그것은 나를 따르는 사람들보다 더 많이 씻은 것이었다.

우리는 배에서 아침을 먹은 후, 직후인 9시부터 약 10㎞ 거리를 걷기 시작했다. 그 길의 절반은 높고 경사진 산 위에 있었다. 그날은 비가 많이 와서 우리 침구를 나를 사람을 구하기가 어려웠고, 상상할 수 있듯이 그런 날씨에는 빨리 걸을 수가 없었다. 언덕 위의 돌길이

빗물로 아주 미끄러웠기 때문이다. 우리는 오후 1시가 돼서야 퉁쪼에 도착했는데, 스토트 여사가 다른 방향에서 도착하기 2시간 전이었다. 우리는 그날 오후에는 모두 쉬어야 했다. 그리고 저녁에 꽤 많은 낯선 사람들이 복음 설교를 들으러 왔다.

다음 날: 아침도 비가 와서 밖으로 나갈 수 없었다. 그래도 오후에 가까운 마을로 가서 두 주마다 한 번씩 드리는 주일예배를 드렸다. 몇 명의 기독교인들과 관심자들이 있었다. 그곳은 가난한 마을이었고 사람들은 매우 더러웠다. 우리는 잠깐 말했는데, 이미 관심이 있는 사람들을 제외하고는 귀 기울여 들으려고 하지 않는 것 같았다. 우리가 방문했던 한 할아버지는 두 달 동안 아파서 시험이 되었다. 그의 아내는 그가 기독교인이 되는 것을 아주 많이 반대했고 그에게 잘 대하지 않았다. 그녀의 마음이 하나님의 성령에 의해서 변화되고 누그러지도록 우리의 기도가 필요하다.

금요일(11일): 날씨가 좋았다. 그래서 우리는 아침을 먹은 후에 바로 기독교인과 관심자들이 있는 두세 장소를 방문했다. 우리는 우리가 먹을 저녁을 가지고 갔다. 왜냐하면 이 주변 사람들은 너무 가난해서 자기네 먹을 음식도 없는 형편이었기 때문이었다. 우리 친구들에게 인사를 하고, 조금 가르친 후, 저녁 먹을 장소로 인도받아 갔다. 매우 어려운 일이지만 그 방을 한번 묘사해 보겠다. 가장 가난한 사람의 외양간도 그것에 비하면 궁전 같을 것이다. 판자 위에 지푸라기를 덮어서 침대로 쓰는데, 앉을 때는 그 곁에 앉았다. 바닥은 돌이었고 주변에는 먼지와 온갖 잡동사니들이 널려있었다. 한쪽은 단순히 바구니 입구처럼 열려있어서 사람들은 우리가 샌드위치 먹는 것을, 그 사이로 흘끔거리며 볼 수 있었다. 반대쪽 널빤지의 큰 구멍을 통해서도 내부가 보였다. 문을 여는 대신, 그 구멍들을 통해 찻주전자 두 개가 우리에게 전달되었다. 우리가 차를 마시고 있는데, 팔과 어깨가 들어와 낡은 찬장 위에 놓인 열쇠를 찾아갔다.

저녁을 먹은 후 다시 말씀을 짧게 전하고 다음 장소로 이동했다. 그곳에 가려면 배를 타야 했다. 배는 있었는데 6~7cm 물에 잠겨 있었고 뱃사공이 없었다. 그래서 물을 좀 퍼낸 후에 우리는 가능한 한 가장자리에 둘러앉아 우리 힘으로 배를 이동시켰다. 우리는 마을 두 곳을 방문했고 좀 소란스러운 접대를 받았다. 대부분 우리의 모습을 보는 일에 더 관심이 있었지만, 그래도 우리 메시지를 듣는 사람들도 있었다.

토요일: 가까운 곳으로 갔는데, 오후에 일찍 돌아와서 세례 지원자 점검을 위한 문답을 해야 했기 때문이었다. 그래서 우리는 바로 산 너머 마을로 갔다. 그곳에 관심자가 세 명 있었는데, 그중 한 분인 할아버지 집에서 저녁을 먹었다. 할아버지 부부는 매주 누군가 와서 예

배를 인도해 주거나 아니면 그곳에 살았으면 하고 몹시 바랐다. 누가 가르치러 오면 들을 사람이 여럿 있다고 했다. 이것은 내년이면 쉽게 해결될 수 있다. 왜냐하면 현재 훈련 중인 우리 학생들이 집으로 돌아가서 이곳에 살게 되면 그들이 주일마다 나갈 수 있기 때문이었다. 오후에 돌아와 보니 점검받을 후보자가 모두 7명이었는데, 한 명이 주일 아침까지 도착하지 않아서 기다려야 했다. 우리가 목요일 방문한 곳에서 남자 1명과 여자 4명이 왔고, 그날 우리가 식사했던 집의 할머니도 있었다. 할머니만 아직 분명하지 않아서 기다리라고 했고, 다른 사람들은 대답을 잘했다. 그들은 경험도 있었고 확실히 개종을 결심한 것으로 보였다. 두 명의 여성은 올해 초 세례를 받은 남자들의 아내들이었다. 다른 두 명의 남편들은 아직 신자가 아니었다. 이들 중 한 명은 특별히 우리의 기도가 필요했다. 몇 달 전 점검을 받았을 때, 거칠게 말하는 습관 때문에 연기했었다. 그녀의 남편은 잘 싸웠고 그녀를 혼냈으며 사이좋게 지내기 어려운 사람이었다. 그래서 그녀는 남편에게 참지 못하고 나쁜 방식으로 말대답하게 될까 봐 아직 두려워하는 것 같았다. 하지만 우리는 그녀에게 그를 위해 계속 기도하면 주님께서 들으시고 도와주실 거라고 말했다.

세례식은 새벽에 예배당 바로 아래에 있는 시냇가에서 진행되었다. 이렇게 일찍 한 것은 사람들이 토요일 밤에 매우 흥분한 것으로 보여서 소동이라도 일어날까 봐 두려웠기 때문이었다. 그래서 10여 명이 조용히 아래로 내려가 마을 사람들이 소요하기 전에 바로 끝냈다. 아니나 다를까 미을 사람들이 몇 분 안에 우리를 둘러싸고 있었다. 아침과 오후에 두 번, 좋은 예배를 드렸고 약 40여 명의 기독교인들과 관심자들이 참석했다. 아침에 있었던 성찬식에는 약 20명이 참석했다. 매일 아침과 저녁에 기독교인들과 기도회를 했다. 매일 저녁, 비가 오던 날 하루를 제외하고 기도회를 할 수 있었다. 청중이 많았는데 처음에는 거칠었지만, 조용한 가운데 복음 설교를 주의 깊게 잘 들었다. 우리는 하나님께서 뿌려진 씨앗을 축복하셔서 이 지역에서 더 많은 영혼을 구원할 것이라고 믿는 수밖에 없었다.

14일 월요일: 아침 식사 후에 바로 시캐 지역으로 갔다. 퉁쪼에서 30여㎞ 떨어진 곳이고 이전에는 나무를 팔다가 지금은 책을 파는 할아버지가 처음 복음을 전한 곳이었다. 그는 그곳에 책을 팔러 가서 복음을 들을 사람을 찾았다. 할아버지는 그들과 몇 주를 함께 보냈는데, 그들 중 한 사람이 할아버지와 함께 원저우에 와서 성경과 찬송가를 사 갔다. 이제 그곳에는 10여 명의 관심자가 있어서, 퉁쪼 설교자가 한 달에 한 번 가서 예배를 드리고 그들을 가르친다. 하룻길은 대부분 시골 언덕과 산을 통과하는 아름다운 길이었다. 강은 이제 작은 시내로 줄어들었고, 돌 위로 잔물결이 일면서 안으로 굽었다가 밖으로 굽었다가 하는 냇물을 건너고 또 건너면서 우리는 앞으로 나아갔다. 그곳은 전혀 새로운 땅이어서 어떤 종류의 만남이 우리를 기다리고 있을지 전혀 예측할 수 없었다. 그런데 퉁쪼보다 더 조용하고 품행이 뛰어난 사람들을 만나게 되어 좋았다. 우리가 도착했을 때 남자들은 없었고, 여자들은 특별히 우리를 보고 기뻐하는 것처럼 보이지 않았다. 아무도 믿는 사람이 없었기 때문이다. 하지만 곧 다른 사람을 불러와서 우리가 묵을 수 있도록 가장 좋은 방을 청소하고 준비해 주었다.

저녁에 청중들은 훌륭했다. 그들은 귀를 기울여 조용히 복음 메시지를 들었다. 참석하고 있던 관심자들도 말씀을 모두 잘 먹으면서 앉아있었다. 스토트 여사가 그중 한 명에게 예수님을 구세주로 믿을 것인지 물었다. 그는 "나는 그를 찾을 수 없습니다."라고 대답했다. 그러자 그녀가 "그분을 예배할 의향이 있나요?"하고 물었다. "의향 있습니다." "그분을 믿고 싶습니까?" "예" "그러면 그분은 당신이 이해하지 못하는 것을 가르쳐 주실 것입니다."

사람들이 흩어졌을 때, 우리도 너무 피곤해서 물러가 쉬고 싶었다. 그런데 그날 밤 잠을 잘 수가 없었다. 쥐가 많이 있다는 통보는 미리 받았지만, 벼룩의 공격에는 준비가 되지 않았던 것이다. 벼룩이 침대로 떼로 모여들어 우리가 눕자마자 힘껏 물어뜯기 시작했다. 그런 중에 쥐들이 방에서 뛰노는 소리가 들렸고 이것과 함께 개 짖는 소리가 밤새 들렸다. 그곳에 있던 이틀 동안 잠을 잘 수가 없었다. 스토트 여사는 전혀 잠을 못 잤다. 그 결과, 떠날 즈음에는 완전히 지쳐있었다.

화요일: 아침에는 한 관심자의 집에 가서 그 이웃들에게 복음을 전했다. 그런 다음에는 피곤해서 집으로 돌아왔다. 스토트 여사는 다른 지역으로 가서 그곳 삼림 보호를 위해 배치된 후난 출신 남자들을 만났다. 전하는 말을 아주 잘 듣더니 질문을 했고 책과 전도지들을 샀다. 그들 중 한 명이 스토트 여사에게 원저우에 얼마나 오래 살았냐고 물었다. 그녀가 20년 살았다고 대답하자, 그는 "그렇게 오래 살면서 왜 복음의 메시지를 이곳에 와서 한 번도 전하지 않았소?"라고 물었다. 그녀는 그에게 이제까지 시캐에 대해 들어본 적이 없다고 대답했다.

저녁 집회에서도 그 훌륭한 청중은 탕자의 비유에 대한 설명을 귀 기울여 잘 들었다. 이런 장소에 일꾼들을 보내기가 점점 더 어려워지고 있다. 왜냐하면 원저우로부터 점점 더 멀리 떨어진 곳에서 집회를 열기 때문이다. 여기에서 10여㎞ 더 가야 하는 곳에 여성 한 명이 믿고 있는데, 원저우에서는 80~100㎞ 되는 곳이다. 그러니 어떻게 이런 장소들에 정규적인 가르침과 감독을 제공할 수 있겠는가? 유일한 방법은 한두 명을 도시로 데리고 와서 가르친 후에 그들을 다시 그들의 형제에게로 보내는 것이다. 그렇지만, 먹고살기 바쁜 사람들이 어떻게 그렇게 시간을 내겠는가? 그런데 시캐 관심자 중 세 명이 음력 11일에 도시로 오고 싶다고 했다. 그때는 설교자들이 성경공부로 모이는 시기였다. 성경공부가 만족스럽고 시간을 낼 수 있으면 그들 중 두 명이 1년이나 2년 훈련을 위해 머무를 수가 있다. 우리 학생들이

12월에는 집으로 돌아가기 때문이다.

17일 목요일: 어제 아침을 일찍 먹고 기독교인들과 기도회를 가진 후에 시캐를 떠나 집으로 향했다. 초반 여정은 빨리 갈 수 있었는데, 12시경부터 장대비가 내리기 시작하더니 오후 내내 계속되었다. 2시경 강가에 도착했을 때는 다 젖고 피곤해 있었다. 배를 찾아서 조금 흥정을 한 후에 배에 탔는데 집으로 간다는 생각에 기뻤다. 우리는 저녁 식사 후에 바로 잠자리에 들었고, 새벽 전에 원저우의 동문 밖에 닻을 내렸다. 동이 터오는 길을 걸어서 집에 도착하자마자 제일 먼저 한 일은 목욕과 세탁이었다. 그리고 나자 비로소 우리가 다시 존중받는 느낌이었다.

교회의 남자 성도들

Chapter 20

"여호와를 경외하는 자에게는

견고한 의뢰가 있나니."

- 잠 14:26 -

"너희는 이것들보다 더 위대한 것들을 보게 될 것이다." 내가 사랑하는 친구로부터 1892년 12월에 받은 메시지였다. 이는 이제 곧 시작될 새로운 한 해를 위한 약속의 말씀으로 내 마음에 다가왔다. 그리고 내가 그것을 새해의 목표로 정하자마자 다른 친구로부터 온 메시지 '이것보다 더 큰일을 할 것이다.'가 내 믿음에 확신을 주었다. 그래서 나는 그 말씀들을 약속으로 주장할 수 있게 되었다. 여러 해 동안 우리의 신실한 영적 조력자였던 류 여사가 아주 많이 아팠다. 두 번씩이나 우리는 그녀의 회복을 단념했다. 그녀의 아들은 타이저우에서 의료사역을 하고 있었는데, 나는 러드랜드 씨에게 그를 즉시 돌려보내 달라고 편지를 썼다. 왜냐하면 그의 어머니가 곧 돌아가실 거 같았기 때문이었다. 그는 여기 도착해서는 위험한 순간이 지나간 것에 대해 감사했다. 그녀는 병을 앓던 기간 내내 주님이 가까이 계심을 간증했는데 그것은 매우 소중했다. 어느 날 아침 그녀를 만나러 가니 그녀는 웃으면서 말했다. "주님이 밤새 나랑 함께 계셨어요. 너무도 사랑스러운 그분의 얼굴을 보여주셔서, 나는 그분을 더 많이 보고 있고 싶었어요. 그래서 아침이 되어 섭섭했답니다. 나는 천국에 가서 스토트 선교사님과 오애 부인을 보고 싶어요. 하지만 가장 좋은 것은 예수님을 만나는 거예요." 그녀는 횟포드 양이 학교 일을 할 때 3년 동안 도왔기 때문에 병가를 가질 수 있었다. 주님의 자비하심으로 그녀는 회복되었다.

타이저우 전도소 여러 곳에서 부흥이 있었다. 몇 달 동안 170여 명이 세례를 받았다고 들었다. 그래서 우리도 같은 축복을 갈망했다. 나는 류 씨에게 주일 오후에 그곳 사역에 대해서 우리에게 얘기해 달라고 요청했다. 그래서 여러 반으로 나누는 대신에 모두 함께 모여서 하나님께서 다른 지역에서 하시는 일을 듣기로 했다. 그런데 류 씨가 1892년에 윈저우 전도소에서 147명이 세례를 받았다고 말했을 때 우리의 마음은 따뜻해졌다. 류 씨는 강연 중에 윈저우가 숫자나 영적인 파워 모든 면에서 첫 번째 집회소고, 타이저우가 두 번째라고 말했다. 그가 말을 마쳤을 때 나는 몇 마디를 더 보태지 않을 수 없었다. 윈저우 센터가 처음 세워지기는 했지만, 더 이상 그렇게 할 수 없다고 했다. 30명밖에 되지 않는 우리의 인원과 그들의 147명을 대조시키면서, 한 주간 나와 기도 모임을 하여 우리 자신의 영적 능력을 깊게 하고 다른 영혼을 새 생명으로 인도하고 싶은 사람이 있느냐고 물었다. 많은 사람이 손을 들었다. 나는 우리가 무엇을 위해 기도해야 할지 물었다. 한 형제가 외쳤다. "7백 명의 영혼들!" 나는 뒤로 물러섰다. 나의 가련한 믿음은 백 명을 넘기지 못했다. 나는 말했다. "우리가 말하기 전에 잘 생각해 봅시다. 하나님은 우리가 믿고 있는 것을 우리에게 주실 수 있는 능력이 있으십니다." 그러자 다른 사람이 또 외쳤다. "내년까지 3백 명을 위해 기도합시다." 나는 우리가 각 사람이 한 영혼씩 얻으면 우리의 숫자가 바로 두 배가 될 것이라고 지적했다. 그리고 그것은 아주 적게 보였다. 1893년 음력 첫 번째 주에 매일 가능한 한 모여서 기도하기로 했다. 그 기도회 후에 여러 그룹을 만들었다.

각 그룹이 서로 다른 방향으로 가서 영광스러운 복음을 전했고 우리는 많은 축복을 기대했다.

그날 철야 예배를 드리고, 다음 날 아침 10시에 기도회로 모였다. 방은 가득 찼다. 나는 디도서 2장으로 말씀을 전했다. 우리가 기도한 축복을 받으려면 어떤 종류의 기독교인이 되어야 하는가를 보여주었다. 그것은 마음을 살펴보는 시간이었다. 우리의 기도는 먼저 자신을 위한 것이었다. 우리가 더 많은 영적인 능력을 갖도록, 우리의 주인의 용도에 더 적합하도록 기도했다. 그리고 두 번째로 모여들 많은 영혼을 위해서 기도했다. 비록 우리가 기대하는 방식대로는 아니더라도 이런 기도들이 열납되고 응답될 것을 의심하지 않았다. 처음에는 응답들이 실망으로 오는 것 같았다. 얻는 대신 잃는 경험을 했기 때문이었다.

류 부인은 병세가 악화되어 결국 세상을 떠났고, 또 다른 네 명의 성도들도 죽었다. 한 가족은 심각하고 지속적인 핍박으로 빠져들었다. 가장 나쁜 것은 한 목사님이 자신의 거룩한 부르심을 망각하고 그만 분노를 억제 못하고 죄를 범하고 말았다. 우리는 야곱처럼 "이 모든 것들이 우리를 대적하고 있다"고 느꼈다. 하지만 욥처럼 이렇게 말할 수도 있었다, "비록 당신이 나를 죽일지라도 나는 그분을 신뢰할 것입니다." 그 목사님의 경우는 특별히 슬펐다. 기도 주간 다음의 주일 오후에 우리 여성 선교사 여전도회 모임에서 막노동꾼인 융찌아의 아내가 헌금하려는 돈을 좌석 옆에 놓아두었다. 그녀 옆에는 아직 개종 전이지만 모임에 오고 있는 목사님의 아내가 앉았다. 내가 설교하고 있는 동안 융찌아의 아내가 잠시 자리를 비웠다가 돌아왔는데 돈이 없어지고 말았다. 좌석에서 일어난 사람은 아무도 없어서 자연스럽게 목사의 아내가 의심을 받게 되었다. 더 의심을 받은 것은 그녀가 이전에 비슷한 일을 했기 때문이었다. 예배 후에 융찌아는 목사 아내에게 돈을 보았는지 물었다. 그때 그녀는 폭풍처럼 화를 냈다. 그러자 그는 돌아와서 나에게 무슨 일이 일어났는지 말했다. 다음 날 아침 목사님이 들어왔는데, 자기 아내만큼이나 화를 내며 융찌아가 자기 아내를 도둑으로 몰았다면서 내가 그에게 사과하게 하지 않으면 목사직을 관두겠다고 했다. 그는 이성적으로 설득할 수 없을 정도로 화를 내고 있었다. 그래서 그에게 진정하고 대화할 수 있을 때 다시 오라고 했다. 그러는 동안 사실 관계를 살펴보니 융찌아는 잘못 말하거나 잘못한 것이 없고 목사 아내가 그 자리에 없었던 자기 남편에게 거짓말을 꾸며대었던 것이었다. 쭈 목사가 돌아와서 조용히는 말했지만, 아직도 화가 나 있었다. 나는 융찌아가 아니라 그가 잘못했다고 지적했고 그의 아내의 말이 틀렸다고 말할 기독교인 증인이 3명 있다고 말했다. 그가 형제에게 잘못했기 때문에 사과를 해야 할 사람은 그라고 지적했다. 그는 그렇게 하기를 거절했고, 설교자 자리를 그만두었다. 아내는 아무런 도움이 되지 않던 사람이었는데, 늘 돈을 낭비했고 심지어 상당한 월급을 받을 때도 그는 항상 몹시 가난한 상태에 있었다. 이제 그가 무엇을 하고 살 수 있을지 나는 모르겠다.

몇 주 후에 융찌아가 와서 쭈 씨가 복직되었는지 물었다. 그는 말하기를, "그가 나에게 사과하지 않아도 됩니다. 나는 전적으로 자유롭게 그를 용서합니다. 그리고 하나님께 그를 용서해달라고 부탁드렸습니다. 그는 매우 가난한데 너무 안됐습니다." 그렇게 그리스도를 닮은 모습을 보니 너무 기뻤다. 그리고 이것이 아마도 쭈 씨의 교만한 마음을 깨는 하나님의 방법인지도 모른다고 생각했다. 나는 그를 불러 바슬리 양과 나에게 중국어를 가르치는 교사의 자리를 제안했다. 그것은 융찌아의 요구이고 그가 말한 것을 전하면서, 그 자리는 그에게 빚진 거라고 말해주었다. 그는 복직한 것에 대해 기뻐했고 나에게 고맙다고 했다. 하지만, 융찌아에게는 고맙다는 말을 한마디도 하지 않았다. 정말로 잘못을 범한 사람을 얻기가 가장 어렵다는 말이 참으로 옳은 말이다.

그 당시에 만회할 수 없는 손해처럼 보였던 것이 한 인물을 얻는 기회가 되었다. 찌에 씨는 내가 중국에서 알고 있는 사람 중 가장 유능할 뿐 아니라 성령의 가르침을 받는 사람이었다. 그는 당시에 학교 교사였다. 빙예 출신으로 몇 년 동안 그리어슨 선교사를 도와서 사역했었는데 자연스럽게 쭈를 대신해서 목사가 되었다. 그는 나의 가장 큰 위안이었고, 처음부터 내가 하는 모든 활동과 선한 사역을 바로 곁에서 지지해 준 사람이었다.

그 주는 매우 슬픈 한 주였다. 우리는 성령께서 우리 마음에 더 많이 사역하시도록 기도했다. 우리는 슬픔을 지닌 채 성장을 위해서 흩어지고 있었다. 하지만, 주님께서 우리의 기도에 응답하고 계신 것을 알았고 하나님의 축복을 막았던 모든 것이 그 길에서 사라질 때까지 더 깊이 깨끗하게 해달라고 구할 수밖에 없었다. 과로와 슬픔, 그리고 잠을 못 자서 건강이 많이 상했다. 4월에 중국어 기도회를 인도하면서 나는 쓰러졌고 방으로 옮겨졌다. 의사가 와서 며칠 동안 전적인 안정과 휴식을 명령했다. 그 주간 아무 일도 못하고, 기침을 하면서 누워있었는데, 그 후 의사는 며칠 동안 변화를 위해 떠나있으라고 했다. 나는 멀리 가고 싶지 않았고, 때가 때인 만큼 오래 나가 있고 싶지도 않았다. 그래서 바슬리 양과 함께 배를 타고 강 상류로 올라가 아름다운 폭포에서 일주일을 보냈다. 좀 나아서 돌아왔는데 회복이 너무 더디자 의사는 바다 여행을 권유했다. 그래서 6월에 치푸로 갔다. 거기서 의사의 허락이 떨어지지 않아서 4개월을 머물렀다. 내가 아팠던 동안 9명의 세례 준비생 중 5명이 세례를 받는 기쁜 일이 있었다. 그들은 내 방에 한 사람씩 들어와서 간증했는데, 물론 직접 세례 받는 모습은 보지 못했다.

4월에 캐나다 출신의 스테이너 양이 우리 팀에 들어왔다. 바로 언어 공부를 시작했는데, 빨리 잘 배워서 가장 효율적인 도우미가 되었다.

그달에 쓴 편지에 다음과 같은 내용이 있다. "하나님의 은혜로 구름이 말끔히 없어졌습니다. 많은 축복을 내려주셔서 주님을 찬양할 이유를 가지고 왔습니다. 많은 성도가 분발해서 구원받지 않은 사람들을 위해 더 진지하게 노력하고 있습니다. 우리 예배당은 350석인데 성도와 관심자들로 꽉 찰 때가 여러 번 있었습니다. 그리고 우리는 얼굴을 맞대고 경계선을 확장하는 일을 의논하곤 했습니다. 예배당을 더 넓힐지 아니면 남문 밖에 전도소를 하나 더 열지를 의논했습니다. 지난달 다섯 명이 세례를 받았고 어제 10명이 더 받았습니다. 다른 일곱 명은 간증이 선명하지 않아서 뒤로 미루었습니다. 특히 몇 경우가 흥미로웠습니다. 어머니는 아들이 아팠을 때 그가 죽을까 봐 두려웠는데, 살아 계신 하나님이 치료하고 도울 수 있다는 것이 기억났습니다. 밤의 어두움 속에서 그녀는 그 모르는 신에게 기도했습니다. 아무도 보이지 않았지만 목소리를 들었습니다. '네가 나를 믿으면 내가 너의 아들을 고칠 뿐 아니라 너의 영혼도 구원하겠다.' 이것은 거의 2년 전 그녀의 아들이 신자가 될 때의 일이었습니다. 그리고 이제 그들은 함께 세례를 받았습니다. 다른 경우는 삼촌과 조카였습니다. 가족들이 함께 주께 돌아오는 경우를 이전보다 더 자주 봅니다. 그리고 특별히 젊은이들이 주님 편으로 오는 것을 보는 것은 커다란 즐거움입니다."

내가 치푸에 있는 동안 나는 차머스 양으로부터 편지를 받았는데, 우리가 연초에 드렸던 기도가 잊히지 않은 것을 증명해 주는 내용이었다. 그녀는 찌에 씨가 주일에 계시록 3:15-21절 말씀으로 설교했던 이야기를 했다. "모두가 한 해의 절반이 지나버렸는데도 자신들이 희망했던 것처럼 영혼들이 많이 모이지 않은 것을 인식한 것처럼 보였습니다. 그래서 그 방향으로 더 열심히 기도했습니다. 설교 후에 찌에 씨는 한두 명에게 기도해 달라고 했습니다. 아오밍이 기도하다가 완전히 깨졌습니다. 그는 멈추더니, 다시 계속 두세 번 기도했습니다. 자신이 마음이 차가웠던 것을 고백했습니다. 오후 모임에서도 똑같은 회개의 영이 주도권을 잡았습니다."

내가 돌아와서 쓴 편지를 덧붙입니다.

1893년 9월: 우리 하나님 아버지께 매우 감사한 마음으로 원저우에서 편지를 씁니다. 원저우는 기쁨과 슬픔, 씨를 뿌리고 수확했던 아름다운 추억이 있는 고향이니 사랑하는 이곳 식구들 사이로 다시 오니 좋네요. 우리가 4달이 아니라 4년 정도 떨어져 있다가 온 것 같습니다. W, C 그리고 S양이 선착장까지 우리를 마중 나왔는데, 선장이 해변에 있는 그들을 알아보지 못하고 기다려 주지 않아서, 그들은 우리보다 한 시간 늦게 집에 도착했습니다. 닻이 내려지자마자 하인 두 명이 빛나는 얼굴로 나타났습니다. 우리 여신도 3명도 먼 길을 걸어서 마중 나왔고, 우리가 문에 들어갈 때 남녀노소 모두 우리에게 말한마디씩이라도 하려고 우리를 둘러쌌습니다. 그들은 건강해 보이는 나를 보고 기뻐하며, 그들의 기도에 대한 응답이라고 말해주었습니다. 왜냐하면 매일 건강해져서 돌아와 달라고 기도했기 때문이었습니다. 모든 것이 완벽한 질서 가운데 있었습니다. 심지어 꽃들조차도 모든 방에 보기 좋게 정렬되어 있었습니다, 내 하인들은 나를 기쁘게 해주는 것이라면 절대로 자기 몸을 사리지 않습니다.

우리는 우리의 여성들이 기도 모임을 하는 날에 도착했습니다. 그리고 물론 보통 참석하던 숫자보다 더 많은 사람이 참석했습니다. 모든 기도가 우리가 돌아온 것에 대한 감사로 가득 찼습니다. 우리는 멋진 주일을 보냈습니다. 한 예배만 내가 인도했습니다. 이전보다 적게 하려고 마음을 먹었기 때문이었습니다. 정말 나는 아침 기도회를 제외하고 일주일에 3시간만 가르치기로 계획을 짜 놓았습니다. 그리고 설교자들이 있는 경우를 제외하고는 두뇌 활동을 하루에 5시간으로 제한하기로 했습니다. 한두 주 후에 몇 명인지는 모르겠지만 세례 줄 후보자가 많이 있습니다. 우리는 아직도 더 위대한 일을 위해 기도하고 있습니다. 하지만, 우리는 각 구도자가 진정으로 개종하기를 원합니다. 어떤 면에서는 많은 숫자가 두렵습니다. 아마도 믿음의 부족 때문인지 모르겠지만 중국에서는 일반적으로 그것이 어려움을 초래합니다. 그래도 그분은 적은 수뿐 아니라 많은 사람도 개종시킬 수 있는 분이십니다. 구원받지 않은 어떤 영혼도 교회 안으로 들어가지 않도록 진심으로 기도해 주십시오.

나는 주님 뜻이라면 다음 달 18일에 오징부터 다녀오고 싶습니다. 스테이너 양과 같이 갈 것입니다. 그녀는 이 첫 번째 시골 여행을 기쁨으로 고대하고 있습니다. 제가 해창호의 이전 선장이 선물한 가마를 가지고 있다고 말씀을 드렸던가요? 그것은 우리의 시골 여행을 정말 안락하게 해줄 것입니다. 언덕을 올라가는 가마는 말하는 것보다 돈을 더 많이 받기 때문에 사고 싶지 않았습니다. 현지인들이 내가 자신에게 너무 많은 돈을 쓴다고 생각할 것 같기 때문이었습니다. 그 선장이 원저우 항로를 떠난 지도 2년이 넘었고 오랫동안 그를 만난 적도 없고 그의 소식도 듣지 못하고 있었습니다. 분명히 주님께서 그의 마음에 의자에 대한 생각을 주셨겠지요. 지난번 여성 모임의 주제는 빌4:19 '나의 하나님이 너의 모든 필요를 채우시리라.'였습니다. 내가 설교한 후에 참석한 한 사람이 기도했습니다. 그녀는 남문 밖에 새 예배당이 필요하다고 주님께 말씀드렸습니다. 그것을 위해 일 년 내내 기도했으니 이제 그것을 이뤄달라고 했습니다. 그녀가 기도를 마쳤을 때, 나는 그들에게 기도할 뿐 아니라 행동도 해야 한다고 말하며, 그것을 위해서 얼마나 헌금했느냐고 물었습니다. 그들은 아직은 아무것도 없지만, 그들은 모임을 열어서 각각 얼마를 헌금할 수 있는지 물을 것이라고 했습니다. 나는 이 프로젝트를 그들에게 스스로 진행하도록 맡기고 때가 되면 그들을 도우려고 생각했습니다. 나는 그들이 교회 사역에 더 많은 책임을 맡는 것을 보면 좋습니다. 세례 후보자 점검을 전부 그들의 손에 맡길 수만 있다면 얼마나 기쁠지 모르겠습니다. 후보자들은 교회가 심사합니다. 나는 그들을 모두 먼저 개인적으로 만나는데, 그들은 때때로 내가 통과시킨 사람을 기다리게 하기도 하고 또 반면에 어떤 때는 그들이 통과시킨 사람을 내가 기다리게도 합니다.

　얼마 후에 나는 토요일 오후 내내 세례 후보자들을 점검하고 있었습니다. 8명(남녀 4명씩)이 어제 아침에 세례를 받았습니다. 토요일 밤 기도 모임은 7시 15분부터 10시까지 지속되었습니다. 모두 분명한 간증을 했습니다. 그리고 아주 흥미 있는 경우도 몇 명 있었습니다. 어제는 대단한 날이었습니다. 예배당이 가득 차서 우리 중 몇 명은 단에 앉아 있어야 했습니다. 우리는 세례식 예배를 9시에 시작했습니다. 중간에 쉬는 시간이 없었고 성찬식 예배가 12시 10분에 끝났습니다. 우리는 얼른 식사하고 1시부터 한 시간 동안 설교자들의 시간을 가졌습니다. 오후 예배는 2시에 시작해서 3:30분에 끝났습니다. 많은 사람이 밤새 머물렀고 다음 날 아침 8시에 아침 예배를 드렸습니다. 75명이 참석했습니다. 주님께서 진정으로 우리 가운데 역사하고 계셨습니다. 설교자는 '주께서는 성전을 완전히 깨끗하게 하실 것이다.'는 제목으로 능력의 말씀을 강력하게 선포했는데, 아주 깊이 있는 설교였습니다. 하나님의 모든 자비에 찬양을 돌리기를! 나의 영혼이 하나님 나의 구세주 안에서 기뻐하고 있습니다. 여학생 2명이 개종했는데, 둘 다 선배 언니들이 애써서 인도한 열매였습니다."

Chapter 21

"네 소망이 끊어지지 아니하리라."

- 잠 24:14 -

10월 초, 나는 스테이너 양과 오징으로 떠났다. 여행 기록이 나에게 힘든 일이어서 상세한 기록을 스테이너양에게 부탁했다. 집에 돌아와서 쓰기에는 밀린 일들이 많았고, 젊은 동역자의 도움이 아니었으면 그 여행은 기록이 없을 뻔했다. 다음은 스테이너 양의 기록이다.

"오징 목사님은 우리와 함께 가려고 원저우에서 며칠을 기다렸다. 목요일 저녁에 도시를 떠났다. 배를 타고 밤에 잘 준비까지 다 했지만, 조류 때문에 새벽 1시까지 배가 떠나지 못했다. 배는 아치 모양의 '봉'이라고 불리는 두꺼운 메트로 덮여 있었다. 뱃머리와 배 끝만 뱃사공들이 보이도록 덮지 않았다. 우리 침대는 바닥보다 조금 높은 곳에 널빤지들을 많이 깔고 매트와 얇은 요를 그 위에 깔았다. 아침에 일어나 옷을 입고 아침을 먹은 후 가마를 찾으러 갔다. 배가 한 시간에 5㎞ 정도밖에 가지 못해서, 밤새 강 상류 쪽으로 20㎞ 올라갔다. 배에서 내려서 오징까지 거의 50㎞ 되는 시골길을 걸어갔다. 같은 여행인데 고향과 중국이 얼마나 다른지! 고향에서는 아주 느린 기차로라도 1시간이면 가는 거리를 여기서는 밤새도록 걸어서 가야 한다. 우리 가마를 들어주는 사람이나 짐을 나르는 사람들은 모두 우리를 맞으러 이 마을에서 내려온 기독교인이나 관심자였다.

스토트 여사의 가마는 위가 열려있는 가벼운 바구니였고, 내 가마는 산의자(산을 다니는 인력거)로 간단하고 가볍게 만든 의자였다. 상상에 맡기고 한번 설명해보겠다. 그 산의자는 가장 단순하고 가벼운 구조였는데, 긴 장대 둘에 무엇인가 달려있는 형태이다. 순식간에 짧은 판대기 둘로 좌석과 등받이를 만드는데 양 끝이 밧줄에 묶여 흔들린다. 더 긴 밧줄에는 발 받침으로 쓰는 막대기까지 묶여 있다. 그런 것을 타고 온종일 다니면 매우 불편하겠다고 하겠지만 스토트 부인은 20년 동안 중국에 있으면서 본 것 중에 그보다 더 잘 만든 것은 없을 거라고 했다. 솜을 넣은 우리 침구를 등과 좌석에 묶으니 넓고 안락하게 되었다. 아침 공기는 차가웠지만 유쾌했다. 우리 일행은 양탄자로 무릎을 싸고 따뜻한 점퍼를 입고 중국식으로 종렬로 행진했다. 우리, 가마 두 개, 뒤에서 터벅터벅 걸어오는 요리사, 침구를 나르는 사람, 커다란 짐을 지고 가는 우리 하인들, 설교자 그리고 원저우에서 우리랑 함께 온 남자 두 명이 전부 우리 일행이었다. 꽤 볼만하고 아름다운 경치를 배경으로 지나갔는데, 길가를 따라서 들판을 지나 산길을 오르내리면서 걸어갔다. 하인들은 어깨에 짐을 지고 가면서도 50여㎞를 두세 번 멈추어 쉬고는 비틀거리지 않고 걸었다. 그리고 저녁 기도모임에도 전부 참석했다. 목사님은 꽤 길고 활기 있게 설교했다. 그들은 멋지게 걷는 사람들이다. 산에 사는 이 시골 친구들은 체격이 좋고 근육이 건장해서 도시 주변에 흔한 야위고 뼈만 있는 사람들과 대조가 되었다.

너무도 아름다운 풍경을 조용히 기대앉아 아무 방해 받지 않고 잘 음미할 수 있었다. 빠른 기차와 달리 자세히 볼 수 있는 시간이 충분했다. 처음 3시간가량은 그리 넓지 않은 들판을 지나갔는데, 높은 언덕과 주변의 산들이 사방을 둘러싸고 있는 것처럼 상상하였다. 한동안은 그림 같은 작은 강을 따라서 갔는데 강이 구불구불 흐르고 있어서 지금은 이쪽 면에서, 그다음은 저쪽 면에서 디딤돌을 딛고 건넜다. 하인들은 얕은 물은 그냥 첨벙첨벙 건너갔다. 종종 우리도 기분 좋게 걸어가고 싶었지만, 가마를 탈 수 없는 가파른 산길을 대비해서 힘을 저축해야 했다. 이제 여정의 마지막에 가까웠다. 그래서 계곡의 내리막길로 내려가기 시작했을 때 짐꾼들은 아주 지쳐있었다. 200개의 굴뚝(이것으로 마을의 크기를 예측할 수 있었음)이 산속 깨끗한 시냇가에 보였는데 그곳이 오징이었다. 징검다리가 놓인 시내를 건너 드문드문 나 있는 골목길을 지나왔는데, 가마를 돌리기 어려울 정도로 길이 좁아지더니 마침내 우리를 따뜻하게 맞아주는 이 집에 도착했다.

우리가 머물 방에 들어가자 곧 따뜻한 차를 대접해 주었다. 설탕에 절인 오렌지를 말린 차는 맛이 있었다. 그때부터 그들이 줄 수 있는 가장 좋은 먹을 것을 우리 앞에 쌓아 놓았다. 먹을 음식은 우리도 충분히 가지고 갔지만 우리에게 중국 음식을 강권했기 때문에 많이 가지고 올 필요가 없었다. 다행히 그들은 우리 입맛을 어느 정도 알았기 때문에 우리도 잘 적응할 수 있었다. 다만 우리가 먹는 양이 적은 것에 매우 실망했다. 중국의 음식은 반찬의 적은 영양가를 밥의 양으로 보충해야 했다. 한 소년이 산에서 모아온 과일을 많이 가지고 왔고, 한 여인은 우리에게 케이크를 가져다주었다. 한 사람이 우리를 집으로 초대했는데, 스토트 여사가 너무 피곤해서 갈 수 없어서, 대신에 저녁 식사를 우리에게 가지고 왔다. 우리가 머물던 집의 주인은 부자였는데, 한 할아버지 맹인을 집 한쪽에 살도록 허락했다. 그리고 절반은 그를 부양했다. 하루는 여주인이 닭 한 마리를 가지고 왔는데, 지난 몇 주 동안 스토트 여사를 위해서 그 할아버지가 키워왔던 것이라고 했다.

토요일에 여러 마을에서 온 남자 세 명이 세례 문답을 했다. 2명이 통과되었고 한 명은 조금 기다리라는 결정이 내려졌다. 다른 사람은 모두 그를 기독교인이라고 했지만 몇 가지 면에서 아직 선명하지 않았기 때문이었다. 세례식은 주일날 아침 강가에 사람들이 많이 모이기 전인 6시경 진행되었다. 시골 사람들이 세례식을 이해하지 못했기 때문에 사람들이 많이 모이면 시끄러울 수 있었다. 밝고 신선한 아침에 반짝이며 흐르는 강물 곁 바위 위에 서서 그리스도를 따르겠다고 분명히 고백하는 이 두 사람을 위하여 소리 높여 기도를 올려드렸다. 그것이 그들에게 얼마나 의미심장하고 새로웠는지 모른다. 그들에게는 그 기도가 절실하게 필요했다. 한 명은 겨우 22세 청년이었고, 그들은 둘 다 외딴 산골에 살아 순진했고 영적인 것에 대하여 배울 기회가 거의 없었기 때문이었다.

아침을 먹은 후에 스토트 여사와 나는 언덕 한쪽으로 가서 조용히 성경을 읽고 기도하고 찬양하는 시간을 가졌다. 아무도 가까이 와서 방해하지 못하도록 했다. 9시경에 우리는 예배를 드렸는데, 스토트 여사가 에베소서 2장 말씀으로 우리가 개종 전에 어떤 사람이었는지에 관한 설교를 했다. 처음 온 사람들에게 몇 마디 진지한 말을 하면서 마쳤고, 그런 후에 약 20명 정도가 우리랑 함께 주님의 만찬에 참여했다. 우리는 예배 내내 흐르던 진지한 외경심에 아주 많이 놀랐다. 오후에 일찍 멀리 사는 사람들의 편의를 위해 두 번째 예배를 드렸고 스토트 여사가 에베소서 2장 말씀으로 우리가 그리스도 안에서 어떤 사람인가에 대해 설교했다.

우리는 여주인의 인도로 강 건너에 사는 사람들을 만나러 갔다. 스토트 여사는 너무 지쳐서 저녁 예배에 참석할 수 없었다. 설교자 찌에밍이 그 예배를 인도했다. 지금 그는 오징의 설교자인데, 아직 여기가 그의 본부였다. 한 달에 한 주일만 이곳에 와서 성찬식을 인도한다. 다른 세 주일은 다른 마을들에서 예배를 드리고, 나머지 시간은 돌아다니며 복음을 전한다.

이 집은 설교자를 위한 방 하나가 예비되어 있었다. 우리가 여기 머물 때 쓰는 방도 있고 곁에 있는 큰 방 하나도 예배당으로 사용한다. 예배당에는 테이블과 장의자와 두루마리 성경이 벽에 걸려 있는데, 작지만 아주 깨끗하다. 주일예배를 정기적으로 드리는 외에도 아침저녁 기도회가 있고 수요일에는 원저우에서와 같이 여성 기도임이 있다. 아침에는 그 집의 식구들이 6시에 모이고, 그 후 바로 식사한 다음에 밭으로 나간다. 저녁에는 기독교인 대부분이 기도하러 나왔다.

월요일 9시에 우리는 짜비에를 향해 떠났다. 그곳은 30㎞ 정도 가야 했는데, 그곳에 관심자 한 명이 살고 있었다. 밝고 아름다운 하루였고 오후에는 구름이 끼어서 덥지 않아 좋았다. 아마 한마디로 내 생애에서 가장 즐거운 여행 중 하나였다고 말할 수도 있었다. 우리는 바로 산의 중심부를 통과해서 좁은 산길을 오르락내리락, 들어갔다 나왔다 하며 때때로 정말 위험한 곳들을 지나갔다. 가마꾼이 한 발짝이라도 미끄러지면 경사진 산 쪽으로 미끄러져 떨어질 판이었다. 그런데 이상하게도 최악의 장소에서조차도 두렵지 않았다. 사실 나는 보통 높은 장소나 절벽을 아주 싫어했는데, 주님이 우리를 나르고 있는 사람들의 발을 지키고 있는 것 같았다. 스토트 여사의 가마꾼이 두세 번 비틀거리며 넘어지기는 했지만 절대로 위험한 곳에서는 아니었다.

한 번은 일행 모두가 실컷 웃는 일도 있었다. 아주 좁은 절벽 길에서 스토트 여사의 가마꾼이 미끄러지자 그녀가 말했다. "정말 조심하셔야 해요. 여기서 떨어지면 우리 모두 죽어요." 그때 가마꾼이 가장 확신 있는 목소리로 대답했다. "오, 우리가 모두 여기서 죽으면 천국에 갈 거예요." 그러자 스토트 여사는 "의심할 수 없이 그렇지요. 그런데 특별히 그런 식으로 가고 싶지는 않았는데요."라고 대답하자, 스토트 여사의 그 말을 듣고 모두 박장대소했다.

짜비에는 매우 작은 마을인데 틀림없이 해발 몇천 미터는 되어 보였다. 계속 내리막길로 집에 오는데 높은 고개에서 아래까지 2시간 15분이 걸렸기 때문이다. 고개까지 올라가는데 너무 큰 일이 있었다. 가장 가파른 길로 올라가기 전에 스토트 여사의 힘이 다해서 걸을 수가 없었다. 가마로 나를 수 있는 지역이 아니었는데도 가마꾼들은 할 수 있다고 고집을 부려서 앞에서 두 명, 뒤에서 두 명이 그녀를 나르게 되었다. 설교자와 그녀의 헌신적인 하인이 때때로 어렵고 날카로운 모퉁이를 손으로 짚어가면서 그 일을 해냈다. 하지만 나는 그녀가 그렇게 하도록 내버려 둔 것은 정말 용감한 일이었다고 생각한다. 왜냐하면 그 길이 때때로 거의 직선에 가까운 경사였기 때문이었다. 고개 꼭대기에 다다른 뒤에도, 한동안은 길이 산의 좁은 가장자리에 나 있었다. 그래서 어느 쪽을 내려다보아도 깊은 계곡이었고 위쪽을 보아도 높이가 대단했다. 우리는 그 산맥 뒤로 해가 지는 것을 보았는데, 그 장면을 화가가 보았더라면 정말로 즐거워했을 것이다. 다음 날 아침 돌아오는 길에는 그 광경이 더 아름다워 보였다. 안개가 자욱하게 끼어 있어서 우리는 비가 올까 봐 일찍 출발했다. 산들은 보이지 않았는데 우리가 가는 길에 태양은 힘겹게 내려가고 안개는 피어오르기 시작했다. 그저 웅장했다. 사진을 찍어 둘 수 있었다면 얼마나 좋았을까. 스코틀랜드 출신인 스토트 여사는 그 풍경이 고향 하일랜드를 능가하지 않는다면 최소한 비슷하게 멋있는 경치일 거라고 했는데, 나도 그녀의 말에 동의했다.

짜비에서 재미있는 경험을 했다. 우리가 도착하자 주인이 나와서 우리를 환영하더니, 마치 설교자가 언급했던 마르다처럼, 물러가서 우리 침대(장의자에 널빤지 두 개를 놓은 것)를 준비하고, 그의 아내는 부엌에서 불을 지피면서 우리 식사를 준비하느라 바빴다. 우리는 마당에 앉아서 돼지, 수탉이 싸우는 것, 암소 그리고 다양한 가금류들을 보고 있었고, 마을 사람들도 몇 명이 우리를 구경하려고 왔다. 아마 마을에 들어온 첫 번째 외국인이었기 때문일 것이다. 기다리는 동안 차를 마셨는데, 나는 너무 목이 말라서 두 사발을 마셨다. 집에서 전혀 차를 마시지 않는 사람에게는 무엇인가 큰일이라도 되는 것 같지만 사발이라는 단어에 오해는 마시길……. 그것은 보통 아침 식사용 큰 컵 크기이니. 대단한 준비를 끝내고 그 선량한 아내는 우리가 거의 아사 직전에 이르렀을 때 방으로 점심 식사를 가지고 왔다. 첫눈에 보니 정말로 밥 외에는 우리가 먹을 것이 거의 없었다. 우리 하인은 매우 골치 아파하며 개인적으로 여주인에게 우리가 달걀과 감자를 좋아한다고 말해주었다. 고구마는 여기서는 너무 흔해서 우리에게 주기를 꺼려했던 것인데, 그래서 아침에는 우리의 속이 좀 더 만족감을 느꼈다.

그날 저녁 60명 이상의 남녀가 마당에 모였다. 우리는 내려가서 찬송가를 부르고, 스토트 여사가 복음 설교를 한 후, 설교자도 설교했다. 우리가 자러 들어갔는데, 그가 남아있는 사람들에게 하나님의 말씀을 전하고 있는 소리가 들렸다. 또 다른 사람들도, 내 생각에 아마 가마꾼인 것 같았는데, 부엌의 뒷마당에서 다른 사람들에게 복음 이야기를 하고 있었다. 최소한 30㎞의 힘든 산길을 넘어오고 나서도 이런 힘이 그들에게 남아있었다니, 이 젊은이들의 열정이 우리를 부끄럽게 했다. 우리는 우리가 아무것도 모르는 시기부터 복음을 알았고 우리 중 많은 사람이 여러 해 동안 기독교인이었지만 오징 사람들은 4년 전에야 처음으로 복음을 들었다.

아주 재미있었다. 밤에 우리는 대단한 영접을 받았다. 많은 여성이 우리 방으로 올라와서 우리와 우리가 가지고 있는 것을 조사했다. 그들은 우리 방이 자연광으로 충분하지 않자 긴 장작에 불을 붙였다. 그러더니 우리와 우리 이부자리를 세밀히 뒤지고 다녀서 매우 불안했다. 그들은 밝게 하려고 항상 그런 방법을 쓰고 있었기 때문에 나에게는 그들이 집을 태우지 않는 것이 놀라웠다. 그들이 너무 싫어했지만, 스토트 부인은 이제 자야겠다고 말하며, 당연히 그들이 나갈 줄로 여기고 문 쪽으로 걸어갔다. 대부분 부끄러워하며 나가려고 했지만, 한 여성은 스토트 여사가 누워 주무시는 것을 보고 싶다는 것이었다. 그러나 부인은 아직 준비가 되지 않았다고 말했다. 다음날 집에 오는 길에 보통 때와 다르게 내가 배가 고팠다. 우리에게 먹을 것이 아무것도 없어서 고구마나 한 바구니 얻으려고 근처 마을에 들렀다. 그렇지만, 요리된 것은 하나도 없었고, 모밀 국수만 두 그릇 수북이 얻었다. 우리가 길에 앉아있는 모습은 매우 우스웠을 것이다. 존경하는 군중들의 한가운데서 스토트 여사는 의자에 앉아있고, 나는 그녀 옆에 등받이가 없는 작은 의자에 앉아서 아주 먹기 어려운 면을 젓가락으로 부지런히 집어서 먹고 있었던 것이다. 그래도 거의 다 먹을 수 있었다.

처음 계획은 다음 날 새롭게 세례를 받은 두 사람이 사는 마을을 방문할 예정이었다. 그런데 짜비에서 가마를 타고 6시간 가니 스토트 여사는 너무 지쳐서 더 가지 않는 것이 현명한 일이라고 느끼고, 하루를 더 쉬면서 조용히 기독교인과 관심자들을 방문하고 가르치고 나서 집으로 돌아왔다.

우리는 이전에 핍박했던 사람의 집을 방문했는데, 이번에는 마녀 할머니가 연상되는 부인이 친절하게 영접해 주며 신선한 감을 가져가라고 선물로 주었다. 그렇게 기이한 경험을 하면서 나는 자꾸만 엔돌의 마녀 이야기가 생각났다. 남편에게 방문객이 있어 부인이 저녁을 준비하는 보통 때처럼 우리는 어둡고 더러운 중국의 부엌과 거실에서 밥이 나오기만을 기다렸다. 조금 떨어진 작은 방에서 우리는 체구 좋은 노인과 그의 건장하고 잘생긴 네 아들, 그리고 그들의 손님을 얼핏 보았다. 그러는 동안 깡마른 노부인은 크고 둥근 밥솥을 기울여 김이 나는 밥과 채소 같은 것들을 그릇에 담고 있었다. 다른 사람이 큰 중국 난로에 땔감을 태우고 있어서 그 불빛으로 전체 광경을 볼 수 있었다. 수시로 젊은 남자 하나가 밥그릇을 가지고 나와서 밥을 다시 퍼서 채워갔다.

중국에서 우리와 가장 강하게 부딪히는 한 가지 사실은 잘 사는 중국인 집이라 하더라도 집에 전혀 가정적인 편안함이 없다는 것이다. 그들은 그것에 대해 아무런 생각이 없는 것 같았다. 모든 것이 드러나 있고 어두우며 거실은 대체로 전체가 땅바닥이고 좋은 부분은 고정된 벽돌 난로를 올려놓았다. 장식품이라고는 최소한 필요한 식탁과 걸상 뿐이고, 더 있다면 아마도 불편한 작은 대나무 의자 두 개, 몇 가지 농기구 같은 것, 그리고 땔나무 더미일 것이다. 오, 잊은 것이 있다. 거실에 돼지와 코를 킁킁거리는 새끼 돼지 몇 마리, 그리고 여러 마리의 닭이 함께 있다.

목요일 아침, 우리의 친절한 오징 친구들과 마지막 기도를 한 후에 우리는 한 번 더 가마에 올라타 집으로 출발했다. 십여 명 정도가 강 건너 징검다리가 있는 곳까지 마을에서부터 우리를 따라와서는, 우리가 산을 넘어 사라질 때까지 손을 흔들고 있었다. 이번에는 강까지 다른 길로 갔는데 길이 더 예뻤다. 강에 도착하니 6시가 못 되었어도 벌써 어두워졌다. 마을에 있는 H씨의 교회 성도 집에서 저녁을 먹고는 바로 배로 돌아와 침구를 정리했다. 그 집에서 이렇게 일찍 나온 이유는 다시 음식 바구니를 여는 일이 번거로웠기 때문에 배가 고파지기 전에 잠자리에 들기 위해서였다. 이번에 우리 요를 배의 교차로 바닥에 깔았지만, 커튼이 양쪽으로 묶여 있었고 좋고 따뜻한 양탄자도 깔려있었다. 피곤에 지친 우리 순례자들은 진짜 중국식으로 아주 편안히 잘 잤다. 우리 뱃사공은 자정 무렵에 출발하면서 돛을 올리고 고동 소리를 아주 크게 울렸다(아마도 우리 머리 바로 위에서). 우리가 신경질적인 사람들이었더라면 잠은 절대로 불가능했을 것이다. 밝은 달빛이 사랑스럽게 비춰는 밤, 새벽 5시 30분쯤 도시에 도착했다. 걸어서 집으로 가는 길을 한쪽에서는 달과 별들이 밝게 비춰고 있었고, 동쪽에서는 성벽 위로 태양이 붉게 떠오르고 있었다. 그래서 우리는 조용한 도시 거리를 완전히 즐기며 걸었다.

그렇게 나의 첫 번째 중국 여행이 끝났다. 중국인 집에서 자고 중국 음식을 먹었던 진짜 중국 여행이었다. 돌아보면 이번 한 주간을 가장 완벽하게 즐겼다고 말할 수 있겠다. 나는 이 여행을 통하여 내가 나가서 이 사랑하는 현지 그리스도인들을 가르치고, 복음을 모르는 사람에게 전도할 수 있게 되기를, 그리고 그 복음에 어두운 삶을 변화시키는 놀라운 능력이 있음을 말해 줄 수 있을 때가 속히 오기를 간절히 소원하게 되었다."

Chapter 22

"너는 그리스도의 좋은 군사로
나와 함께 고난을 받으라."

- 딤후 2:3 -

이때쯤 바슬리 양이 여자들의 전족 반대 운동을 시작했다. 아모이의 맥고웬 씨가 이 일을 격려했는데, 우리는 치푸에 있을 때 잘 되어가고 있다는 설명을 들었다. 그가 했던 전족 반대 운동은 성공하여 대단한 주목을 받았고, 우리는 이런 방향에서 거의 한 일이 없어 매우 부끄러웠다. 친절하게도 맥고웬 씨는 3중으로 서약하는 책을 한 권 보내주었다. 첫째, 여자는 자기 발을 묶지 않는다. 둘째, 자기 딸의 발을 묶지 않는다. 셋째 며느리의 발을 묶지 않는다. 이 마지막 셋째는 내가 생각하기에 며느리에게 너무 힘들다고 생각해서 우리는 두 겹의 서약만 취하기로 했다. 바슬리 양은 많이 노력하여 회원을 70명 정도 모을 수 있었다. 그것은 이 문제에 대해 진정으로 건전한 감정을 교회 안에 조성했다.

금년 한 해는 시작했을 때보다 더 행복하게 마무리되었다. 비록 우리가 바라고 기도했던 대로 많은 사람이 들어오지 못했고 슬픈 일도 많았지만, 성도들의 영혼이 진정으로 부흥했고, 두 군데에 새로운 집회소가 생겼다. 우리는 달콤하고 복된 철야 예배를 드리면서 시편 18장 2절 말씀으로 마무리했다. 다가오는 해의 나의 목표는 '내 영혼아, 하나님만 바라라. 나의 소망이 그에게서 나는도다.'였다. 나는 '하나님을 바라라'는 말씀이 새해의 교훈이어야 한다고 느꼈다.

늘 하는 설교자들의 모임은 찌에 목사가 사역의 방법이라는 주제로 3일간 컨퍼런스를 하는 것으로 시작되었다. 그가 주었던 세 번의 메시지는 가장 영적이고 면밀하고 도움이 되는 것이었다. 정말 나는 심지어 외국 사역자에게서도 그보다 나은 것을 들은 적이 별로 없다. 그의 첫날 주제는 "성경을 어떻게 설명할 것인가?"였다. 내용을 뼈대만 간추려 보면 다음과 같다. (1) 중국 한자의 지식이 중요함 (2) 예화를 말할 때는 의미보다 먼저 그 이야기를 설명하라 (3) 구원, 회개 그리고 믿음에 대한 계획을 선명하게 보여주라(막 1:15). (4) 우선 교리의 원칙을 제시해준 다음에 그것의 용도와 적용을 설명하라. (5) 성경을 이해할 뿐 아니라 전해 주려는 진리를 자신이 체험하는 것이 중요하다. (6) 주의해서 개인의 생각이 아니라 성경의 원리를 전해야 한다. (7) 당신의 모든 가르침의 원천은 그리스도의 말씀과 그의 사역과 모범이어야 한다. (8) 진리를 분명히 밝혀 전할 뿐만 아니라, 집으로 보내어 설교자와 듣는 사람 모두의 마음에 그것들을 적용하려고 노력하라(롬 4:23, 24).

둘째 날 주제는 "사람들을 그리스도께 인도하기 위하여 어떻게 설교할 것인가?"였다. (1) 연합된 기도가 필요하다. 사도행전 1:14,15과 사도행전 2:41의 응답을 보라. (2) 기도뿐만 아니라 설교도 필요하다(요1:35-40). (3) 요한복음 4:16-19의 그리스도의 방법을 따라, 회개시키시는 성령의 권능을 믿으며 설교하라. (4) 요한복음 3:3-21의 그리스도처럼 인내심을 가지고 가르치고 설명하라. (5) 다른 사람을 그리스도께 인도하기 위해서 자신의 시간과 편안함을 희생하라(눅

5:27-29). (6) 모든 사람, 심지어 이방인들과도 화평을 추구하라(롬 12:18). (7) 자신이 스스로 진정으로 믿고 있는지, 그리고 자기가 설교하는 목적이 무엇인지 자세히 살펴보라. 돈을 위한 것인지 영광을 위한 것인지, 아니면 귀중한 영혼들을 구원하기 위한 것인지 점검하라(행 19:13~16).

셋째 날의 주제는 "어려움과 핍박을 겪던 바울에게서 두 가지 교훈을 배운다."였다(행 19:23-41). 그는 진리를 위해서는 절대 양보하지 않고 다투었지만, 아시아의 관리가 그의 친구가 되어 그를 위해서 먼저 행동해 줄 정도로 처신을 잘했다. (1) 우리는 권위 있는 사람을 마땅히 존경해야 하고, 우리의 종교에 영향을 미치지 않는 다른 문제에 대해서는 깊이 생각하고 순종해야 한다(행 19:35~37).

(2) 우리는 우상들이나 우상숭배를 비방하지 않도록 주의하고 진리만 설교해야 한다. 진리와 빛이 영혼에 들어갈 때 잘못된 것과 어두움은 반드시 떠난다. 우리는 이런 일들에 있어서 바울의 본을 따른다면 핍박을 덜 받을 것이다. 설교자들이 다룬 주제는 대부분 비유와 기적, 그리스도의 생애 등이었다. 우리는 이런 주제 대부분이 유능한 방법으로 다루어져서 매우 기뻤다. 날마다 상당한 시간을 기도하며 보냈는데 대부분 진지하고 겸손한 고백이 있는 기도여서 미래가 희망적으로 보였다. 영혼을 깊이 탐색했던 축복의 한 달이었고, 의심할 여지없이 한 해 전체에 걸쳐 영감을 주는 시간이었다.

크리스마스 주간에 빙예와 추저우의 우리 선교사 형제들이 원저우에 와서 함께 있었을 때, 바닷가에 작은 집을 하나 지어 원저우, 빙예, 추저우의 CIM 요양소로 쓰자는 얘기가 나왔다. 우리는 가능한 한 올해 초에 공사가 시작되기를 바라면서 여름까지는 준비되기를 희망했다. 그렇지만 애석하게도 비용과 운송의 어려움 때문에 우리의 희망과는 달리 9월까지 끝나지 않았다. 나도 세부 사항 감독에 시간이 많이 필요했다. 목사님이 나를 도울 수 있는 유일한 분이었는데, 자주 자리를 비울 수 없었다. 그런데 내가 사람들과 벽돌, 회반죽 가운데서 일주일이나 열흘을 함께 지내는 데는 두 가지 목적이 있었다. 그들 중 기독교인이 7명 있었는데, 주일에 일을 쉬기는 했지만 교회가 너무 멀리 있어서 예배에 참석할 수가 없었다. 그래서 나는 한 번이나 두 번 주일을 포함시켰다. 그들은 성경과 찬송가를 일과가 끝나고 읽기 위해서 편리한 구석에 쌓아 놓고 있었다. 영국의 노동자 중에는 그런 사람이 몇이나 될까 하는 의문이 들었다.

우리의 시골 작은 휴양소는 시간과 비용 문제로 치푸까지 갈 수 없는 지친 사역자가 조용히 휴식할 수 있는 시원한 공간으로 크게 요긴할 것이었다. 그 집이 큰 위로가 된다는 것은 이미 증명되었고, 해가 더해갈수록 더 많이 사용하게 될 것이라고 믿는다. 집을 중국식으로 지었는데, 긴 방 3개와 양쪽에 침실이 2개 있고, 가운데에는 커다란 거실이 있으며, 그 뒤에는 필요하면 다른 방으로 바꿀 수 있는 큰 식료품 저장실이 있다. 집의 삼면에 좋은 베란다가 있고 양쪽 끝에는 욕실, 후면에는 부엌과 하인들의 방이 있다. 그 앞에 작은 정원이 있고 전체가 담으로 둘러싸여 있다. 뒤에 있는 언덕은 한참을 걸어도 사람을 만날 수 없는 곳이다. 반면에 우리 앞에는 크고 작은 섬들이 점으로 보이는 대양이 펼쳐져 있는데, 현지 배로 그 바다를 건너면 원저우까지 4시간 걸린다.

집 안 장식은 소박해서 대나무 의자와 소파 같은 가구가 있고, 각 침실에 놓인 포장 상자들은 친절한 영국 친구가 보내 준 예쁜 모슬린 덮개로 덮여 있어서 화장대 역할을 하고 있다. 초창기에는 방문객이 많았는데, 창문에 짧은 커튼을 달아서 엿보는 눈들을 가려서 보호해 주었다. 거실은 광동식으로 매트를 깔아놓았다. 우리는 갈 때마다 집처럼 꾸미기 위해서 사진과 작은 장식품들을 들고 갔고, 앞산 언덕은 그에 더하여 야생 꽃들과 초지를 제공해 주었다.

그러는 동안 휫포드 양이 약혼했는데, 결혼하면 다른 지역으로 가게 되어 그녀의 자리를 누군가 맡아야 했다. 한 사람을 요청했지만 봄에 두 사람이 왔다. 윌리엄스 양은 학교를 맡았고, 스핑크 양은 특히 시골 사역에 더 힘을 기울이게 되었다. 그런데 처음에는 둘 다 언어 공부로 시작해야 했다. 휫포드 양은 친절하게도 후계자가 와서 자신의 빈자리를 채우기까지 결혼을 몇 달 연기했다.

1894년 초반부 몇 달 동안 바지에와 다른 선교 기지를 방문했다.

바지에서 보낸 6일은 아주 격려되는 시간이었다. 방문했던 14군데 모든 마을(그중 5개 마을은 최근에 복음을 받아들인 곳이었다.)에서 기독교인과 관심자를 만날 수 있었다. 그들은 그리스도인이 되려는 사람들이 열 명 이상 있으니 그들을 가르칠 설교자를 보내달라고 요청했다. 은세공인이 내가 갔던 모든 장소에 따라왔다. 그런데 열정은 가득했지만 하나님을 기쁘시게 하기에는 자기가 너무 드러나는 설교여서 나는 슬펐다. 이런 특징은 끝까지 그에게 붙어 다녔다. 그런데 최근에 갑자기 그가 본향으로 부르심을 받았다고 들었다. 그의 구원에는 의심할 여지가 없지만, 갑작스러운 죽음과 상황들은 교회에 심각한 인상을 남겼다. 그는 하나님보다 사람의 영광을 구하고 있었다. '아무도 당신의 왕관을 빼앗지 않도록 꼭 붙잡고 있으라.'

5월 말에 나는 오징으로 부름을 받았다. 성도 한 명이 계속 박해를 받고 있었고, 다른 사람은 죄를 범했는데, 이제는 회개하고 있고 병에 걸려 있었다. 내가 가는 것이 전체적으로 도움이 될 것 같았다. 그렇게 긴 여행을 하기에는 늦은 계절이었다. 하지만, 나는 주님께서 구름 낀 날씨를 주실 것이라고 믿었고 그분은 그렇게 해 주셨다. 주님의 은혜로 나는 우리가 희망했던 모든 것을 할 수가 있었다. 그러나 불쌍한 여인의 회개는 얼마 가지 못했다. 완전히 천주교로 넘어가서 아직 회복되지 않았다. 가장 사역을 잘했던 일꾼의 약속은 이렇게 망쳐졌다.

도시로 돌아오기 이틀 전에 나는 독감에 걸렸는데 피로가 더해져서 아주 쓰러지게 되었다. 그래서 일주일 이상, 나는 어떤 종류의 일도 할 수 없었다. 내 건강이 서서히 무너지고 있다는 것을 인식하게 되었다. 이제 나는 이전과 같은 똑같은 양의 사역을 더 이상 할 수 없었다. 더 활기찬 사람이 통솔하지 않으면, 틀림없이 교회에 손실이 되는 결과를 맞게 될 것이었다. 리더가 모든 선한 사역을 앞장서서 잘 유지하지 못하면 현지인들은 곧 긴장을 늦추고 힘을 다하지 못하게 된다. 그래서 나는 대표에게 적절한 기혼 남자를 보내 주어서 내 책임의 큰 부분을 덜 수 있게 해달라고 요청했다. 우선 보기에도 그것은 쉽게 들어줄 수 있는 요청이 아니었다. 중국에 몇 년 있던 기혼자에게는 각자 책임지고 있는 선교 기지와 사역이 있었기 때문에 떠날 수 없었다. 새롭고 경험이 부족한 남자는 이 자리에 적합하기가 쉽지 않았다. 그래서 우리는 기다려야 했다.

다시 8월 초에 휴양소에 있는데, 갑자기 콜레라에 걸려서 몇 주간을 누운 채 보내야만 했다. 그리고 내가 요양하고 있는 것처럼 바슬리양과 S양도 병에 걸렸고, 현지인도 몇 명 아팠다. 그래서 우리 선교 기지는 거의 병원이었다. 콜레라는 도시에 극심하게 퍼져 있었고 수백 명이 깊은 어둠 속에서 매일 죽어 나갔다. "오! 하나님 그들 가운데 언제 빛이 일어날 것입니까?" 우리가 모두 병들었을 때, I.M.세관의 L 박사는 친절하게도 모두 무료로 진료해 주었다. 그는 몸을 아끼지 않고 다른 사람들을 돌보았다.

일본과 중국 사이의 적대감이 전쟁으로 터졌고 사람들은 다소 흥분했는데, 전쟁터가 북쪽이어서 우리 근처 사람들은 몰라도 되는 것처럼 보였다. 11월에 스테이너 양과 스핑크 양이 퉁쪼로 가서 마을 전도를 하면서 3주를 보낼 예정이었다. 그런데 떠난 지 1주일도 안 되어 곤경에 처한 슬픈 모습으로 현지인 옷을 입고 돌아왔다. 그것도 일부는 남자 의복 일부는 여자 의복 차림이었다. 두렵고 놀라면서도 그런 모습에 웃음을 터트리지 않을 수 없었다. 그들은 기독교인 몇이 사는 아주 작은 마을에 도착해서, 환영을 받고, 저녁 기도 후 잠자리에 들었다. 여기서부터는 스테이너 양의 기록이다.

"우리는 강 건너 마을들을 방문하기 위해서 월요일 아침에 떠났다. 화요일과 수요일에 여러 마을을 방문하는 중에 사람들은 우리를 환영했고, 목요일 밤까지는 조용히 잘 지냈다. 그날 저녁 6시경 작은 외딴 마을 두캉에 도착했다. 그곳은 예닐곱 가정이 살고 있는데 성이 모두 츠씨였다. 그날 밤, 거기서도 약 5분 거리에 떨어져 이는 기독교인 가정에서 머무르게 되어 있었다. 우리 일행은 개인 하인, 전도 부인, 설교자 그리고 2명의 기독교인 남자였는데, 이전 마을부터 함께 왔다. 모두 같은 집에 머무를 예정이었다. 사람들은 우리를 환영했고, 약 8시경 드린 저녁 예배에도 사람들이 꽤 많이 모였다. 모임 후 우리는 자기 위해서 다락방으로 올라갔다. 우리의 전도 부인과 그 집 여인은 옆 방에서 잤다. 방 사이에 문이 열려있었고, 남자 일행은 아래층에서 자고 있었다.

자정 무렵 옆방에 불이 켜지고 큰 소리가 들려서 잠이 깼었다. 금방 남자 10여 명이 우리 방을 가득 채웠다. 이들은 횃불을 들고 있었고, 침대 곁에 둔 우리 옷들과 물품이 든 바구니 안에 있는 것을 전부 집어 가기 시작했다. 나는 그들에게 왜 그러냐고 말하려고 시도했지만 그 사람들에게 들리게 말하지 못했다. 그리고 내가 우리 누비이불을 안 뺏기려고 붙잡자 한 남자가 대나무 막대로 내 손을 때렸다, 일 분 정도 견디다가 결국 놓아주었다.

그 집 부인과 함께 자던 우리 전도 부인이 맨 처음 공격을 받았는 데, 팔찌를 채갔고 대나무 막대로 매를 맞았다. 그런데 그녀는 어찌어 찌 그들을 벗어나서 우리에게로 왔다. 그리고 강도들이 우리 물건들을 가지고 자리를 뜨느라 바쁜 동안에(우리는 이때쯤 우리 저항이 무력 함을 알았다.) 다른 다락으로 통하는 문으로 우리를 인도했다. 거기서 우리는 사다리를 타고 밖으로 나와 마을 뒤 언덕까지 도망했다. 우리 는 맨발에 잠옷 바람이었고 강도들은 모든 옷, 침구 그리고 책들을 전 부 훔쳐 갔다. 우리는 젖은 풀밭과 산딸나무, 바위를 지나 산을 올라갔 다. 마침내 어지간히 안전한 장소에 왔다고 생각했을 때 덤불에 앉아 서, 상황이 어떻게 되어 가는지를 보고 있었다. 아우성과 고함치는 소 리가 들리고, 남자들이 활활 타는 횃불을 들고 집집마다 문과 벽을 넘 어뜨리고 있는 모습을 보며 한 시간 넘게 그곳에 있었다. 그들이 우리 를 찾을까 봐 마음을 졸이면서 있었다. 마을 사람 몇이 우리가 앉아있는 산골짜기 반대쪽으로 도망을 가자 사람들이 강도들이 떠났다고 말하는 소리가 들렸다. 몇 분 안에 그들은 총을 여러 발 쏘았는데, 승리의 표시이기도 하고 아마 자기들을 따라오려는 사람이 있으면 겁을 주어 못 오게 하려고 그랬을 수도 있다. 조금 후에 기독교인 남자 2명이 손전등을 들고 나와 우리를 찾았고, 우리가 노상강도들에게 잡혀가지 않은 것을 발견하고 기뻐했다. 우리의 발이 너무 많이 다쳐서 맨발로는 내려갈 수 없었는데, 다행히 그들이 우리가 신을 신발을 찾아줄 수 있었다.

우리는 집으로 돌아와 그날 밤의 나머지 시간을 다락방에 머물렀다. 여기서 10리 되는 가까운 마을 라오오에 경고 신호가 보내졌다. 남자들이 강도를 찾아 나섰지만 물론 그들을 잡을 수는 없었다. 불쌍한 마을 사람들도 고통을 많이 당했다. 강도들은 총뿐 아니라 창도 무기로 가지고 있었고 우리가 있던 집의 주인 할아버지는 팔과 옆구리에 심하게 상처를 입었다. 그들은 사람들의 옷, 곡식 그리고 몇 마리 소 그리고 다른 동물들을 빼앗아 갔고 여성들은 귀와 손과 머리 장식품들도 전부 빼앗겼다.

그런데 그 모든 재난 중 가장 심각한 것은 우리 하인이자 우리가 묵었던 집 아들이었던 위이포가 없어진 것이었다. 의심할 여지 없이 강도들이 몸값을 요구하기 위해서 잡아간 것이었다. 새벽이 되기 전에 그 집 안주인과 전도 부인이 자기 옷을 일부 벗어 우리에게 주었고, 우리는 다음 마을인 라오로로 출발했다. 한 기독교인이 우리를 위해서 지게 의자를 구해 주려고 먼저 출발했다. 얼마 가지 않아서 기독교인 여성 8명을 만났다. 그들은 우리를 위해서 옷 보따리를 가져다주었다. 남편들이 너무 위험하다고 반대했음에도 불구하고 어둠 속에서 손전등을 들고 용감하게 출발하여 그 먼 길을 걸어왔다. 거기에서 어제 수배할 수 있었던 지게의자를 타고 작은 시냇가까지 갈 수 있었다. 여기서 우리는 도시로 가는 배를 탔고 오늘 오전에 도착했다.

이번 사건에서 우리는 위험하거나 무모하게 여겨질 수 있는 행동은 하나도 하지 않았다. 외국인들이 그 특정한 마을을 이전에 방문한 적이 없었기는 하지만 그 주변 지역과 그렇게 외딴 지역을 스토트 여사와 다른 전도자들이 자주 방문했었고 우리나 다른 현지인 누구라도 위험하게 여기지 않았다. 현지에 사는 사람들이 가장 많이 고난을 겪었다. 그들이 가진 거의 모든 것을 빼앗겼다. 우리 하인과 다른 두 남자의 운명은 어떻게 될지 감히 두려워서 생각도 하지 못했다.

며칠 후에 우리 사람 몇 명이 더 많은 정보를 가지고 왔다. 강도들은 노획물을 전부 가지고 갈 수가 없어서 일부를 언덕에 두고 갔는데, 그들 중 둘이 그것을 가지러 왔다가 가까이 사는 다른 마을 사람들에게 붙잡혔다는 것이었다. 마을 사람들은 그들을 묶어 놓았다. 그 후 얼마 되지 않아서 스까이에서 다른 사람이 또 소식을 전했는데, 강도 중 우두머리가 노획물을 지니고 있다가 잡혀 묶여 있다고 했다. 하지만 관리들이 시간을 너무 오래 끌어서 마을 사람들은 포로들을 풀어줄 수밖에 없었다. 우리는 우리의 기독교인 하인의 안전에 대해 많이 걱정했다. 그들은 우리에게 그를 풀어주는 조건으로 100달러를 요구했다. 나중에는 그 요구 금액이 점점 더 줄어서 10달러까지 내려갔다. 현지 기독교인들은 그렇게 그 문제를 해결하자고 압박했다. 하지만 나는 그들에게 적은 액수라도 그런 목적으로 주면 안 된다고 지적했다. 우리가 그의 몸값을 주면 우리는 절대로 안전하지 않을 것이고, 우리의 하인들뿐 아니라 우리 자신도 언제든지 쉽게 잡힐 것이다. 그러므로 기다리면서 기도해야 한다. 우리 형제를 몇 달라면 구할 수 있는데 그대로 묶인 채로 놓아둔다는 것이 어렵게 느껴졌다. 그를 우리 가운데서 다시 보기 위해서 훨씬 많은 돈을 쓸 수도 있지만 그것에 관련된 원칙은 매우 중요했기 때문에 나의 뜻은 확고했다.

나는 자주 함께 만나 우리의 형제가 곧 풀려나기를 기도했다. 그리고 그가 묶여있는 동안 배고픔이나 질병으로 고생하지 않기를, 그리고 그가 강도들에게 복음 전할 기회를 가질 수 있기를 기도했다. 우리의 사랑하는 아버지께서는 이 기도의 제목을 전부 응답해 주셨다. 기도하는 중에라도 우리의 기도가 응답될 수 있다고 하며 기도의 자리에서 일어났는데 잡혀있던 그가 걸어 들어왔다. 우리 하인이 거래하고 있던 도시 사람이 자기 형제가 사는 마을에 그가 잡혀있다는 소식을 듣고 그 형제와 함께 중보기도를 했고 우리도 모르게 2달러를 주고 그를 구했다. 그는 거의 3주 동안 잡혀있었다. 그들은 복음을 들었고 그에게 충분한 지푸라기도 주어 따뜻하고 친절하게 대해 주었다는 말을 듣고 얼마나 기뻤는지 모른다. 잃어버린 물건은 아무것도 아닌 것처럼 느껴졌다. 얼마 후에 두 명의 다른 남자도 풀려났지만, 무슨 조건으로 그렇게 되었는지는 모른다.

올해 말에 세례 후보자가 10명 있었는데, 대부분 강 건너 마을 출신으로, 거의 6년 동안이나 구도자였던 사람이 인도해서 가르쳐주었다. 그는 결코 세례받기에 합당하게 진보한 것처럼 보이지 않았다. 아마 영혼을 구원하기보다 설교자로서 적합하다고 인정받아 고용되는 일에 더 관심이 있는 것 같아서 나는 두려웠다. 어느 정도 인격은 갖추고 있기는 했지만, 그 지역의 후보자들은 그의 결정에 따라서 서거나 넘어지는 것으로 보였다. 그래서 몇 명은 그가 세례받기를 간절히 원했다. 그가 데리고 온 사람 중에 개종한 사람이 몇 명 있는 것에는 의심의 여지가 없었기 때문에, 그를 받아들이지 않기가 어려워 보였다. 그런데 그들은 독립적으로 설 준비가 되어 있지 않았다. 그런데 그때, 그가 자기 아들을 포함한 다른 6명과 함께 교회 공동체에 받아들여지리라고 확신하며 온 것이었다. 하지만, 그가 설교자로 고용되고 싶어서 왔다고 믿는 이유가 내게는 있었기 때문에, 나는 그를 엄격하게 조사하며 고용할 희망이 전혀 없다고 말했다. 그는 그것을 원하는 것이 아니라 그저 설교자로 파송되어, 그 비용으로 1달러를 받는 것을 원할 뿐이라고 했다. 나는 그 일이 불가능한 이유가 두 가지 있다고 대답했다. 첫째, 우리는 새로 세례를 받은 사람들을 설교자로 파송하지 않는다. 둘째, 오래되고 검증된 설교자들도 여행비로 50센트만 받는다. 그리고 나는 그가 할 수 있는 대로 많은 사람에게 복음을 전하면 기쁘겠지만, 그를 설교자로 보낼 의도는 전혀 없다고 분명히 말해 주었다. 이 말에 그는 "그렇다면 나는 기다리는 편이 낫겠다." 12살 정도 된 그의 아들은 간증이 아주 선명했고, 다른 사람들도 그랬지만 모두 함께 세례를 받지 않았다. 자기들을 가르친 사람보다 먼저 세례를 받는 것은 좋은 모양이 아니라고 여겼기 때문이었다.

주님이 우리를 올가미로부터 구해낸 것이 곧 분명해졌다. 만일 우리가 이 사람을 받아들였다면 대단한 말썽을 일으켰을 것이 이제는 의심할 여지가 없었기 때문이었다. 실제로 그는 사역을 해치기 위해 여러 가지로 노력했다. 이전에 10명 중 4명만 허입했지만, 그 이후로 세례받지 않기로 했던 사람 중 몇 명이 더 세례를 받았다."

Chapter 23

"이는 뿌리는 자와 거두는 자가 함께
즐거워하게 하려 함이라."

- 요 4:36 -

2월에 우드만 선교사 부부가 영국에서 상하이에 도착했다. 원저우에 보낼 부부를 찾고 있던 테일러 씨는 그들이 그 자리를 채우기에 가장 적합한 선교사임을 알아보았다. 그래서 지체하지 않고 우리의 도시에 지명해서 파송했던 것이다. 우리는 가장 기쁘게 환영했고, 그들은 얼마 되지 않아 우리 집에서뿐 아니라 우리의 마음에도 완전하게 자리를 잡았다. 서로 은사는 달랐지만 둘 모두가 따뜻하게 사랑하는 긍휼이 있어서 모든 사람의 마음을 얻었다. 그들은 3월 12일에 도착했다. 그날은 매우 바쁜 날이었다. 내 생일날이었고 중국에서 25년 사역을 마친 날이어서 기념하며 축하하고 있었기 때문이었다. 그동안 얼마나 많은 변화가 일어났던지, 작은 한 명이 문자 그대로 천 명이 되었으니, 그야말로 감사의 날로 기념하기에 가장 적합한 기회로 보였다.

나는 처음에 동링과 빙예에서 남편의 사역으로 성도가 된 사람들을 포함해서 모든 교회원들에게 초대장을 보내고 싶었다. 그런데 우리 숙박 시설이 충분하지 않아서 각 가정에서 2명씩만 오도록 제한할 수밖에 없었다. 그래도 300명이 넘었는데, 그중 6, 70명은 먼 곳에서 오기 때문에 3일간은 우리 손님으로 남아야 했다. 프로그램 중에는 모든 축하에 필요한 중국식 잔치가 있었다. 행사 규모가 매우 크기 때문에 그 준비를 늦기 전에 시작해야 했다. 그래서 몇 달 전부터 행사가 알려졌다. 모든 사람이 기쁜 듯 수수께끼 같은 분위기를 풍겼고, 나는 그것이 다가오는 사건에 대한 기대 때문이라고 생각했다. 11일 예배당은 건물 전체를 완전 축제 분위기로 장식하려는 자원봉사자들로 가득했다. 오후에 어떻게 진행되고 있는지 보고 싶어서 갔다가 그냥 돌아왔다. 초대받을 때까지 오거나 들여다보아서는 안 된다는 것이었다. 그때 나를 위해서 몇 가지 놀라운 선물을 준비하고 있음을 알았다. 그런데 그렇게 값비싸고 아름다운 것을 고안해 내리라고는 꿈도 꾸지 못했다. 화요일은 현지인들을 위한 날임을 알았기에, 선교사들은 모두 월요일 저녁 식사에 초대했다. 9시 즈음에 모두 예배당으로 와서 보라고 했다. 현지 성도들이 얼마나 멋지게 장식했는지 보는 순간 거의 숨이 멎을 지경이었다. 강단 뒤에는 커다란 공단 휘장이 있었고, 거기에 어울리는 두루마리 13개가 나란히 걸려 있었다. 그 외에 공단과 비단 휘장 두 개에는 금글자가 새겨져 있었다. 커다란 붉은 양초가 두 개씩 많이 놓여있었고, 금으로 도금된 사슴뿔, 뿔피리, 발굽 등의 다른 촛대도 모두 쌍으로 멋지게 장식되어 있었다. 목사가 나에게 선물을 줄 때 휘장과 함께 주는 것이 좋을 거라고 넌지시 알려주자, 성도들은 모든 것을 마음을 들여 가능한 한 최고 좋은 형태로 진행되도록 하였다. 그래서 그렇게 값나가는 선물도 준비한 것이었다. 며칠 후에 그에게 왜 성도들에게 나를 위해서 그렇게 많은 돈을 쓰게 했느냐고 묻자, 그는 "그들이 선교사님께 드릴 선물을 가져오면서 기뻐하는 모습을 보았더라면 그런 말씀을 하지 않으셨을 겁니다."라고 말했다. 그는 전혀 그렇게 대단한 것을 의도한 바도 없고, 모든 것을 지불하고 심지어 영국으로 보낼 박스들이 계속 추가되었는데도 10달러가 남았다고 했다. 그 가난한 사람들이 주었던 액수는 그저 굉장할 뿐이었다. 그들은 대부분 쌀을 사기도 어려울 정도였기 때문이었다. 같은 날에 나는 비슷하게 놀라운 큰일을 또 하나 겪었다. 감리교 자유 교회의 사람들을 포함한 원저우, 빙예에 있는 나의 사랑하는 동료 선교사들이 합해서 나에게 멋진 금시계를 선물로 주었다. 그날은 그저 가슴이 벅차올라서 심지어 지금도 그날에 관해서는 북받치는 감정 없이 글을 쓸 수가 없을 정도다. 집회 동안에는 모든 강사가 사랑하는 나의 남편을 가장 부드럽고 사랑스러운 방식으로 언급했고 그에 대한 기억이 얼마나 복된 것인지 보여 주었다.

축제 중간에 중국 여성 한 명이 관료 옷을 입고 4명이 메는 가마를 타고 나를 축하하기 위해 왔다. 몇 명을 제외하고는 나를 한 번도 만난 적이 없는 관아 여성들의 대표로 온 것이었다. 15년 동안 나를 섬긴 우리 요리사의 헌신에 나는 매우 감동했다. 그는 나를 찾아오는 수많은 손님을, 내가 하는 것보다 훨씬 적은 비용으로 전부 대접했다. 그는 거의 밤낮으로 일해서 그 짐이 나에게 떨어지지 않게 했다. 결국 모든 일이 끝나고 손님들이 간 뒤에 나는 그를 나의 연구실로 불렀다. 그가 수고한 서비스를 비용으로 갚을 수는 없지만, 내가 감사의 표시로 주는 적은 선물을 기쁘게 받아달라고 했다. 그러나 그는 "선교사님이 만족하시기만 하면 그것이 내가 원하는 모든 것입니다."라고 대답할 뿐이었다. 그는 그 돈을 가져갔는데, 조금 후 우리의 첫 번째 여학생이었던 그의 아내를 보내서 그가 원했던 것을 표현할 수 없었다는 메시지를 가지고 왔다. "선교사님들은 저희를 종으로 여기시지 않았어요. 저희의 아버지와 어머니셨어요. 부모님은 자녀들이 자기 의무를 행할 때 임금을 주지 않습니다." 그녀는 다음과 같은 말을 보태며 눈물을 흘렸다. "선교사님이 기뻐하시면 우리도 기뻐요. 괴로우시면 우리도 괴롭습니다. 선교사님이 건강할 때 우리도 건강하고, 아프시면 우리 또한 아픕니다." 그녀는 그런 다음에 나에게 돈을 다시 받아달라고 했다. 하지만 나는 "어머니들도 때때로 자녀에게 선물을 줘요. 그걸 되돌려주면 마음이 상할걸요?"라고 대답했다. 그제야 그녀는 미소를 띠며 그것을 받았다. 그런 헌신에 나는 겸손해졌다. 나는 이제껏 내가 할 수 있는 일을 했지만, 다른 사람들은 훨씬 더 많은 일을 하면서 보상은 더 적게 받았다. '오직 그분께 영광을!'

우드만 선교사가 그 멋진 날의 감동을 다음과 같이 생생하게 묘사했다.

"바로 지금 수많은 눈이 이 먼 동녘 땅을 보고 있을 때, 주님의 백성 가운데서 주님이 행하시는 일을 조금이라도 들으면 기쁠 것입니다. 3월 12일 8만 명이 약간 넘는 인구의 원저우시에서 열렸던 행사를 묘사하고 싶은데 가능할지 모르겠습니다. 오늘은 우리나라에서 소위 말하는 '빨간 날'입니다. 그레이스 스토트 여사의 50세 생일을 축하하고,

25년째 사역을 완수하는 날입니다. 성도들에게 모여서 주님께 감사와 찬양을 드리자고 초대장을 보냈는데, 그들은 대부분 5, 60㎞ 떨어져 사는 사람들입니다. 그들은 시간을 지키려고 이틀이나 삼 일 전에 도착했습니다. 큰 교회와 현지인 거주지는 손님들에게 최대한의 편의를 제공하기 위해서 비용을 부담했습니다. 부지 안을 걷는데 기독교인들이 작은 그룹으로 모여서 성경공부를 하고, 자기들에게 또 함께 모여 있는 사람들 위에 강력한 성령이 부어지기를 기도하는 모습을 보니 매우 감동이 되었습니다. 그 전날 내내 현지 성도들이 노력해서 교회의 벽들이 깨끗이 씻겨있었고, 밤에 모든 일이 끝나자, 스토트 여사를 안으로 초대했습니다. 그곳에는 그들의 사랑의 서프라이즈가 기다리고 있었습니다. 예배당 안에 들어가자 가장 아름답고 값비싼 붉은 공단 현수막이 비단 술과 정교하게 닦인 옥돌로 장식되어 있었는데, 그것은 교회의 선물이었습니다. 그들이 표현하고 싶은 감사의 깊이가 그 굉장한 아름다움으로 표현되어 있었고, 어둠에서 그분의 놀라운 빛이신 그리스도께로 인도한 것에 대한 사랑의 표시였습니다. 정교한 금색 글씨로 스토트 선교사 부부가 그들에게 처음으로 복음의 좋은 소식을 가져다준 분이라는 설명과 다니엘 12:3절 말씀이 그들의 이름에 연결되어 새겨져 있었습니다. 이것 외에도 다른 두루마리와 현수막 15개가 사방에 걸려 있었는데, 그것은 개인이 하는 사랑의 표시였습니다. 그중 대표적인 것은 여학교 것이었는데 열왕기상 3:9~13절 말씀이 한자로 쓰여 있었습니다. 또 하나의 감동적인 선물은 아주 큰 중국의 붉은 초 몇 개로, 오래전부터 친구인 맹인 할아버지 집에서 보내 준 것이었습니다. 빈곤 가운데서 주는 아주 큰 선물이었습니다. 마지막으로 도시의 이교도 무역상들이 두루마리를 8개 주었는데, 이교도의 어둠과 우상숭배의 한가운데에서 그리스도처럼 살았던 스토트 선교사 부부의 소중함과 열매를 그 어느 것보다 크게 말해주는 증거물이었습니다. 특히 스토트 부부가 이전에 겪었던 무서운 박해와 구사일생으로 살아났던 것을 기억하는 사람들에게는 더욱 그러했습니다.

12일 아침은 10시에 교회에서 예배로 시작했는데, 들어가서 보았던 특권을 누렸던 사람에게는 결코 잊을 수 없는 광경이었습니다. 그 예배당에는 신자 4백여 명이 빽빽하게 들어차 있었고, 그들의 얼굴은 마음속에 있는 하나님의 사랑으로 밝고 행복하게 빛나고 있었습니다. '이것은 주님이 하고 계신 일이고, 우리 눈에 기이한 것이다.'는 말이 우리 입에서 나왔습니다. 25여 년 전, 수천 명이 바글바글 살면서도 참 하나님을 한 영혼도 알지 못하던 원저우에 영혼을 사랑하는 마음으로 가득 찬 스토트 선교사가 홀로 외로이 왔고, 2년 후에 그의 아내가 와서 함께 살았습니다. 그 공포의 첫해를 생각하면 친구가 되려고 찾아온 선교사를 그 사람들은 죽이려 했고, 모든 방법을 동원해서 모질게 박해하고 반대하여 쫓아내려고 했습니다. 특히 이 사람들의 구원을 위해서 살았던 그분이 이 감사의 자리에 함께 있었다면 얼마나 좋았을까요. 참석한 사람들은 모두 진정한 마음과 목소리를 합하여 개회 찬송 '내 영혼아 주님을 송축하라!'를 불렀습니다.

처음 말씀을 전한 분은 윌리엄 에드워드 수트힐(영국 감리교 선교사로 원저우에서 29년 사역)로 첫마디에 스토트 선교사를 언급하면서 그가 그곳에 와서 모임의 즐거움을 나누었으면 좋았을 것이라고 우리 모두의 생각을 대신 말했습니다. 그러나 가장 지혜로우신 아버지께서 그를 하늘로 데려가는 것이 최상이었나보다고 했습니다. '하지만' 그는 계속해서 이어갔습니다, '아마도 하나님께서 그분께 말씀해 주시어 오늘날 우리에 대해서 전부 알고 계실지도 모르겠습니다. 나는 25년 전과 오늘을 비교하고 싶습니다. 그 당시의 어려움을 생각해 보십시오. 당시 사람들은 외국인들 미워했고 의심하며 반대했습니다. 스토트 선교사는 스토트 여사가 여기에 오기까지 유일한 외국인이었습니다. 그때 그들은 방이 세 개인 작은 중국 집에 살았습니다.' 그는 스토트 여사가 그 초창기 어느 해인가 많이 아팠다고 한 것을 기억했습니다. '그 장소에 유일한 외국인 여성으로 살았던 여사를 그저 한 번 생각해 보십시오. 이곳 여러 부인께서는 그런 경우 어떻게 하셨을까요? 남편에게 불평하지 않았을까요? 오, 수억만 리 떨어진 이곳에 왜 나를 데리고 와서 이상한 땅에 혼자 살게 하나요?' 하지만 스토트 여사는 남편을 격려하면서 자신의 위치에서 용감하게 견디었습니다. 초기의 그런 시절들을 생각해 보십시오. 처음은 개종자가 두 명이었는데 이제는 원저우 전체 지역(감리교회를 포함)

에 1,050명이 교회 공동체 안에 들어와 있습니다. 그에 더하여 매 주일 예배하기 위해 규칙적으로 모이는 사람들이 2천 명이 더 있습니다. 모두 합하면 3천 명입니다. 나는 무엇보다 먼저 여러분께 스토트 선교사 부부의 모범을 따라 기도하시기를 부탁드립니다. 그러면 25년이 더 지난 후에는 3천 명이 3만 명이 되어 있을 것이라고 확신합니다. 스토트 선교사의 집 거실에서 예배를 드리던 때가 불과 25년 전입니다. 지금은 60개 지역에서 정규적인 주일예배들이 진행됩니다. 복음을 퍼뜨리기 위해서 여러분의 삶과 재산, 그리고 능력들을 전부 사용하십시오. 삶의 모든 행동이 복음 전파를 위하여 하나님께 드리는 예배가 되게 하십시오.'

그런 다음에 현지인 목사인 찌에 씨가 전하는 설교가 깊은 감동을 주었습니다. 그는 스토트 선교사가 가르치고 훈련한 사람이었습니다. 여기에는 짧은 노트만 전달하지만, 하나님이 가르치시고, 성령으로 충만한 사람이 말하는 것을 들으면 우리는 다시 '하나님이 얼마나 대단한 일을 행하셨는가?' 하고 감동합니다. 그는 '이 모든 것이 무슨 일인가? 주일도 아닌데.' 바깥사람들은 그렇게 생각할 것입니다. 예, 오늘은 주일이 아니고, 스토트 여사의 50번째 생일을 축하하는 자리입니다. 우리는 그녀와 함께 기뻐하면서 선물과 축하를 드리기 위해서 왔습니다. 하지만 오늘 이렇게 모여 집회를 하는 목적은 무엇입니까? 지난 25년을 되돌아보고 하나님께서 원저우를 위해 하신 일을 생각하면서 하나님께 영광 돌리기 위해서 왔습니다. 데살로니가전서1:2-3을 보십시오. 그리고 데살로니가전서 1:1-4도 보십시오. 그들에 대해서도 같은 말씀을 쓸 수 있습니다. 그 당시 우리는 무지하게도 어떤 나라보다도 우월하다고 생각하고, 그들을 박해하고 수치스럽게 학대했습니다. 그러나 그들은 그러한 것에 낙담하지 않고 담대하게 생명의 말씀을 우리에게 전했습니다. 오늘날 우리는 그 결과들을 봅니다. 내가 '모든 영광을 하나님께 있게 하라!'고 하는 것은, 단지 스토트 여사의 느낌을 그대로 메아리처럼 말하는 것뿐임을 압니다.

우리는 최근에야 그들과 함께 살면서 사역하려고 왔기 때문에, 글로 쓰는 사람의 특권으로 몇 말씀 드리겠습니다. '첫째 과거에 관해 한마디 하자면 시편 126:3 "주님께서 우리를 위해 위대한 일을 하셨으므로 우리는 기뻐합니다." 다음은 미래에 대한 요엘 2:21 말씀입니다. "오 땅이여 두려워 말라. 기뻐하고 즐거워하라. 주님께서 위대한 일을 하실 것이기 때문이다." 과거든 미래든 어느 방향을 바라보든지 우리에게는 크게 기뻐할 명분이 있습니다.'

다음 차례는 빙예 교회 출신이며 원저우 사역의 열매인 그리어슨 선교사 였습니다. 그는 로마서 13:12로부터 지난 25년을 그림 그리듯이 묘사했습니다. 처음에는 스토트 선교사 부부가 왔던 어두운 밤이었고 다음에는 별이 빛나는 밝은 밤이었는데, 그 별들은 하나씩 하나씩 점차로 나타났습니다. '이러므로 죽은 자와 같은 한 사람으로 말미

암아 하늘의 허다한 별과 …… 같이 많은 후손이 생육하였느니라.(히 11:12)' 마지막으로 거기에는 선명한 보름달이 떴습니다. 교회는 이제 주변 밤의 어둠을 밝히고 있습니다. 새벽이 와서 의로운 태양이 그의 날개로 치료하는 광선을 비추며 떠오르기까지 기다리고 있습니다. 오직 한 가지를 두려워해야 하는데, 죄의 구름이 달의 빛을 막지 않도록 해야 합니다.

마지막으로 스토트 여사 본인의 짧은 인사로 집회가 끝났습니다. 온 교회가 그렇게 완전히 몰입하는 것을 보니 그녀가 얼마나 깊게 그들의 마음에 영향을 끼쳤는지를 확인할 수 있었습니다. 스토트 여사는 이렇게 말문을 열었습니다. '오늘같이 여러분에게 말하기가 어려운 적은 이전에 한 번도 없었습니다. 무슨 말을 해야 할지 모르겠습니다. 마음속에 가득 있는 말들이 입에서는 나오지 않아요. 어젯밤 여러분이 준비한 아름다운 선물을 보았을 때, S씨의 말씀이 내 감정을 잘 표현했습니다. "내가 당신의 귀중한 선물을 보았을 때 물건을 본 것이 아니라 당신의 마음을 보았습니다." 이전에도 여러분이 나를 사랑하고 존중한다는 것을 알았지만, 그 선물로 표현된 마음을 보기 전까지는 그 사랑이 그렇게 깊은 줄 몰랐습니다. 여러분은 어머니와 함께 있는 자녀와도 같았습니다. 내가 상담해 주는 것을 잘 듣고 내 충고를 잘 따라주었습니다. 여러분의 모든 충성스러운 헌신에 감사합니다. 그렇지만 내가 여기서 일했던 25년간에 대해서 하신 말들은 내게 합당하지 않게 느껴지면서 나보다도 다른 사람들이 함께 여기와서 영예를 나눠야 할 것입니다. 그저 한 가지 생각나는 것은 우리 모두 하나님께 영광을 돌리자는 것입니다. 사역은 그분의 것이었고, 섬기는 힘도 그분이 주신 것이었습니다. 과거와 현재를 비교하며 말씀을 나누었습니다, 이제껏 수백 명이 구원을 얻은 것에 대하여 우리는 함께 기뻐합니다. 그런데 누구를 통해서 그들이 구원으로 인도되었습니까? 나의 형제자매인 바로 여러분입니다. 여러분이 읍내와 마을에 있는 친구와 이웃에게 구원의 메시지를 전달해 주어 영혼들을 구했습니다. 내가 생명의 말씀을 가르쳤던 여러분의 선생이었던 것은 사실이지만, 만약 나 혼자서 그리스도께 인도한 사람만 여기에 왔다면, 여기에 몇 명 없었을 것입니다. 어젯밤 여러분 모두 함께 풍성한 선물을 주셔서 감사합니다. 그중에서 특히 두 가지가 내 마음을 울렸습니다. 저 두루마리를 보십시오. 우리 학교 여학생들의 선물입니다. 그들은 수중에 가진 돈이 거의 없습니다. 틀림없이 몇 달 동안 돈을 모았을 것입니다. 그리고 시각 장애인의 선물인 큰 초들, 이것은 그들이 깊은 가난 중에서 준비한 것입니다. 끝으로 우리가 한마음으로 소원하는 것을 올려 드리고 마쳐도 될까요? 우리 안에서 하나님이 영광 받으소서! 영혼을 구원하게 하소서! 우리가 오직 이 목적을 위해서 함께 살며 함께 일하게 하소서'

우리는 무릎을 꿇고 마음에서 우러나오는 찬양과 기도를 드렸습니다. 그리고 웅장한 영광의 찬송이 터져 나왔습니다. 그 진심과 열정은 우리의 고국에서도 거의 맛볼 수 없는 것이었습니다. 예배가 끝났고, 진짜 중국식 잔치로 다시 모여 행복한 교제를 나눴습니다. 그리고 마지막 저녁 모임을 함으로써, 많은 것이 기억에 남는 그날의 행사가 모두 끝났습니다. 그 저녁 모임에서는 스토트 선교사의 옛 제자이면서 현재 복음의 설교자로 있는 두 사람이 지나간 날의 추억을 이야기했습니다. 지난날 스승의 삶이 인내 중에 얼마나 아름다웠는지, 그 강렬한 사랑이 그곳에 모인 수많은 사람에게 얼마나 많은 역할을 했는지를 전했습니다. 고린도전서 4:15의 말씀으로 그가 그들에게 아직도 얼마나 소중한지를 보여 주었습니다. 정말로 그에 대한 생각은 과거의 모든 기억 속에 씨줄과 날줄로 엮인 금실과도 같았습니다. '그는 죽었지만 지금도 말하고 있었다'. 이 모든 것을 빙예의 멘지스 씨가 전체적으로 묘사한 글입니다. 그는 잔치 음식이 많은 날이었으니 아무것도 준비하지 못한 사람들에게 음식을 조금씩 보내는 것을 잊지 말라고 권고했습니다. 이 글로 주님의 선하심을 알게 된 모든 분에게 기도해 달라는 말씀을 드려도 될까요? 앞으로도 우리 하나님께서 우리를 위해서 더욱 놀라운 일을 행하게 해달라고 기도해 주시기를 부탁드립니다."

현수막의 사진과 함께 새겨진 글을 덧붙입니다.

"스토트 여사의 50번째 생일 기념"(현수막에 새겨진 글)

"다니엘 12:3 우리는 빛이 은혜로운 별이라는 이야기를 듣습니다. 그런데 하나님 자신이 빛으로서 멀리 떨어져 있는 이 땅의 많은 사람에게 비취었습니다. 이 빛을 받은 사람들은 기뻐하며 영원히 찬양합니다. 우리의 스토트 여사와 그의 남편이고 목사인 스토트 선교사는 처음 예수 그리스도의 거룩한 교리를 전하기 위해 원저우에 왔습니다. 그들이 처음 왔을 때, 그리고 아직 복음이 해외에 전해지지 않았을 때, 어떤 사람들은 그들을 못되게 대우했고, 이유도 없이 가능한 한 모든 방법으로 그들을 학대했습니다. 그 모든 것을 그들은 가장 인내심 있게 견디어 냈습니다. 후에 그들은 하나님의 도우심을 신뢰하면서 마침내 복음을 시골 지역에 전할 수 있게 되었습니다. 나중에 스토트 선교사 부부는 함께 영국으로 돌아갔습니다. 그곳에서 스토트 선교사는 소천했지만, 스토트 여사는 주님의 마음이 무엇인지 이해했고, 남편도 그것을 원했기 때문에 다시 돌아왔습니다. 기나긴 항해, 위험, 그리고 원저우로 돌아왔을 때 자신이 견뎌내야 하는 불편함을 생각했으면서도, 원저우의 기독교인들을 기억하고 이전에 교회와 했던 약속을 지키려고 주저하지 않고 돌아왔습니다. 원저우에 있는 동안 그녀는 교회 회원들을 가르치고 그들에게 영적 양식을 먹이는 일에 집중했습니다. 여사가 이 사역을 시작한 지 10년 가까이 되었습니다. 이제 원저우에는 10명의 설교자가 있고 주변의 모든 지역에 여사에게서 복음을 듣고 가르침을 받은 젊은 남녀와 노인들이 있습니다.

저 창찌에 목사도 많은 다른 사람들과 함께 수년 동안 여사의 가르침을 받았습니다. 그래서 그분을 많이 사랑하고 존경하게 되었습니다. 오늘 우리는 여사의 생일을 축하하면서 선물로 현수막을 준비했는데, 그것은 옛날이야기의 보석에 비유될 수 있습니다. 불쌍한 어린 새를 발견하고 그 후로 계속 먹여주고 길러준 주인에게 감사한 어미 새가 선물하려고 주웠던 보석이었습니다. 생일 선물로 현수막을 만들어 드리자고 모여서 의논하는데 실제로 그렇게 하게 되어 모두 얼마나 기뻐했는지 모릅니다. 행사 당일, 예배당과 경내가 활짝 열렸고 아름답게 장식이 되었습니다. 여러 곳에서 온 성도들은 모두 만나서 즐거운 찬송가를 부르면서 시간을 보냈고, 하나님께 스토트 여사를 축복하시라고 기도하면서 보냈으며, 여사가 백 세가 될 때까지 우리에게 남겨달라고 기도했습니다."

"중국으로 항해해 오신 스토트 여사의 25주년을 기념하며, 순식간에 맞으신 50세 생신을 축하드립니다."(오른쪽 두루마리)

"이 25년 동안 위대한 은혜가 하나님으로부터 우리에게 왔습니다. 복음이 퍼졌습니다. 우리는 여사의 생일을 축하하며, 오늘부터 장수하시기를 기도합니다."(왼쪽 두루마리)

1895년 3월 12일 스토트 부인이 원저우 현지 교회에서 25년간 사역을 마친 기념으로 받은 휘장

Chapter 24

"몸을 죽이고 그 후에는
능히 더 못하는 자들을 두려워하지 말라."

- 눅 12:4 -

이 행복한 날 후에 슬픈 일들이 잇따라 대거 일어났다. 정말로 그해 (1895)를 되돌아보면, 그날은 구름이 많은 날 가운데 하루 반짝 밝은 날이었다. 그 해만큼 슬픈 일이 많이 몰아쳐 온 적은 거의 없었는데, 그러면서도 우리를 지탱해 주시는 하나님의 능력과 놀라운 은혜를 찬양하지 않을 수 없었다. 그분은 선하시고 선하게 행하신다. 그것이 우리 마음의 고백이다.

여름 동안 아주 심한 핍박이 빙예 외곽의 새콰듀 지역에서 일어났다. 그곳에는 관심자가 상당히 많았다. 아직 이교도인 한 사람이 병에 걸렸는데, 그의 가족은 그가 죽을까 봐 두려워서 목사와 관심자 몇 명을 불러 그가 회복하도록 기도하게 했다. 그 집에 들어가자마자 그곳에 서 있는 우상을 보고, 목사는 우상이 그 영예로운 장소를 차지하고 있는 한, 살아계신 하나님께 기도할 수 없다고 말했다. 그 가족은 자기들이 그것을 직접 치우는 것을 두려워하며 전도자에게 그렇게 해달라고 부탁했고 그는 그것을 치워주었다. 이 사건에 대해 거짓으로 보고했는지 모르겠는데, 6월 18일에 한 무리의 남자들이 그 관심자의 집으로 가서 그 집 노인이 근처에 있는 우상의 눈들을 뽑았다고 고소했다. 그들은 그 노인의 손발을 묶고 사원으로 데리고 가겠다고 위협하다가 그렇게 하지 않고 그 씨족의 우두머리인 학자에게 가서 권위의 상징인 깃발을 얻었다. 그러고는 징과 북을 치면서 다시 그 노인의 집으로 가서 노인을 잡으려 했지만 노인은 예배당으로 몸을 피한 뒤였다. 하지만 노인의 셋째 아들은 아파서 도망갈 수 없었는데, 그들은 그를 발로 차고 학대했다.

책임자 멘지스 선교사에게 그 문제가 보고되자, 멘지스 선교사는 목사를 보내어 그 문제를 조사하게 했다. 하지만, 그 장소에 가까이 갔지만 분위기가 심상치 않아 더이상 진행할 수가 없었다. 그곳에서는 사람들이 수백 명씩 떼를 지어 기독교인이라고 고백하는 사람들의 집을 뒤집어엎자며 폭동을 선동하고 있었다. 그리고 실제로 기독교인들의 집을 불태우고 있었다. 멘지스 선교사는 바로 치안 관리에게 연락해서 즉시로 심부름꾼들을 보냈지만, 심부름꾼들은 절대로 사건 장소에 나타나지 않았다. 틀림없이 폭도들에게서 뇌물을 받고 사건이 될 만한 일은 없었다고 보고했을 것이다. 20일 엔소 지역의 순경 몇이 우상의 눈을 뺀 것으로 고소당한 설교자에게 폭도들이 그를 붙잡으려고 한다고 미리 알려주며 그곳을 떠나라고 충고했다. 그러나 설교자는 자신이 도망가면 자기 스스로 죄가 있다고 자백하는 것 같다며 남아있기로 했다. 한두 시간 후 일단의 남자들이 그를 잡아 손발을 묶어서 바다에 던지려고 바닷가로 데려갔다. 그런데 딱 맞는 순간에 순경이 나타나 군중의 손에서 그를 구했다. 그러나 옆에 서 있던 한 관심자는 심하게 매를 맞았다.

24일에 징코토라는 다른 마을에서 그곳 순경이 그 권위로 평화를 지키라고 권고하는 대신에 사람들을 부추겨 '우상을 훼손했다.'고 외치게 만들었다. 군중은 젊은 기독교인의 집 두 채를 자기들이 완전히 만족할 때까지 부쉈다. 그즈음 그 마을은 큰 소란 가운데 있었다. 27일은 오치에 마을에 매년 있는 용의 축제 날이었고, 축제에는 보트 경주도 있었다. 대회에서 패배한 팀의 구성원들은 바로 그곳에서 팀 중 유일한 기독교인을 기소했다. 우상을 훼손했기 때문에 그들이 패배했다는 것이었다. 그들은 그를 때리고 그의 집을 일부 부쉈다. 이런 경우들은 적절한 절차에 따라 치안 판사에게 보고되었고, 치안판사는 심부름꾼들을 보냈지만 좋은 결과는 없었다.

　29일 토요일에는 사태가 위기로 치달아서, 폭도들이 대규모로 파괴작업을 시작했다. 이른 아침에 남자들의 큰 무리가 새콰듀 마을로 들어가서 새로 지은 우리 예배당을 완전히 무너뜨렸다. 또한 그의 아내와 가족을 친절한 이웃에게 맡기고 빙예로 도망하려던 부임한 지 얼마 되지 않은 목사의 집과 재산도 그렇게 만들어버렸다. 이 일에 멘지스 선교사는 소식을 들은 즉시 적절한 절차에 따라 지역의 관료들과 소통했고 조사를 요청했다. 관리들은 폭동을 진정시키기 위해 최선을 다하겠다고 약속했고, 한 관료가 군인과 심부름꾼들을 데리고 즉시 사건이 발생한 지역을 향해 떠났다. 그러는 동안 폭도들은 재빨리 기독교인들의 집을 무너뜨리고 불태웠다. 그날 저녁에 집 5채가 파괴되었고, 다음 날 아침(일요일)에 그 숫자는 11채로 늘어났으며, 수요일까지 20채의 집들이 부분적으로 또는 완전히 파괴되었다. 집을 잃은 사람들은 빙예로 갔다. 59명이나 되는 어른과 아이들은 입은 옷 외에는 빈손으로 와서 멘지스 선교사의 관내에 머물렀다. 소란을 평정하러 갔던 관료들과 군인들은 질서 회복은 시도도 못 해보고 다음 날 저녁에 돌아왔다. 30일에 멘지스 선교사가 다시 치안판사를 방문했을 때, 그는 슬퍼하며 갑자기 너무 큰 사건이 발생해서 감당하기에 무력했다고 고백했다. 하지만 그는 그 지역의 학자들에게 공식 문서를 발행하기로 제안했고, 폭동을 멈추게 하는 책임을 그들에게 맡기기로 했다. 그는 또한 폭도들에 의해 파괴된 모든 것들을 기독교인들에게 회복시켜 주겠다고 약속했다.

7월 4일 목요일, 크고 새롭게 다시 지어 16명의 가족이 두 달 동안 살았던 집이 파괴되었다. 그리고 한순간의 경고도 없이 그 안에 살던 사람들은 머리 둘 지붕도 없이 방황하게 되었다. 같은 지역에 있던 또 다른 기독교인은 한 학자의 노력으로 집과 물건을 구할 수 있었다. 무리가 두 번이나 파괴하려고 모여들었는데, 두 번 다 학자에 의해 저지당했다. 그 학자는 그들에게 함께 사원에 가자고 해서, 쥐들이 갉아먹은 우상의 얼굴을 보여주었다. 기독교인들이 훼손한 것이 아니었다. 그러나 집은 구했지만 그의 아내와 연로한 어머니는 자정에 도망 나와서 빙예 지역의 난민 대열에 참여해야 했다.

그런 중에도 기독교인들이 우상의 눈을 빼가고 있다는 고발은 계속되고 있었다. 군중들은 그 문제를 의논하려고 모여들기는 했지만, 아무도 이 잔학 행위를 실제로 본 적이 없었기 때문에 우상에게 직접 물어보기로 했다. 군중 속의 한 남자가 대표로 선택되었다. 그 승려는 부적을 어떤 남자의 머리 위에서 태워 그 남자를 눈이 없는 우상으로 변신시켰다. 사람들이 그에게 누가 그의 눈을 훔쳐갔냐고 물었다. 그 남자는 즉시 "외국인의 교리를 믿는 사람들"이라고 말했다. 물론 이것이 그들에게 결정적이었고, 다른 증거는 더 필요하지도 않았다.

그 끔찍한 2주간 동안 입은 손해는 거의 5천 달러에 이르렀다. 이것은 그런 식의 경험은 해본 적이 없는 멘지스 선교사에게 엄청난 곤경과 근심이었다. 우리는 짐을 나누고 우리가 할 수 있는 한 최선을 다해 그를 도왔다. 그리고 영국 영사는 그 문제를 가지고 가서 결국 안정시켰고 손실에 대한 보상금도 받았다. 몇 달 걸려서 집들을 다시 짓고, 사람들은 자기 일로 돌아갈 수 있었다.

이런 사건 후, 집 가까운 곳에서 어려움이 생겼다. 감리교 자유 교회의 집회소 하나가 기독교에 대한 가장 단호한 공격의 현장이 된 것이다. 어느 주일날 아침, 사람들이 모여 예배를 드리고 있는데, 난폭한 사람들이 집단으로 공격해서 사람들을 흩어버리고 등과 의자 등을 부쉈다. 그리고 이 종교에 가입하면 이 마을에서 추방하겠다고 위협했다. 이 잘못을 바로잡는 조치가 취해지기 오래전의 일이었고, 당시에 빙예 문제들이 아직 해결되지 않은 상태였기 때문에, 대담한 반항의 정신이 다른 지역에서도 드러났던 것이다. 우리가 여러 해 동안 예배를 드렸던 바로 강 건너 마을에서 가장 결정적인 반대 세력이 탄생했다. 마을 사람들은 기독교인들이 자기 집에서조차 모이지 못하게 했다. 모이려고 할 때마다 개인적인 위협과 돌팔매질을 당해야 했다. 그들은 기독교인들에 대한 아무 고소거리가 없어도, 집회 장소로 사용된 집은 무너뜨릴 것이고 그 식구는 추방될 것이라고 분명히 암시했다. 모든 종교에게 완벽한 자유와 인내를 허용하는 법률이 관료들의 바로 눈앞에서 이렇게 무시되다니 도저히 말도 안 되는 일이었다. 그들은 그 문제에 관심을 보이며 우리 설교자를 보내는 것을 빙예 문제가 일단락된 이후로 연기해 달라고 예의 바르게 요청했다. 나는 그렇게 따르기로 했지만 동시에 이 사건의 해결은 나중에 더 어렵게 될 것이라고 지적했다. 반대자들의 외관상 승리가 그들과 다른 사람들을 대담하게 만들 것이기 때문이었다. 그리고 나는 미래의 소란은 그들 책임이라고 말했다.

몇 주 후, 우리는 모임을 시도했고 결과는 같았다. 돌과 먼지들이 날아왔고 집회는 소음과 혼란 속에 해산됐다. 중국 사람들은 질서를 유지하려고 하지 않았을 수도 있고, 할 수도 없었다. 그리고 마을 사람들은 자기들의 권력을 느끼면서 더 담대해졌다. 내가 아는 한 그 장소에서 예배를 다시 시작하지 못했다.

멘지스 부인과 아기, 그리고 바슬리 양은 그런 혼돈의 여름 몇 달 동안 오두막에 있었다. 그녀는 자비롭게도 남편이 겪는 곤경과 근심에서 벗어나 있었다. 너무 병이 심해서 그 사실을 알리지 않은 것이었다. 9월 말에 2주간 쉬려고 나도 그곳에 갔다. 그런데 일주일이 안 되어 쿠창 대학살의 소식을 듣게 되었다. 그 비극적인 이야기는 우리를 공포로 몰아넣었다. 푸저우가 우리 남쪽에 있는 이웃 성이기 때문이었다. 영사는 놀라서 우리에게 즉시 도시로 돌아가라고 명령했다. 우리는 우리가 있는 곳이 더 안전하다고 생각했기 때문에 내키지 않는 마음으로 그 명령에 순종했다. 내가 일주일 있다가 돌아갔을 때, 내 건강은 그리 좋지 않았다. 몇 달 동안 점차로 약해지고 있어서 원저우에 몇 년을 더 머무르려고 했던 희망이 사라졌다. 그래도 날씨가 더 시원해지면, 건강이 나아져서 시골의 전도소들을 다시 방문하면서 우드만 선교사 부부에게 미래의 사역으로 소망했던 것들을 소개할 수 있으리라고 기대했다. 그런 다음에 나는 생각했다. "주님의 뜻이면, 나는 봄에 떠날 거야." 그런데 주님은 말씀하셨다. "나의 길들은 너의 길과 다르다."

설교자들은 가을 성경공부 주간에 참석하러 왔다. 그 과업에 부적합하다고 느껴서 나는 목사님에게 내가 거기 있을 테니 첫날 집회를 인도해달라고 요청했다. 오후 집회가 끝날 무렵 나는 참여하지도 않았는데 너무 몸을 가누지 못해서 동료 사역자들이 불안해서 의사를 불렀다. 즉시로 사역이 금지되었고, 그 후 1주일도 안 되어, 지체 말고 영국으로 떠나라는 명령을 받았다. 작별 인사를 시도해서도 안 된다고 했다. 내가 떠난다는 소식에 사랑하는 현지인들은 걱정을 많이 했다. 우드만 선교사 부부는 아직 중국어로 말할 수 없었고, 내 자리를 대신할 사람이 아무도 없었다. 그런데 지금 가면 다시 볼 수 없을 것이라는 말을 성도들이 듣고는 옛 제자들처럼 '주님의 뜻이 이루어지기를' 하고 슬퍼하며 실망한다는 말을 들었을 때, 나는 그들이 감정을 절제해줄 수만 있다면 주일에 배에 참석하려고 노력해서, 그들 모두를 한 번 더 보겠다고 했다. 기대했던 대로 그 장소는 가득 찼고 내가 단으로 옮겨질 때 나의 사랑하는 여인들의 충혈된 눈들과 마주하니 나에게 거의 남아있지 않던 작은 용기마저 사라져 버렸다. 내가 그들에게 다시 한번 말씀을 전할 수 있도록 힘을 주십사고 많이 기도했고, 나는 그 전날 주께서 나에게 주신 메시지를 거의 10분 동안 있는 힘을 다하여 전하였다. 그런 후에 나는 다시 옮겨졌다. 회중은 전부 일어서서 내가 사라지는 것을, 감정 표현 하나 없이 지켜보고 있었다.

다음 날 나는 그들이 내가 원하던 대로 하겠다는 메시지를 받았다. 그들은 나를 배웅하러 선착장에 나오지 않을 것이고 나를 다시 보려고 시도하지 않을 것이다. 하지만 매일 내가 돌아올 수 있도록 기도할 것이고, 그런 다음에 모두 함께 일제히 와서 나를 승리 가운데 본향으로 데리고 갈 것이다. 며칠 전에 설교자들이 내 방에 왔다. 나는 몇 마디 작별 인사를 할 수 있었고, 그들 각자에게 중국어 성경을 선물로 주었다. 그들은 눈물을 많이 흘리며 그것을 받았다. 멘지스 선교사 부부는 나를 부축하여 동행해 주던 바슬리 양 생각에 참을 수가 없었고, 우리가 다시 보지 않고 떠날 수 있도록 들어오지 않는 것이 좋겠다는 말을 들었다. 내가 그 북받치는 감정을 견디기에 너무 약했기 때문에, 우리를 배웅하고 싶었지만, 대신에 작별을 편지로 해야 했다.

Chapter 25

"내가 잠잠하고 입을 열지 아니함은
주께서 이를 행하신 까닭이니이다."

– 시 39:9 –

"하나님의 도는 완전하고"

– 삼하 22:31 –

9월 18일 저녁에 원저우 증기선을 타러 갔는데, 그곳에는 우리의 외국인 친구들 대부분이 작별하려고 와 있었다. 다음 날 새벽, 우리는 상하이로 출발했다. 당시에는 거기 남겨진 사랑하는 친구들에게 구름이 덮치게 되리라고는 거의 생각하지 못했다. 나는 짧은 작별 편지를 각자에게 남겼는데, 일본으로 떠나기 전에 우드만 여사의 답장을 받았다. 그녀의 그 마지막 편지에는 주를 향한 사랑의 헌신과 믿음이 대단히 감동적으로 쓰여 있었다.

원저우, 1895년 9월 28일

나의 가장 사랑하는 스토트 사모님,

소식 주셔서 감사드립니다. 조금 나아지셨다니 꼭 그러시길 빕니다. 토요일 저녁과 주일 아침에 얼마나 많은 기도가 감미로운 향기로 하나님께 올려졌는지를 들으셨다면 사모님도 그렇게 생각하실 것입니다. 윌리엄스 양이 모든 뉴스를 전체적으로 전하겠지만, 사모님께 제 방식대로 직접 들려 드리고 싶습니다.

배에서 돌아왔을 때, 우리 인생의 아주 큰 조각을 꺼내서 성문 밖에 있는 그 배에 남겨두고 온 것 같은 심정이었습니다. 남편은 잠자리에서 시끄러운 소리를 듣게 되자 제게 불평했습니다. 한 사람이 백엽창을 두드리는 것 같아서 일어나 확인하려다 그만 등잔불을 뒤집어버렸고, 그 파열음이 온 집안사람들을 다 잠에서 깨워버렸기 때문입니다. 그러나 생각해 보니 그것은 무언가 우리가 맡게 된 일을 정말로 시작하였다는 느낌을 갖게 하는 일이었습니다.

다음날 우리는 너무 바빠서 생각할 겨를이 없었습니다. 특히 일하는 사람들이 일을 해내기 위해서 속속 도착했습니다. 윌리엄스 양과 스테이너 양이 멋지게 도와서, 밤이 될 때까지 사모님을 생각나게 하는 잡동사니들을 치웠습니다. 사모님께서 다시 오시는 날에는 또다시 그런 날을 만들어 환영 준비를 할 것입니다. 하루 종일 깨끗이 청소했던 그날 이래로 꾸준히 이전 상태로 돌아가더니, 오늘 밤은 '더 지독한 혼란'이 지배하고 있네요. 흰개미가 갉아먹은 계단 통로에 부스러기가 흩어져 있고, 거실은 집같이 편안하지 않습니다. 집 대신 목수의 가게가 되어버린 것 같습니다. 서재는 아무것도 없이 비어있고, 벽이 세워져 있습니다. 아직도 헤어진 후에 훨씬 더 좋은 만남의 기쁨을 알고, 먼 나라에서 돌아온 이후의 고향 집의 사랑을 알기에, 우리는 불편하고 지저분한 것을 정리한 후 우리 가정의 안락함을 만끽할 것입니다. 그리고 환경이 정비되고 우리가 정신을 차리게 되었을 때, 가능하다면 스테이너양과 윌리엄스 양을 이곳으로 다시 오도록 하고 싶습니다. 제가 하찮은 것들을 쓰고 있습니까? 글쎄요, '작은 일이라도 시시콜콜 말해주렴.' 하시는 어머니에게 쓰는 것처럼 쓰고 있습니다.

이제 다른 면을 말씀드릴게요. 기도 모임에는 언제나 사모님이 성령 안에서 우리와 함께 계심을 믿습니다. 하나님께서 매주 그 시간을 이곳에서 축복의 창문을 여는 손으로 사용해 주소서. 그리고 사모님이 어디에 계셨든지 간에, 지난 금요일 저녁에 성찬식에서 고요히 우리와 함께 계심을 느꼈는데, 주님은 우리를 연합시켜주는 사랑의 연결 고리를 가져가시더니, 각 고리 위에 그분의 사랑의 인장을 찍어서 새로 굳게 묶어주셨습니다. 그때도 지금도, 주께서 이렇게 해주셔서 감사드립니다. 그분께 온 마음을 다해서 감사하는 것은, 주께서 내 남편의 삶과 내 자신의 십자가를 당신과 A의 삶에 엮어 주셨고, 그것을 당신의 사랑으로 풍성하게 해주셨기 때문입니다.

토요일도 또 완전히 바쁜 날이었습니다. 한 가지를 예로 들자면, 약에 대한 요구가 그렇게 많은 것에 다소 놀랐습니다. 그들은 분명히 A의 겉옷이 다른 누군가에게 갔다고 생각했고, 그 사람이 바로 저라는 소문이 널리 퍼졌습니다. 딸을 위해 약을 달라고 해서 단순히 알약 하나를 주었을 뿐인데, 치료되었다고 신이 나서 돌아왔을 때부터 그렇게 되었습니다. 많은 사람이 시골에서 왔는데, 거의 매일이 연약함과 무력함을 새롭게 발견하는 날이었습니다. 세례 지원자가 7명 있었는데, 나중에 3명이 더 있었습니다. 나중 오후에 새콰듀에서 온 세 명 중에는 경찰관의 아들이 있었고, 다른 사람들은 융코지에서 왔습니다. 남편은 목사가 오는 것을 기다리는 편이 훨씬 더 좋겠다고 결정을 내리고서 그들을 들어오게 했습니다. 그리고 그들에게 이런 식으로 하는 것이 스토트 사모님의 뜻인데, 다음 달에 다시 와주겠느냐고 물었습니다. 그들은 기꺼이 그렇게 하겠다고 했습니다. 그리고 그들은 떠나면서 '그래, 맞아. 하나님이 제일 먼저이고 그 다음이 차오 사모님이지' 하고 말했습니다.

밤에 있는 기도 모임은 진지하고 강력한 시간이었습니다. 새로운 목자가 용기를 내어 중국어 문장을 몇 개 언급했습니다. 징리가 기도했는데, 마치 원저우 물을 마시듯이 유창했고 원저우 말을 마시는 것 같았습니다. 그런 다음에 세례식이 없었기 때문에, 남편은 주일을 기도 모임으로 시작하는 것이 좋겠다고 생각했고, 특별히 사모님과 A를 기억하면서 9시에 모이자고 청했습니다. 예배당은 가득 찼고, 8, 9명이 결석한 사람들을 위해서, 마음을 다하여 꽤 서둘러서 기도했습니다. 성찬식은 매우 붐볐지만 모두 조용히 잘 진행되었습니다. 새로 온 사람들은 자신들이 소외되었다고 생각했을 것 같아 두려운 생각이 듭니다. 그러나 사랑은 사랑을 낳으니 나는 꾸준히 계속 각 사람을 향하여 위대한 사랑을 하게 해달라고 기도할 것입니다. 그러면 그들도 서서히 우리를 사랑하게 되겠지요.

월요일에 예기치 않게 멘지스 선교사 부부와 아기가 도착했습니다. 그 어린 아이는 아주 혈색이 없이 하얀 얼굴을 하고 있었는데, 그들은 그를 의사의 손에 맡기는 것을 걱정하고 있었습니다. 그는 완전 통제 불능이었고, 분명 음식을 마음에 들어 하지 않았습니다. 당신은 멘지스 부인이 얼마나 쉽게 다른 집에서도 자기 집처럼 편안하게 머무는지 알 것입니다. 그래서 나는 그들을 초대하고 싶은 마음이 별로 없었습니다. 멘지스 선교사는 아내와 아이를 아이가 회복될 때까지 놓아두고 어제 떠났습니다. 빙예 지역은 아직 일들이 평화롭지 않습니다. 반대자들은 빙예 지역의 그리스도인 20명을 때리고 학대하고 있습니다.

수요일에 나는 류씨와 함께 남문으로 내려갔습니다. 아주 좋은 만남의 장소이지만 나는 A가 매우 그리웠습니다. 어떻든 내게는 같지 않았습니다. 나는 현지인들이 어떻게 느꼈는지는 모릅니다. 교회에 있는 모든 것이 아주 조용합니다. 융코지에 사람들이 자신들이 모일 수 있는 집이나 장소를 허락해달라고 요청해 왔습니다. 그들은 그 비용으로 1년에 4달러를 낼 것입니다. 그곳에는 그들과 함께 하기를 원하는 사람이 4명 있는데, 그들은 호크 박사의 사역으로 관심을 갖게 된 사람들입니다. 우리는 그들에게 그 문제는 찌에 목사가 돌아오면 살펴보겠다고 했습니다. 이제 모든 것을 말씀드린 것 같습니다. '예루살렘의 평화를 위해 기도하라.' '하나님께서 그분께 선택권을 맡긴 사람들에게 가장 좋은 것을 주실 것이다.' 그분은 삶의 아래에 흐르는 물의 흐름을 아시고, 이 사역은 우리에게보다 그분께 더 소중한 것입니다. 당신은 그분이 원저우를 질투하는 사랑으로 주목하시고 '여기에 내가 나의 축복을 명령한 땅이 있다.'라고 말씀하는 것 같지 않습니까? 우리는 그분과 함께 '주님의 이름을 위하여'라는 강력한 기도를 드릴 수 있습니다. 그리고 이제는 '하나님께서 우리가 다시 만날 때까지 당신과 함께하시길 빕니다.' '당신을 생각하며 드렸던 기도들입니다. '기쁨과 즐거움이 가득하시기를!' '기쁨으로 떠나게 하시고 평안으로 인도해 주시기를!' 당신의 사랑하는 조국이 쉼과 힘, 그리고 즐거움이 되기를' 빕니다! 우리에게 베풀어준 당신의 애정 어린 친절함에 거듭 감사드립니다. 중국에서 보냈던 우리의 첫해는 당신의 선함과 사랑으로 인해 정말 행복했습니다. 이곳 사람들의 마음속에 있는 여기 옛 장소 '어머니 코너'는 '당신을 위해' 간직되고 있습니다. 우리의 기도는 한 걸음 한 걸음 당신을 따라갈 것이고, 당신이 어디를 가든지 '선함과 자비로움'으로 삼겹줄을 이룰 것입니다. 이 편지를 우리 둘이 쓴 것으로 여겨주세요. 우리는 그리스도 안에서 하나입니다. 우리의 애틋한 사랑. 오, 주님께서 당신을 풍성히 축복해 주소서!

언제나 당신을 사랑하는,
파니 우드만

11일 후에 그녀는 남편과 함께 그리고 다른 사람들과 함께 천국으로 들어갔다. 그녀는 여기에 늘 살았던 사람처럼 보였다. 중국에 오기 전에 우드만 부부는 몇 년 동안 리치필드에 있는 군인의 집에서 기독교 사역을 했다. 그들은 하나님 안에서 멋지게 사역했다. 많은 영혼이 구원받았고, 기독교인들은 도움을 받고 더 헌신하도록 격려를 받았다. 그들이 떠날 때 사람들은 많이 아쉬워했다. 어떤 사람들에게는 그들에게 그렇게 잘 맞고, 하나님이 축복하시는 일을 떠난다는 것이 실수인 것처럼 보였다. 그러나 그들은 "너희들은 가라"는 부르심을 들었다. 그러니 그들은 가야 했다. 나는 한순간이나 한 단계도 그들이 후회했다고 믿지 않는다. 그리고 그들이 문제를 알았더라도 그들은 순전하게 순종했을 것이다. 같이 산 것은 몇 달뿐이었어도 헛된 시간이 아니었다. 우리의 삶이 그들을 알아서 더 풍성하게 되었고, 우리의 사랑, 소망 그리고 동정심이 그들의 모범으로 더 많아졌기 때문이다. 비록 짧았어도 우리의 우정과 교제는 언제나 달콤하고 거룩하게 기억될 것이다. '그들은 사랑스럽고 아름다운 삶을 살았고, 죽어서도 나뉘지 않았다.'

우리가 원저우를 떠날 때 콜레라가 도시의 여러 곳에서 심하게 유행하고 있었고, 특히 동문 밖의 지역은 아주 심해서 수백 명이 죽었다. 하지만 이것이 거의 매년 일어나는 사건이었기 때문에 특별히 불안해하지는 않았고, 우리 기관에서는 환자들에게 무료로 약을 주고 있었다. 우드만 선교사의 편지에서 언급한 바와 같이 멘지스 부인은 그녀의 불쌍한 어린아들과 함께 원저우에 9월 23일 월요일에 도착했다. 그런데 부모는 그저 음식 변화에 의한 소화불량이라 생각하고 아무런 경고의 느낌을 갖지 못했다. 그리고 아내와 아이를 요양하라고 맡기고 떠났던 멘지스 선교사는 금요일에 그의 사역지로 돌아갔다. 그는 지난 몇 달 동안 걱정하고 긴장하여 몸이 많이 약해져 있었다. 그런데 29일 주일 밤, 사랑하는 어린 친구는 의심할 여지 없는 콜레라 증상으로 아파서 극도로 고통스러운 한밤을 지낸 후에 '고난 당하는 어린 영혼이여 나에게 오라'고 하시는 구세주의 품에 안기었다. 비보를 접한 멘지스 선교사는 겨우 소중한 생명을 땅에 묻을 때나 도착할 수 있었다.

화요일, 몹시 무서운 질병의 증상이 여학교에 퍼졌다. 10월 2일(다음날) 두 명이 각각 두 시간 간격으로 죽었다. 3일에 우리 구내에 있던 할머니가 콜레라에 걸려서 곧 죽었는데, 자신의 구세주 그리스도 안에서 믿음과 분명한 자신감으로 밝은 증거를 남겼다.

다음날 4일, 다른 여학생이 죽었고 또한 할아버지 한 분도 죽었다. 우드만 여사와 스테이너 양은 이런 환자들을 애정으로 돌보며, 온 힘을 다해 살리려고 노력했다. 이즈음에 학교 안에서 극심한 공포심이 생겨서 모두가 죽음과 위험의 존재로부터 피해 가기를 원했다. 그래서 그날 밤, 친구들이 마지막 여학생들을 집으로 데려다주었다.

6일 주일날, 멘지스 선교사는 그 질병의 증상을 보였고, 24시간 고통 끝에 그도 왕의 존전 앞으로 갔다. 그리고 우리의 사랑하는 자매는 2년도 안 되는 결혼 생활을 행복하게 하다가 그렇게 아들과 남편을 둘 다 사별하고 혼자 남아 지냈다. 하나님의 완전한 뜻을 신뢰하면서 그녀는 용감하고 가장 주목할 만하게 쓴잔을 마셨고, 그렇게 심한 타격을 주신 사랑에 대해 절대 의문을 품지 않았다.

우드만 선교사는 이전에 며칠 동안 콜레라로 고생한 적이 있었는데, 또 증상이 나타났다. 그가 두세 번 회복되었을 때 아직 회복의 희망이 있었다. 다른 사람들보다 더 오래 남아있기는 했지만 8일 화요일 모든 희망이 사라져버렸다. 같은 날, 우드만 여사는 남편의 위험을 완전히 인식하면서 특이한 미소를 띠고 의사를 만났다. 그러고는 "저도 그 병에 걸렸어요."라고 털어놓았다. 의사는 그녀에게 즉시 누우라고 했다. 하지만 성격상 이기적이 아니어서 자신이 회복되리라고 기대하지 않았기 때문에 물건들을 질서 있게 정리하며 기다렸다. 9일 이른 아침에 그녀는 죽었고 남편도 몇 시간 후에 죽었다. 그렇게 사망과 고적함이 지배하고 있었다. 그녀는 아프기 전에 지치지 않는 에너지로 다른 사람들을 헌신적으로 돌보았다. 멘지스 선교사 부부가 병에 걸렸을 때, 그녀는 멘지스 부인을 감싸 안고 다음과 같이 말했다. "여사를 구하기 위해서 기꺼이 내 아이를 포기하겠어요. 아기를 잃으셨으니까요."

멘지스 부인과 스테이너 양은 호그 박사와 로리 박사와 함께 사랑하는 환자들을 밤낮으로 간호했고 고안해 낼 수 있는 모든 기술과 사랑을 행동으로 옮겼다. 우리의 하늘 아버지께서 그들을 필요로 하셨기 때문에 우리는 잠잠히 그분을 따른다. 그들은 그분의 영광 안에서 안식하면서 그리스도께서 그들을 함께 데리고 오실 때를 기다린다. 왜냐하면 그들은 우리 없이 완전하게 되지 않을 것이기 때문이다. 우리도 쉬면서 기다린다. 하나님의 완벽한 뜻 안에서 안식하고 우리가 공중에서 들려 올려져서 그들을 만날 때를 기다린다. 그래서 우리는 영원히 주님과 함께 있을 것이다. '그러하오니, 주 예수님 오시옵소서.'

이런 모든 슬픔과 죽음의 광경이 원저우에서 진행되는 동안 찌에 목사와 요리사는 상하이에서 돌아오면서 배가 난파당했다. 그들이 타고 있던 증기선이 몇 가지 이유로 바위에 부딪혀서 잠시 위험했는데, 중국 군함이 그 곤경을 보고 도와주었고 승객들을 원저우까지 데려다 주었다. 이리하여 자비롭게도 그들은 살아남을 수 있었다.

상하이에서 2주간을 보내는 동안, 나는 서서히 회복되어 배를 타고 영국으로 향했다. 나를 배웅하러 왔던 스테이너 양과 횟포드 양, 그리고 나는 당시 우리가 뒤에 두고 온 사랑하는 원저우에서 무슨 일이 일어나고 있는지 아무것도 모르고 있었다.

바다로 나온 지 얼마 지나지 않아 나는 갑판을 끝까지 걸을 수 있게 되었는데, 밴쿠버에 도착하기 전에 가장 낙관적으로 기대했던 것보다 훨씬 진전된 발전이었다. 토론토와 몬트리올에서 며칠 행복한 날을 보낸 후에 우리는 뉴욕으로 갔다. 그리고 거기서 갑자기 아무 경고 없이 멘지스 선교사와 우드만 선교사 부부가 콜레라 때문에 본향으로 부름을 받았다는 전보가 런던에 도착했다는 소식을 들었다.

그 소식에 놀랐는데, 그때만 해도 우리는 그 병의 타격이 얼마나 컸는지를 모르고 있었다. 대서양을 통과하는 한 주간은 매우 음울했다. 우리는 전보가 실수였기를 바랐고, 최소한 우드만 선교사 부부 중 한 명만 죽었을 것이라고 믿기도 했다. 하지만 도착하자마자 들은 죽음의 소식은 절반도 못 되었다. 3명이 아니라 9명의 외국인들과 현지인들이 우리 지역에서 열흘 안에 죽었다는 사실을 알게 되었다. 그러면서도 이것이 얼마나 큰 자비와 인애의 손길이었는지를 알게 되었다. 본래 가장 안 좋은 시기에 내가 병이 났다고 생각했으나, 도리어 그 병으로 인해 바슬리 양, 스테이너 양, 그리고 횟포드 양이 그곳을 떠날 수 있었다. 허약한 목사님도 그곳에 있었다면 희생자가 될 수 있었다. 그렇게 해서 더 많은 생명이 희생되는 것이 방지되었다. "하나님은 그의 사역자들을 무덤에 묻으시지만, 그의 사역은 계속 진행하신다."라는 말이 있다. 하나님은 우리 없이도 하실 수 있다. 하지만 그분은 그렇게 하시지 않는다. 그리고 '전도의 미련한 것을 통하여' 인간을 구원하신다. 누가 그분의 대사가 되어 그분의 메시지를 지구의 끝까지 전할 것인가? 지구상의 어두운 장소들은 아직도 잔인함으로 가득하다. 그럼에도 불구하고 선교사의 삶은 놀랄만한 기쁨이다. 왜냐하면 영혼이 하나님의 나라에서 태어나는 것을 보는 기쁨보다 더 강렬한 기쁨은 더 이상 없기 때문이다. 그리고 아마도 어떤 나라도 중국과 같이 들인 노력보다 더 큰 결과를 그렇게 많이 돌려주는 나라는 없을지도 모른다. 한 나라로서 사람들이 더럽고, 신뢰할 수 없으며, 많은 경우 잔인한 것이 사실이다. 이런 것 외에도 사랑스럽지 않은 국민적 특징이 더 있지만, 중국인들의 헌신, 충성, 그리고 참을성 있는 인내는 그 어떤 나라보다도, 심지어 사랑하는 나의 조국 영국보다도 뛰어나다. 나는 그 증거를 댈 수 있다. 그리고 나는 아직도 나의 남은 날들을 그들과 함께 보내기를 희망한다, 비록 부담스러운 책임은 이제부터 더 젊은 어깨가 져야 할 것이지만 말이다.

이제 나의 이야기는 끝났다. 많은 사건은 잊었고, 대중의 눈이 보기에 적절하지 않은 것은 생략했다. 하지만 여기 기록된 선교사의 삶에 깃든 기쁨, 슬픔, 격려, 그리고 실망이 전해진다면 외로운 마음을 유쾌하게 하고, 가는 길이 험할 때 피곤하여 연약해지는 무릎에 힘을 주며, 그들에게 주님의 약속을 새롭게 상기시켜 줄 것이다. '피곤하지 않으면 때가 이르매 거두리라.' 그러면 내 노력이 헛되지 않을 것이다.

1865년 허드슨 테일러가 창설한 중국내지선교회(CIM: China Inland Mission)는 1951년 중국 공산화로 인해 중국에서 철수하면서 동아시아로 선교지를 확장하고 1964년 명칭을 OMF로 바꾸었다. OMF는 초교파 국제선교단체로 불교, 이슬람, 애니미즘, 샤머니즘 등이 가득한 동아시아에서 각 지역 교회, 복음적인 기독 단체와 연합하여 모든 문화와 종족을 대상으로 예수 그리스도가 구세주이심을 선포하고 있다. 세계 40여 개국에서 파송된 1,400여 명의 OMF 선교사들이 동아시아 19개 필드에서 미완성 과제를 위해 사역 중이다.

우리의 비전 OUR VISION

우리는 하나님의 은혜로 동아시아의 각 종족들 안에 자기 종족을 전도하며
타종족을 선교하는 토착화된 성경적 교회운동이 일어나는 것을 보기를 소망한다.

Through God's grace we aim to see an indigenous biblical church movement in each people of East Asia, evangelizing their own people and reaching out in mission to other peoples.

우리의 사명 OUR MISSION

우리는 그리스도의 온전한 복음을 동아시아인과 함께 나눔으로 하나님을 영화롭게 한다.

We share the good news of Jesus Christ in all its fullness with East Asia's peoples to the glory of God.

OMF 사역방향

– 우리는 개척선교–미전도 종족선교에 집중한다.

– 우리는 교회개척–교회배가운동을 일으킨다.

– 우리는 교회의 성장, 성숙 및 제자훈련에 기여한다.

– 우리는 동아시아 교회들이 선교운동에 동참하도록 도전한다.

– 우리는 동아시아의 복음화를 위해 전 세계적으로 자원을 동원한다.

– 우리는 국제팀으로서 그 다양성과 협력을 소중히 여긴다.

OMF International - Korea

한국본부 (06554) 서울시 서초구 방배중앙로 29길 21 호언빌딩 2층(방배본동)

전화 02-455-0261 / 0271

홈페이지 www.omfkr.cafe24.com

이메일 omfkr@omfmail.com